Graphic textbook

グラフィック
社会心理学
第3版

池上知子・遠藤由美＝共著

サイエンス社

はしがき

　本書は，1998 年に刊行された『グラフィック社会心理学』の改訂版である。2008 年に第 2 版を刊行しており，今回は第 3 版の刊行となる。初版から第 2 版の刊行までに 17 回，第 2 版から第 3 版の刊行までに 23 回の増刷を重ねており，長年にわたって多くの方々に活用していただけたことに感謝している。

　第 3 版においても，第 2 版と同様に学問の不易流行を踏まえ，各分野の研究の原点となる基本事項は尊重しながら，各章に設けられたコラムの内容をほぼ一新することにより，最新の話題への関心に応えるよう心掛けた。ただし，第 3 版においては，社会心理学全体を取り巻く昨今の学問状況の進展を踏まえ，章の構成や内容にも一部変更を加えた。特に後半の章において，人間の本質とされる社会性，他者との関わりの中で生きる人間の姿への理解がどのように深まりつつあるか，また現実の社会で起きている現在進行形のさまざまな問題に社会心理学がどう向き合おうとしているかが伝わるように工夫を加えている。

　なお，初版，第 2 版と同様に，グラフィック・ライブラリのコンセプト，すなわち，視覚的理解を促すために図表を多用する，章末に先端的研究等を取り上げたコラムを設ける，発展的学習に向けた参考図書のリストと用語理解のための「one point」を記載するという方針は維持した。

　本書により，社会心理学の面白さを一人でも多くの方に知っていただければと願っている。そして，その中から本書に触発されて，社会心理学の研究を志す人が現れれば，望外の喜びである。

　最後に，本改訂版の刊行を奨めてくださったサイエンス社編集部の清水匡太氏に深く感謝申し上げる。氏には，遅れがちな原稿を辛抱強くお待ちいただき，煩瑣な編集作業に力を尽くしていただいた。心よりお礼を申し上げる。

　2024 年　夏

池上知子・遠藤由美

目　　次

はしがき ………………………………………………………………… i

第0章　社会心理学とは　　1

0.1　社会心理学の課題と研究視点 ……………………………… 2
0.2　社会心理学の研究方法 ………………………………………… 4
0.3　社会心理学の理論と人間観 …………………………………… 6
0.4　社会心理学の最近の動向と本書の特色 ………………………… 9
■参考図書　11
■one point　研究倫理　12

第Ⅰ部　社会的認知

第1章　対 人 認 知　　13

1.1　印 象 形 成 ……………………………………………………… 14
1.2　対 人 記 憶 ……………………………………………………… 18
1.3　対人認知における歪み ………………………………………… 20
1.4　対人認知のプロセス …………………………………………… 24
1.5　コミュニケーションと印象 …………………………………… 26
1.6　対人認知の個人差 ……………………………………………… 28
■コラム　社会的判断における基本2次元と相補性　32
■参考図書　35
■one point　ネガティビティ・バイアス　35
　　　　　　コンストラクト・アクセシビリティ　35

第2章　社会的推論　　37

2.1　帰　　属 ………………………………………………………… 38
2.2　帰属の認知心理学的理論 ……………………………………… 40
2.3　オートマティシティ …………………………………………… 44
2.4　推論のエラーとバイアス ……………………………………… 48
2.5　推論の誤りがもたらすもの …………………………………… 50
2.6　仮説確証型判断 ………………………………………………… 52

■コラム　解釈レベル理論と社会的推論　54
■参考図書　57
■one point　スキーマ　57

第3章　態　　度　59

3.1　態度の定義 ………………………………………………… 60
3.2　態度と認知的一貫性 ……………………………………… 60
3.3　態度の情報処理理論 ……………………………………… 64
3.4　説得的コミュニケーション ……………………………… 66
3.5　態度と行動 ………………………………………………… 74

■コラム　潜在的態度と行動　74
■参考図書　78
■one point　認知反応分析　78
　　　　　　　被説得性　78

第4章　感　　情　79

4.1　感情の分類 ………………………………………………… 80
4.2　感情生起に関する理論 …………………………………… 80
4.3　感情のもたらす影響——気分一致効果 ………………… 84
4.4　気分一致効果に関する理論 ……………………………… 88
4.5　感情と情報処理方略 ……………………………………… 92
4.6　感情の進化的起源 ………………………………………… 92
4.7　感情の機能的価値 ………………………………………… 94

■コラム　感情の脳科学　96
■参考図書　99
■one point　気分効果の研究方法　99

第5章　社会的自己　101

5.1　自己概念 …………………………………………………… 102
5.2　自己概念の情報源 ………………………………………… 102
5.3　自己概念・自己知識の特質 ……………………………… 106
5.4　文化と自己 ………………………………………………… 108
5.5　自尊感情 …………………………………………………… 110
5.6　自己評価維持モデル ……………………………………… 116

iv 目　次

- ■コラム　自尊感情再考　120
- ■参考図書　123
- ■one point　自己の研究法　124

第Ⅱ部　他者との関わり

第6章　自己と他者　125

- 6.1　自己の可変性 ･････････････････････････････････ 126
- 6.2　自己理解と他者理解 ･･････････････････････････ 130
- 6.3　ナイーブ・リアリズム ･･･････････････････････ 136
- ■コラム　あくび伝染と共感性　142
- ■参考図書　146
- ■one point　メタ・コントラスト比　146

第7章　人間関係　147

- 7.1　関係の成立 ･･･････････････････････････････････ 148
- 7.2　関係の発展 ･･･････････････････････････････････ 152
- 7.3　関係の維持と崩壊 ･･･････････････････････････ 154
- 7.4　対人的葛藤 ･･･････････････････････････････････ 158
- 7.5　人間関係の諸相 ･････････････････････････････ 160
- ■コラム　恋愛のダークサイド──片思い，失恋，ストーキング　166
- ■参考図書　169
- ■one point　社会的交換理論　170

第8章　集団と個人　171

- 8.1　他者存在の影響 ･････････････････････････････ 172
- 8.2　集団による問題解決と意思決定 ･････････････ 174
- 8.3　集団ダイナミクス ･･･････････････････････････ 178
- 8.4　社会的ジレンマ ･････････････････････････････ 186
- ■コラム　個人と集団の互恵性　188
- ■参考図書　191
- ■one point　集団と集合　192
- 　　　　　　集団主義と個人主義　192

目　次　　　v

第9章　愛他性と援助　193

9.1　なぜ援助するのか ·· 194

9.2　どのようなときに助けるか ······································ 202

■コラム　慈善団体の広報——特定化された個人の効果　208

■参考図書　210

■one point　インターネット時代の傍観者効果　210

第10章　攻　撃　性　211

10.1　攻撃性の理論 ··· 212

10.2　攻撃性に影響を与える要因 ··································· 216

10.3　文化と攻撃性 ··· 218

10.4　メディアと攻撃性 ·· 220

10.5　性　暴　力 ·· 222

10.6　暴力を低減するには ·· 224

■参考図書　228

■one point　敵意的攻撃性と道具的攻撃性　228

■コラム　暴力の減少　229

第Ⅲ部　社会で生きる

第11章　偏見と差別　231

11.1　偏見，差別，ステレオタイプの定義 ·················· 232

11.2　偏見・差別の生起機序 ·· 232

11.3　偏見・差別と個人内要因 ······································ 236

11.4　偏見・差別の認知的基礎 ······································ 238

11.5　偏見・差別の解消に向けて ··································· 244

■コラム　システム正当化理論　250

■参考図書　253

■one point　ステレオタイプ内容モデル　254

第12章　健康と幸福　255

12.1　幸　福 ·· 256

12.2　幸福の予測と追求 ·· 262

12.3　健　康 ·· 264

- ■コラム　睡眠と健康・幸福　272
- ■参考図書　274
- ■one point　幸福と社会的交流　274

第13章　社会と人間——持続可能な社会に向けて——　275

- 13.1　人　　口 ……………………………………… 276
- 13.2　人口増加と環境問題 …………………………… 276
- 13.3　地球温暖化 ……………………………………… 278
- 13.4　気候変動の心理学 ……………………………… 282
- 13.5　格差・不平等 …………………………………… 286
- ■コラム　経済格差を人々はどう受け止めているか　294
- ■参考図書　296
- ■one point　気候正義　296

引用文献 ……………………………………………… 297
人名索引 ……………………………………………… 324
事項索引 ……………………………………………… 327
著者紹介 ……………………………………………… 332

社会心理学とは 0

　本書では，社会心理学が現在までに明らかにしてきた膨大な研究知見が紹介される。しかし，それらを学ぶ前に，いったい，社会心理学とはどのような学問なのか，その概略を知っておく必要があるだろう。社会心理学とは，人間の対人行動や集団行動，すなわち，社会的行動に関する心理学的法則を解明する学問である。もっとも，人間の社会的行動は，社会心理学以外の他の多くの学問領域においても研究されている。パーソナリティ心理学や臨床心理学は人間の社会的行動の心理や病理を分析する学問である。社会学，経済学，政治学，あるいは文化人類学といった社会科学の諸分野はいずれも人間の社会的行動を考察の対象にしている。社会心理学はこれらとどこが違うのだろう。他の分野にない社会心理学の独自性はどこにあるのだろうか。本章では，社会心理学がどのような観点から問題をとらえ，どのような方法を用いてそれを研究しているのか，さらに，その背景にはどのような理論や人間観があるのか，これからどのような方向へ向かおうとしているのかを素描し，その学問的存在意義を解説する。

0.1 社会心理学の課題と研究視点

　社会心理学は，非常に身近で親しみやすい学問である。なぜなら，社会心理学の研究課題は，私たちが日常抱く素朴な疑問や問題意識から出発しているものがほとんどだからである。以下に，その例をいくつかあげてみた。

- 人の第一印象はどのくらいあてになるのだろうか？
- 「類は友を呼ぶ」というのは本当なのだろうか？
- 脅かせば，相手はこちらの思い通りになるのだろうか？
- 私たちの自尊心はどのようなときに傷つき，どのようなときに高まるのだろうか？
- 短期間で終わる恋と長く続く恋はどこが違うのだろうか？
- 仕事をするとき皆と一緒の方が人は頑張るのだろうか，それともかえって怠けるのだろうか？
- 会社での理想の上司とはどのような人をいうのだろうか？
- 社会から偏見や差別をなくすことはできないのだろうか？

　これらの問いは，いずれも，簡単に「イエス」か「ノー」かを決められるものでもなく，また，1つの定まった答えがあるわけでもない。しかし，社会心理学は，少なくとも，それがどのような場合に「イエス」であり，どのような場合に「ノー」であるのか，また，複数ある解答のうちどのような場合にどの解答がもっとも有力になるのかを示してくれる。そして，何より重要なのは，それが「なぜ」なのかについて説明を用意できることである。

　社会心理学は，どのような視点から，この「なぜ」を説明するのだろう。社会心理学は，現象にどう切り込むのだろうか。ここでは，ある暴行事件を例にとって考えてみたい。

　1974 年の冬，神戸の繁華街で一人の高校生が 3 人組の若い男たちに殴られ死亡するという事件が発生した。この高校生は，街を歩いていた 3 人組の一人と肩が触れあい言いがかりをつけられた。高校生はその場から逃げようとしたが，3 人組は彼を追いかけ，道端にあったコーラのビンでめった打ちにした。なお，3 人組はやくざ映画を見たあとだった。また，驚くべきことに，そのと

き，周りには大勢の目撃者がいたが，誰一人止めに入るでもなく，警察に連絡さえしなかった。当時の新聞は，これを「高校生無援の死」と報じ，そこに居あわせた目撃者の人たちの冷淡さを非難した。

(以上，事件の概略は，中村，1976 より)

さて，このような事件が起こったとき，たとえば，社会学者ならこれをどう説明するだろう。彼らは，このような事件の発生を産業の進歩や社会の都市化と結びつけて考える。すなわち，工業化社会の到来により生じた都市空間での生活が，人間関係を希薄化させ人の心を荒廃させたと言うであろう。そして，都市と農村におけるこの種の犯罪の発生率を調べ，それを実証しようとするだろう。彼らの関心は，マクロレベルでの社会の変化と人間一般の行動傾向との関係を分析することにあるからである。

これと対照的なアプローチをするのが，臨床心理学者かもしれない。彼らは，事件に関与した人たちの個人的特徴に注目する。その個人に特有のパーソナリティの資質とそのようなパーソナリティの形成に関係したであろう生育歴や家庭環境（親からの虐待など）を詳細に知ろうとする。粗暴で冷酷な行為は，それを行った個人のパーソナリティに障害があったからであり，それは個人の過去に問題があったからだと考える。この場合，分析の視点は，あくまで個人に置かれ，研究者の関心はその個人の精神世界を理解することに向けられる。

社会心理学者の分析視点は，上記 2 つのものとは，また異なっている。社会心理学者の目は，事件が起こったその場の状況に向けられる。たとえば，3 人組が直前にやくざ映画を見ていたことから，映画の中の暴力シーンがこのような行為を誘発したのではないかと考える。あるいは，もし，そこに凶器となったコーラのビンが落ちていなかったら，悲劇は起こらなかったかもしれないと考える。状況が違えば，同じ人物でも違う行動をとったかもしれないというのが，彼らの考え方である。それは，事件を傍観した人たちにもいえる。ダーリーとラタネ（Darley & Latané, 1968）が明らかにしたように，目撃者が大勢いたためにかえって責任が分散され，援助が遅れた可能性もある。行為の原因をそれをした個人の特性にのみ求めるのではなく，周囲の物理的，社会的状況にも求めるのである。顕現化した行為を個人と状況の相互作用の産物とみなす，

4 第0章 社会心理学とは

これが，社会心理学の研究視点なのである。

0.2 社会心理学の研究方法

社会心理学者は，具体的にどのような方法を用いて研究するのだろうか。社会心理学の研究方法は，相関的研究と実験的研究の2種類に大別される。

0.2.1 相関的研究

先述の事件で映画の暴力シーンが凶行の誘因になったと考えたとする。その場合，暴力映像の視聴と攻撃行動の生起は関係があることを証明しなければならない。それには暴力的な映画をよく見る人ほど，日常生活において攻撃的な行動が多いかどうかを調べればよい。たとえば，高校生に質問紙調査を実施し，そのような映画を1カ月に平均して何時間くらい見ているかを尋ね，教師やクラスメイトにその高校生がどのくらい攻撃的か評定してもらう。映画の視聴時間が長いほど攻撃性の評価が高くなるという関係が見出されれば，この考えは正しかったといえる。このように，2つあるいはそれ以上の事象（変数；variable）の間の関係を調べる方法が相関的研究（correlational study）である。

ただし，注意しなければならないのは，2つの変数間に相関があったとしても，そこからただちに一方が他方の原因になっているという因果関係が特定されるわけではない点である。暴力映画を繰返し見た結果攻撃行動が増えたのではなく，攻撃的な人は元来暴力映画を見るのが好きなだけかもしれないからである。また，2つの変数間の相関は見かけ上のもので，別の第3の変数が真の原因である可能性もある。たとえば，学業不振のため欲求不満に陥り，それを解消しようとして，暴力映画を見たり他者を攻撃していることもあり得る。そのような場合は，映画の視聴と攻撃性は直接関係していないことになる。したがって，相関的研究を行う場合は，考えられる他のさまざまな変数間の関係を調べ，それらから総合的に判断する必要がある。

0.2.2 実験的研究

実験的研究（experimental study）では，人為的な条件操作を行い2つの変数間の因果関係が検証される。暴力映画と攻撃性の関係についても，たとえば，次のような方法で調べることができる。高校生をランダムに2つの群に分け，一方には，格闘場面のある暴力的な映画を見せ，他方にはそのような場面のな

い非暴力的な映画を見せる。その後，バスケットボールの試合に参加させ，試合中の攻撃行動（相手を押すなどの反則行為）がどちらの映画を見た群に多いかを観測する。その際，2つの条件の間には，映画の内容以外，他のあらゆる面で違いがないように細心の注意が払われる。そうすれば，少なくとも，そこでの攻撃行動の違いは，暴力映画の影響によるとみなすことができる。なお，ここで原因となっている変数（映画の種類）を独立変数（independent variable），独立変数が操作されたことにより変動する変数（攻撃行動）を従属変数（dependent variable）と呼ぶ。

また，実験的研究によれば，日常の場面では検証が困難な事柄でも，体系的に調べることができる。たとえば，居合わせた人の数が多いほど緊急事態での援助が遅れることを証明する場合を考えてみよう。もし仮に，現実世界で2つの事件が起こり，一方では居合わせた人が大勢おり，他方では少なかったとする。しかし，両方の事件が起こった状況は，他のさまざまな点で異なっているのが普通である。したがって，両者を直接比較することはできない。実験的研究では，それが可能になる。

先述したダーリーとラタネ（**Darley & Latané, 1968**）は，次のような実験を行っている。大学生に実験室に来てもらい，別のある大学生の悩みの相談に乗ってほしいと依頼する。ただし，相手と直接顔を合わせないように別室からインターホンを使って話すよう指示する。このとき，1人で相談に乗る条件と，2人，あるいは5人同時に，ただしそれぞれが別々の部屋から相談に乗る条件を設ける。悩みを相談する大学生は実はサクラ（confederate）で，しばらく話をした後，突然，発作が起こったふりをして助けを求める。緊急事態を人為的に起こすのである。ダーリーとラタネは，発作が起こってから，参加者が実験者に事態を告げに行くまでの時間を測定し，そこに居合わせた人数が多い（と信じている）ほど，この時間が長くなることを見出した。なお，実験に参加した大学生に，事後にパーソナリティ検査を実施し，パーソナリティ面での違いによる影響はないことが確認されている。このように厳密かつ巧妙に設定された場面では，援助の遅れは純粋に人数の要因に帰着できる（9.2.2項参照）。

一般に，実験は実験室で人工的に場面を設定して行われることが多い。ただし，それは日常私たちが遭遇する状況と比べると，かなり特殊でリアリティに

欠ける面がある。したがって，そこでの参加者の振る舞いを，ただちに現実世界にあてはめるわけにはいかない。そこで，より現実に近づけるために，学校や企業，災害地域等の現場に研究者が赴き，何らかの実験的介入をするという方法が採られることもある。このような研究法をフィールド実験と呼ぶ。フィールド実験では，日常的妥当性は高くなるが，条件統制の厳密性は低下する。したがって，社会心理学では，実験室実験とフィールド実験の双方を補完的に利用することが求められる。

0.2.3　方法論上の問題

　社会心理学では人間を対象に調査や実験を行うが，その際いくつかの方法論上の問題が生じてくる。第1は，研究者が自分の仮説や予測に合う結果が得られるように研究の対象となった人たち（調査協力者，実験参加者）に意識的，無意識的に働きかけてしまうことである（実験者効果；experimenter effect）。たとえば，実験参加者が仮説に合う反応をしたときに思わず微笑んだり，逆に合わない反応をしたときは眉をひそめる，といったようにである。第2は，研究の対象とされた人たちが研究目的を察知し，それに合った望ましい反応をしようと構えてしまうことである（要求特性；demand characteristics）。これらは，いずれも研究結果の信憑性を損ねる重要な問題である。

　これらを解決するために，たとえば，研究の目的や仮説を知らない者が調査や実験を実施するようにしたり，手続きの標準化，機械化が図られたりしている。また，参加者の構えを取り除き，厳密な結果を得るために，先の傍観者効果の実験のように，虚偽の情報を伝えたり，サクラを使うこともある（ディセプション；deception）。しかし，このような方法は，倫理的な問題（p.12 参照）をはらんでおり，少なくとも事後に説明を行い参加者の了解を得ること（ディブリーフィング；debriefing）が義務づけられている。

0.3　社会心理学の理論と人間観

　社会心理学は，人間の社会的行動について実に多くの知見や法則を明らかにしてきた（Shaw & Costanzo, 1982）。それら一つひとつは，人間行動の特定の側面に限定されるものがほとんどであるが，その背景にある考え方や理論，また根底にある人間観は相互に共通していることが多い。

0.3.1 「場」理論と社会心理学

　社会心理学全般を貫いているもっとも普遍的で根本的な思想は，人間の行動は，それが生起した状況と切り離して説明することはできないというものである。これは，レヴィン（Lewin, 1951）の「場」理論（field theory）に由来する。レヴィンは，人間行動を説明する上で，行動が生起する「場」の特性を重視した。「場」とは，行為の主体である個人とそれを取り囲む状況全体を指す概念である。場理論は，「電磁場」「重力場」という用語があるように物理学において発展してきた理論である。場理論では，ある状態を，それが生起している空間領域内に存在する多様な変数の相互作用の総体と考える。このように現象を1つの力学的全体とみなすアプローチが心理学にも導入され，ゲシュタルト心理学が興隆した。レヴィンは，これを人間行動全般に適用し，現代社会心理学の基礎を築いたのである。

　私たちは，通常，人が何か行動するのをみると，そこには，欲求や動機といった個人の内的な力が働いていると考える。しかし，人の行動は，個人の欲求によってのみ生起するわけではない。個人を取り巻く環境内には，欲求の充足を促進したり阻害したりするさまざまな要因が存在する。これら環境から加わる圧力と個人の欲求が相互に作用し合った結果，行動が生起するというのがレヴィンの主張である（Lewin, 1935）。したがって，社会心理学者は，社会的行動の原動力となる欲求や動機の発見と同定を行うだけでなく，それらがどのような状況や社会的関係の中で生じてくるかに注意を払い理論化してきた。親和行動は不安が喚起される場面で増大するというシャクターの研究（Schacter, 1959）や，攻撃手がかりの存在が攻撃行動を促進するというバーコヴィッツらの研究（Berkowitz & Geen, 1966）などは，そのよい例であろう。

　レヴィン（Lewin, 1947）は，集団レベルの行動や事象にも場理論を適用した。これにより，集団を1つの力学的全体とみなし，集団凝集性，集団雰囲気，集団生産性といった個々の成員には還元できない集団それ自体がもつ特性を研究する集団力学が成立，発展することになる（第8章参照）。そこで基調となっている考え方は，人間は集団の中に組み込まれると，単独でいるときとはまったく異なる性質をもつようになるというものである。状況とは独立に自律的に振る舞うことができない人間の姿がうかがえる。

レヴィンの主張の中でもう一つ重要な点がある。それは，場理論でいう状況は，客観的事実としての状況ではなく，個人が知覚した心理学的事実としての状況（**心理学的場**；psychological field）を意味していることである。つまり，人間は自ら知覚し構成した主観的な世界に対して反応していることになる。したがって，社会心理学では，人間が自分を取り巻く社会的環境をどうみているかが，行動を理解する上で非常に重要だと考える。フィスクとテイラー（Fiske & Taylor, 1991）は，「社会心理学は成立当初から『認知的』であった」と述べているが，まさにその通りなのである。

0.3.2 社会心理学における人間の行動原理

社会心理学では，人間はどのような原理で思考し行動すると考えるのであろうか。ある社会心理学者は，人間は自分の得る報酬ができるだけ多くなるように，また支払うコストができるだけ少なくなるように行動すると考えた。このような功利的な人間観は，意思決定理論に顕著に認められる。たとえば，**期待価値理論**（expectancy-value theory）では，ある選択肢を選ぶことによってもたらされる結果の望ましさと，そのような結果が現実に起こり得る蓋然性を計算し，もっとも確実に利益が期待できるものが選ばれると考える（Edwards, 1954）。人間関係全般を説明する上でもっとも有力な理論とされてきた**社会的交換理論**（social exchange theory）でも，人間は基本的に利己的であると仮定している（第7章参照）。すなわち，自分に報酬をもたらしてくれる相手とは関係を継続するが，自分が損をするような関係は解消しようとすると考えるのである。

一方，人間は一貫性を希求する存在（consistency seeker）であるとし，これを行動を説明する基本原理に据えた社会心理学者もいる。ハイダー（Heider, 1958）の**認知的均衡理論**（cognitive balance theory）やフェスティンガー（Festinger, 1957）の**認知的不協和理論**（cognitive dissonance theory）では，人は自己や自己を取り巻く環境内に矛盾を知覚すると，不快な緊張感を感じ，これを解消するため，考えを変えたり行動を改めたりすると論じられている（第3章参照）。また，人は皆「**素朴な科学者**（naive scientist）」であり，物事を論理的に考えようとすると主張した社会心理学者もいる。帰属の古典的理論として有名な**共変モデル**（Kelley, 1967）や**対応推論モデル**（Jones & Davis, 1965）では，事象の原因を推論するとき，論理的必然性が重視されることが強調されている（第

2章参照）。他方，人間は論理より直感に依存すると考える立場もあり，近年ではこちらの方が優勢である。情報処理アプローチをとる多くの社会認知研究者が，人間を「認知的倹約家（cognitive miser）」と評しているように，人は面倒でコストのかかることは嫌う傾向があり，何事にも効率的であろうとする。したがって，認知的処理資源を節約するため，経験知を生かしごく一部の手がかりから直感的に判断し行動するというのである。さらに，最近では，人は，さまざまな認知方略を，状況や目的に応じて巧みに使い分けているのだという社会認知研究者もいる。それはちょうど戦術家が知恵を絞って策を弄するようなものであることから，彼らは，人間は「動機づけられた戦術家（motivated tactician）」だと描述している（Fiske & Taylor, 1991）。

　また，人間の行動を自己理解や自己評価と結びつけて説明する研究者もいる（第5章及び第6章参照）。代表的な理論として，セルフ・スキーマ理論（Markus & Smith, 1981），社会的比較理論（Festinger, 1954），自己評価維持理論（Tesser, 1988）などがあげられる。私たちは，誰しも自分のことを正確に知りたい，自分のことをよく思いたいと考えている。自尊心の安定と高揚は，主観的幸福感をもたらし，精神的健康を維持し生きる力を高める働きがあるからである（第12章参照）。

　このように，社会心理学は人間の社会的行動を説明するために実に多様な理論を提起しており，それぞれの理論が描く人間像もさまざまである。いったい，どれが人間の真実の姿なのだろうか。おそらく，いずれも真実なのであろう。人間は，その時々に置かれた状況の中で，自らの姿を変幻自在に変えていく存在だからである。

0.4　社会心理学の最近の動向と本書の特色

　前節では，社会心理学のこれまでの理論的動向を概観した。それでは，これからの社会心理学はどのような方向へ向かっていくのであろうか。最後に，社会心理学の今後を予見するような最新の動きを指摘し，本書の特色について述べることにする。

　ここ半世紀の間に社会心理学の学問潮流を形成してきた動きは3つに整理することができる。その第1は，人間の社会的行動の基盤をなす認知機構への関

心が高まり，その構造とプロセスを詳細に記述する研究が盛んになされるようになったことである。このような動きは，印象形成や対人認知の分野でいち早く起こり，帰属や態度など社会心理学の諸分野に徐々に波及した（第1〜3章参照）。そして，「社会的認知（social cognition）」という新分野が成立することになる（Wyer & Srull, 1994; Devine et al., 1994）。先述したが，社会心理学は，当初から「認知的」であったといわれるように，人間の外界認知のあり方に常に関心を払ってきた。しかし，その心的仕組みを精確に記述するための概念と方法を十分持ち合わせてはいなかった。「社会的認知」の研究者は，人間を1つの情報処理システムとみなす認知心理学の理論とパラダイムを積極的に取り入れ，これを可能にしたのである。ただし，情報処理モデルは，人間をいわば精巧なコンピュータとみなすことから出発しているが，社会認知研究者は，それだけにとどまらず，そこに意志や感情の働きを考慮した，より総合的な人間モデルを展開している（第4章参照）。加えて，このような心内機構への関心の高まりは，同時に，その中枢に位置し，これを統括している「自己（self）」に積極的にアプローチする気運をもたらした（Wegner & Vallacher, 1980; Suls & Greenwald, 1982; Greenwald & Pratkanis, 1984; 中村，1990；第5章参照）。人間行動を理解するためには，人が世界をどうみているかだけでなく，その世界にいる自分自身をどうとらえているかを知る必要のあることに，社会心理学者が気づき始めたといえる。

　人間は「社会的動物」であるといわれるように，私たちは単独で存在しているわけではなく，他者とのかかわりの中で存在している（Aronson, 2012 岡訳2014）。他者からさまざまな影響を受けつつ，また，自分自身が他者にさまざまな影響を与えながら，日々，生活している。さらには，仲間や共同体，高度な組織や広範な文化圏を自ら形成しその中に自分を組み込んでいる。このような社会的存在としての人間の特質に真っ向から向き合ってきたのが社会心理学であったのかもしれない。近年，こうした人間の社会性に対する理解が一層深化しつつあるように感じられる。これが第2の動きである。それは，他者を認識し，他者と交流する過程において，自己と他者が融合し一体化する側面があること，その一方で他者を自己から切り離し対峙する力も働くこと，愛情と憎悪，愛他性と攻撃性の両極の間を揺れ動く自他間のダイナミックで複雑な関係

性に関心が高まっていることにみてとれる。加えて，このような心理機制の実現を可能にする脳内機構の解明が進んできたことがこれを後押ししている（嶋田，2019）。

第3の変化としてあげられるのが，社会課題への関心の高まりである。もちろん，社会心理学は現実の社会に生起する問題に着想を得て誕生した学問分野である。特に，二度の世界大戦から受けた影響は大きい。しかし，昨今，人類はさまざまな未曾有の危機に直面している。それらを目の当たりにして，これまでの社会心理学の知見がほとんど生かされていないようにすら思うことがある。今現在も対立や紛争は世界各地で起きているし，差別や偏見，格差も一向に解消されていない。加えて，人間の営みが地球環境に深刻なダメージをもたらしている。人間は，自身の手で築いてきた生存環境を自ら破壊しようとしているかにみえる。こうした中，社会心理学者は，今一度，これらの課題の解決に向けて自分たちが何をなし得るかを真剣に考え始めている（第11章，第13章参照）。

本書は，このような学問動向が十全に反映されるよう配慮して編成した。第0章を除いて13の章よりなるが，それらは大きく（1）社会的認知，（2）他者との関わり，（3）社会で生きる，の3つに区分される。まず第Ⅰ部「社会的認知」では，人間は自分の周囲に広がる社会的世界と自分自身をどのように認識しているのかを，「対人認知」「社会的推論」「態度」「感情」「社会的自己」の5つの章にわたり解説する。次に第Ⅱ部「他者との関わり」において社会的存在としての人間の特質を，「自己と他者」「人間関係」「集団と個人」「愛他性と援助」「攻撃性」の5つの章に分けて解説する。その上で，第Ⅲ部「社会で生きる」では，人間が社会でよりよく生きるためには何をすればよいか，「偏見と差別」「健康と幸福」「社会と人間」の3つの章にわたって解説する。

参考図書

ショー，M.・コスタンゾー，P. 古畑 和孝（監訳）（1984）．社会心理学の理論Ⅰ・Ⅱ　サイエンス社

原岡 一馬（1990）．心理学研究の方法と問題　ナカニシヤ出版

アメリカ心理学会／冨田 正利・深澤 道子（訳）（1996）．サイコロジストのための倫理綱領および行動規範　日本心理学会

古畑 和孝・岡 隆（編）（2002）．社会心理学小辞典　増補版　有斐閣

ネイギー，T. F.　村本 詔司（監訳）浦谷 計子（訳）（2007）．APA倫理規準による心理学倫理問題事例集　創元社

村田 光二・山田 一成・佐久間 勲（編著）（2007）．社会心理学研究法　福村出版

アロンソン，E.　岡 隆（訳）（2014）．ザ・ソーシャル・アニマル　第11版――人と世界を読み解く社会心理学への招待――　サイエンス社

嶋田 総太郎（2019）．脳のなかの自己と他者――身体性・社会性の認知脳科学と哲学――　共立出版

one point

▲研究倫理

　研究を行う上で生ずる倫理的な問題は，諸科学全般に関わることであるが，とりわけ人間を研究対象とする医学や心理学においては，その重みは重大である．社会心理学では，しばしば，ディセプション（研究の真の目的を伏せ，虚偽の情報を与えたり，サクラを使うこと）を用いるため，これが倫理的にみてどの程度まで許容されるのかが議論の焦点になることが多い．アメリカ心理学会（American Psychological Association, 1992）をはじめ，国内外の学会では，心理学者が守るべき倫理綱領を定めている．ここでは，よく知られている2つの重要な指針について述べておく．

　第1は，インフォームド・コンセント（informed consent）である．これは，研究者は，研究対象となる人たちに，あらかじめ研究の内容（目的，手続き，実施に伴う利益やリスク等）をできる限り詳細に伝えた上で，研究に参加することへの同意を得なければならないというものである．しかし，社会心理学においては，事前に情報を与えると，研究自体が成立しなくなる場合が少なからずある．このようにディセプションを用いざるを得ない状況では，事後に説明，謝罪し，了承を求めることになっている．その際，研究の対象とされた人が受けた身体的，心理的苦痛がすみやかに回復されるよう努めなければならない．

　指針の第2は，ミニマル・リスク（minimal risk）である．これは，研究対象となる人たちに与えるリスク（苦痛，不快感など）は最小限に抑えなければならない，というものである．また，研究の実施によってもたらされるリスクが，研究の成果に見合うものであるかどうか，事前に十分検討しなければならない．

対 人 認 知

1

　私たちは，日々出会う他者についてその人がどのような人物なのかを知ることに強い関心をもっている。人間関係をより円滑に営むためには，相手のパーソナリティや考え方をよく理解し，その人がどのような場合にどのような行動をとるか正確に予測できるようにしておく必要があるからである。他者について推測するとき，服装，体型，容貌などの外見，職業，学歴，家族関係などの社会的背景，そして直接，間接に見聞したその人の言動，人柄についての評判など，手がかりとされるものはさまざまあろうが，何が一番の決め手になるのだろうか。

　また，他者について得られる情報は単一ではなく複数あることが多く，それぞれから形成される印象が相互に矛盾することもある。たとえば，電話での話し声からこんな人だろうと想像していたところ，実際に会ってみると全然違っていたというようなことはよくあることである。私たちは，それらをどのように統合し，印象を形成するのだろうか。また，それはどのくらいその人物の実像に合っているのだろうか。

　本章では，以上のような問題を中心に対人認知の心的過程について解説する。

1.1 印象形成

対人認知の心的過程は，主として印象形成（impression formation）と称される分野で検討されてきた。印象形成の研究は，私たちが他者について直接，間接に得たさまざまな情報を，どのように統合し，その人物の全体印象を形成するのかといった観点からなされている。印象形成の古典的理論としては以下の2つがあげられる。

1.1.1 印象形成の2つの理論

一つは，ゲシュタルト心理学の立場をとるアッシュ（Asch, 1946）の理論である。アッシュは，表1.1にあるように2種類の特性語のリストを用意し，女子学生の参加者に「ある人物のパーソナリティ特性である」と言って，いずれか一方のリストを順に読み聞かせ，この人がどんな人物であるか印象を記述するよう求めた。すると，2つのリストは，「あたたかい」と「つめたい」の部分が違うだけなのに，記述された印象は両者でかなり異なり，リストBよりリストAの方がはるかに好意的な内容となっていた。これよりアッシュは，全体印象は個々の特性の単なる合計ではなく，個々の特性を超えた，それらを統合する全体（ゲシュタルト；Gestalt）がまず成立し，個々の特性の意味合いは，この全体によって規定されると主張した（図1.1）。さらに，全体印象の成立には各特性語が均等な重みで寄与するのではなく，「あたたかい」「つめたい」のように中心的な機能を果たす特性（中心特性）とそうでない特性（周辺特性）があることも指摘した。

もう一つは，アンダーソンによる情報統合理論（information integration theory）である（Anderson, 1965）。彼は，1人の人物の性質を表すものとして複数のパーソナリティ特性語からなるリストを呈示し，参加者にこのような人物の望ましさの程度を評定するよう求めた。そして，人物の望ましさが，個々の特性項目の望ましさの加算的ないし平均的結合として表されることを数多くの代数モデルを立て実験的に検証し（図1.2），全体印象は個々の特性が数学的に結合された所産にすぎず，アッシュのいうような「統合された全体」という概念を導入する必要はないと反論した。ただし，アンダーソンを中心とした一連の研究では，全体印象を常に人物の「望ましさ」という単一の次元に還元して議論

1.1 印象形成

表1.1 アッシュが用いた形容詞のリスト（Asch, 1946）

リストA	聡明な→器用な→勤勉な→<u>あたたかい</u>→決断力のある→実際的な→用心深い
リストB	聡明な→器用な→勤勉な→<u>つめたい</u>→決断力のある→実際的な→用心深い

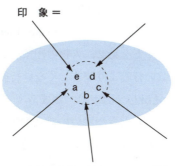

図1.1 アッシュによる印象形成のゲシュタルト理論（Asch, 1946）

$$R = \frac{kwA + (1-w)I_o}{kw + (1-w)}$$

上記は，アンダーソンの代数モデルの中でもっとも適用範囲が広いとされる加重平均モデルである。

- R：全体印象の望ましさ
- k：特性項目の数
- w：特性項目の重み
- A：特性項目それ自体の望ましさ
- I_o：初期印象（情報がまったくないときの値）

図1.2 アンダーソンの情報統合理論（Anderson, 1965）

しており，はたしてこれで人物の全体像の成立過程を把握していることになるのかといった疑問もある。

1.1.2 印象形成の手がかり

　印象形成ではすべての情報が同じように手がかりとして重視されるわけではない。たとえば，他者について望ましい情報と望ましくない情報が示されたとき，それぞれの極端さ（望ましさ尺度の中点からの距離）が等しいにもかかわらず，人は，望ましくない情報を重視し，そちらの方に重みのかかった印象を形成する（Hamilton & Zanna, 1972）。これをネガティビティ・バイアス（p.35参照）というが，近年，このような現象がどのような認知過程を経て生起しているかについて検討されている。フィスク（Fiske, 1980）は，望ましさや極端さの異なる行動場面のスライドを見せ，人物の印象を評定させるという実験を行った。その結果，望ましい行動より望ましくない行動の方が参加者が注視する時間が長くなることを見出し（図 1.3），望ましくない行動は情報価値（informativeness）が高く，注意を引きやすいのだと主張した。

　また，吉川（1989）は，刺激人物の望ましい行動を記述した文章と望ましくない行動を記述した文章を用意し，まず一方を呈示し印象を形成させ，その後もう一方を呈示して再度印象を形成させるという実験を行った。そして，望ましくない情報に基づく印象の方が，望ましい情報に基づく印象よりも覆しにくく，時間が経過しても持続しやすいことを確認している（表 1.2）。さらに，望ましい行動は見せかけで単に社会的規範に従ったものとみなされやすく，望ましくない行動は行為者本来のパーソナリティの現れとみられやすいことも明らかにした。望ましくない行動は，非難を受けやすいという点でコストの大きい行動であり，それをあえて行った人の内的属性に帰属されやすいのである（帰属については第 2 章参照）。

　しかし，これは社会的ないし対人的側面に関する評価においていえることで，能力に関する評価においては事情が違ってくる。ある人が何か優れた行為をすれば，それはその人の能力の高さの現れとみなされやすいが，失敗したり愚かな行為をしても必ずしもその人が無能だからとは推論されない（Skowronski & Carlston, 1987, 1989）。無能な人が優れた行為をする可能性はきわめて低いが，有能な人は優れた行為も愚かな行為もなし得るからである（第 2 章参照）。

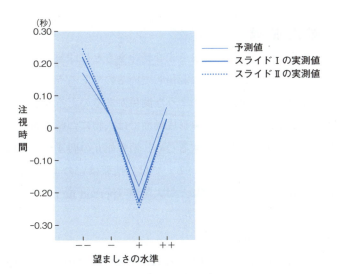

図1.3 行動の望ましさの水準と注視時間の関係（Fiske, 1980）
注視時間は全体平均との差がプロットされている。2種類のスライドが用いられたのでそれぞれの実測値と理論上の予測値が示されている。

表1.2 印象評定値と印象変化量（吉川, 1989を一部改変）

呈示条件		第1回	第2回	変化量
ポジティブ→ネガティブ	平均	5.35	3.36	1.99
(*n*=49)	(*SD*)	(1.08)	(1.02)	(1.71)
ネガティブ→ポジティブ	平均	3.05	4.28	1.22
(*n*=46)	(*SD*)	(0.08)	(0.93)	(1.28)

呈示条件は，望ましい行動文（例：道に迷っているおばあさんを案内してあげた）を先に呈示するか（ポジティブ→ネガティブ），望ましくない行動文（例：拾った財布を届けずに持ち去った）を先に呈示するか（ネガティブ→ポジティブ）により2通りある。*n*は各条件の人数を示す。印象評定は7点尺度（1～7）によっており，数値が大きいほど印象が好意的であることを表す。変化量は第1回評定と第2回評定の差で，値が正であれば反対方向へ印象が変化したことを示す。

印象形成で何が手がかりとして重視されるかは，それがどのくらいその人の内的属性を推定する根拠となり得るかに依存するのである。

1.2 対人記憶

　私たちは，他者について得たさまざまな情報をもとに印象を形成するが，印象の根拠となった情報をどのように記憶しているのであろうか。また，記憶されている情報と印象との間にはどのような関係があるのだろうか。ハミルトンら（Hamilton et al., 1980）は，印象形成場面では人物についてあるまとまりをもった認知的表象を構成しようとするため，情報相互の関連づけが積極的になされ体制化が促進されると述べている。では，情報はどのように体制化され，記憶されるのであろうか。ここでは，対人記憶（person memory）の主要な理論を紹介しよう。

1.2.1　プロトタイプ理論

　私たちは，外向的人物とはどのような人であるか，どのような特徴をもち，どのように行動するか，その典型像のようなものを知識として保有している。キャンターとミッシェル（Cantor & Mischel, 1977）は，これをプロトタイプ（prototype）と呼び，印象形成場面では，人物に関して得られた一連の情報からそれらを包括するような基準概念（外向性，内向性など）が抽出され，それに関するプロトタイプと照合しながら人物全体の認知像が形成されると考えた（プロトタイプ理論：prototype theory）。彼女らは，特性形容詞を巧妙に組み合わせて，全体として外向的あるいは内向的と認知される人物を構成した（表1.3）。そして，大学生の参加者に人物の特性を記述した単文（例：ローラはエネルギッシュである）をスライドで次々と呈示し，事後に記憶テストを行った。記憶テストでは，呈示した項目と呈示しなかった項目を一緒にしたリストを作成し，先ほど呈示された中に「あった」か「なかった」かを答えさせている。表1.4はその結果であるが，これをみると，外向人物条件では外向性に関連のある項目が，内向人物条件では内向性に関連のある項目が，実際には呈示されていなかったのに呈示されていたように誤って再認される傾向が認められる。これは，参加者がプロトタイプに基づいて自発的に推論した特性も一緒に記憶内に取り込んでいったことを示している。プロトタイプは，さまざまな推論や

1.2 対人記憶

表1.3 外向的・内向的人物の構成と再認テストに用いられた特性語
(Cantor & Mischel, 1977 を一部改変)

外向的人物		内向的人物	
人物構成項目	再認テスト項目	人物構成項目	再認テスト項目
エネルギッシュな（ME）	エネルギッシュな（ME）	慎重な（MI）	煮えきらない（MI）
おもしろい（ME）	支配的（ME）	煮えきらない（MI）	神経過敏な（MI）
衝動的（ME）	きちょうめん（U）	沈んだ（MI）	運のよい（U）
支配的（ME）	きれい好き（U）	神経過敏な（MI）	実務的（U）
人なつっこい（ME）	元気のよい（HE）	非社交的な（MI）	もの静か（HI）
野心のある（ME）	気力に満ちた（HE）	内気な（MI）	臆病な（HI）
高潔な（U）	社交的な（HE）	運のよい（U）	引っ込み思案（HI）
論理的（U）	陽気な（HE）	正確な（U）	遠慮深い（HI）
きちょうめん（U）	活発な（HE）	実務的（U）	思慮深い（HI）
きれい好き（U）	大胆な（ME）	現代的（U）	勉強好きな（MI）
	精力的な（ME）		孤独な（MI）
	冒険好きな（ME）		用心深い（MI）
	分別のある（U）		独創的な（U）
	道徳的な（U）		素朴な（U）
	つましい（U）		有能な（U）

括弧内のアルファベットは外向性，内向性との関連度を表す。
$\left(\begin{array}{l}\text{HE：高外向語（外向性との関連が高い）　HI：高内向語（内向性との関連が高い）}\\\text{ME：中外向語（外向性との関連が中程度）　MI：中内向語（内向性との関連が中程度）}\\\text{U：無関連語（外向性とも内向性とも関連がない）}\end{array}\right)$

表1.4 プロトタイプが対人記憶に及ぼす影響
(Cantor & Mischel, 1977 より作成)

	外向的人物			内向的人物		
	高外向項目	中外向項目	無関連項目	高内向項目	中内向項目	無関連項目
呈示項目		1.61	1.62		1.91	1.59
非呈示項目	2.77	2.75	3.08	2.51	2.75	2.86

記憶テストは再認法によっており，「あった」か「なかった」を4点尺度で評定させている。
（1：確かにあった　2：たぶんあった　3：たぶんなかった　4：確かになかった）

予測を引き起こし，人物の記憶表象の内的一貫性を高めるように情報を補充し構造化する働きがあると考えられる。

1.2.2　対人記憶のネットワークモデル

　プロトタイプ理論からは，印象に一致する情報は記憶されやすいが，そうでない情報は記憶されにくいことになる。しかし，印象と矛盾する情報の方が記憶が良いことを示した研究も存在する（Stangor & McMillan, 1992 参照）。たとえば，ヘイスティとクマール（Hastie & Kumar, 1979）は，刺激人物のパーソナリティ特性を明示した後，その人物の一連の行動を呈示した。その中には，その特性と一致するもの，矛盾するもの，関係のないものが含まれていたが，再生テストの結果では，矛盾する行動の再生率が一番良く，一致する行動がこれに次ぎ，無関連な行動は再生率がもっとも低かった（図 1.4）。これよりヘイスティらは，対人記憶のネットワークモデル（network model of person memory）を提案し（図 1.5），人物の情報は全体印象を核として，一定の観点から相互に関連づけられ，記憶内に貯蔵されると主張した。そして，矛盾する情報は，全体の枠組みと整合性をもたせようと，とりわけ入念に処理される（他項目との間により多くのリンクが形成される）ために，再生率が高くなるのだと説明した（Hastie, 1980; Srull et al., 1985）。

1.2.3　ミスアンスロピック・メモリー

　前項でも述べたように，私たちには他者の望ましい行為は場の規範に従った結果であるとみなし，望ましくない行為は行為者個人の特性の表れであるとみなす傾向がある。ユバーラとステファンは，このような行為に関する素朴な因果理解に一致する行動情報が記憶されやすいことを明らかにしている（Ybarra & Stephan, 1999）。図 1.6 に示すように，望ましい行為は行為者の善良な性質に帰すより外的な要請によるかのように記述する方が，望ましくない行為は状況に帰すより本人の反社会的パーソナリティに起因するかのように記述する方が，再生成績が良いことがわかる。これは，いわば厭世的人間観に基づく記憶現象（ミスアンスロピック・メモリー；misanthropic memory）といえる。

1.3　対人認知における歪み

　私たちが他者に対して抱く印象はどのくらい正確なのだろうか。残念ながら，

1.3 対人認知における歪み

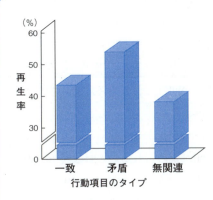

図1.4 行動文の平均再生率（Hastie & Kumar, 1979より作成）
結果は6人の仮想人物を込みにしたものである。行動文は各人物について20文あり，12文は全体印象と一致し，4文は矛盾し，4文は無関係となるように構成されていた。

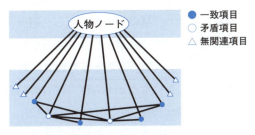

図1.5 対人記憶のネットワークモデル（Srull et al., 1985）

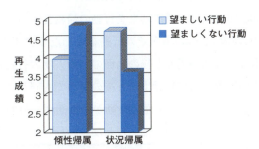

図1.6 ミスアンスロピック・メモリー（Ybarra & Stephan, 1999に基づき作成）
「ある会計士が施設の子どもをサーカスを見に連れて行った」という望ましい行為は，本人の善意からであるように書かれている（傾性帰属）より，上司の指示に従ったかのように書かれている（状況帰属）方が，再生成績が良い。また，「ある配達員の男がポーカーゲームで貯金を使い果たした」という望ましくない行為は，運悪く詐欺師に騙されたように書かれている（状況帰属）より，本人がギャンブル好きであったように書かれている（傾性帰属）方が再生成績が良い。

これまでの研究はこの点について否定的であり，他者のパーソナリティをどのような場合にも正確に判断できる人などほとんどいないのではないかと考えられている（Taft, 1955）。私たちには，他者をあるがままにみるのではなく，さまざまな方向に歪めてみてしまう傾向があるからである。近年，こうした歪みを生起させている認知的メカニズムに関心が向けられている。その中でとりわけ研究が活発になされているものをみてみよう。

1.3.1 期 待 効 果

　みる側に先入観や期待があると対人認知が歪められることはよく知られている。この問題に関して先駆的研究を行ったのはケリー（Kelley, 1950）である。ケリーの実験は，大学生に授業を受けてもらい，担当講師の印象を尋ねるというものであったが，授業に先立ち，講師の人柄を記した紹介文を学生に配付している。それには2種類あり，一つには講師が「あたたかい」人物であると記され，もう一つには「つめたい」人物であると記されていた（表 1.5）。すると，同じ場所で同時に講師を観察したにもかかわらず，後者の紹介文を受け取った学生は，前者に比べ講師の印象が否定的になった（表 1.6）。紹介文から講師に対してある種の先入観ないし期待を抱いた学生が，それにとらわれた印象を形成したといえる（期待効果：expectancy effect）。

　クリック（Kulik, 1983）は，期待効果を行動の帰属判断の違いから説明している。彼は，刺激人物の2つの場面での行動を映したビデオを4本用意した。それらのうち2本は，最初の場面と後の場面の刺激人物の行動が一貫しており，最初に外向的あるいは内向的に行動すると後の場面でも同じように行動していた。残り2本のビデオは，2つの場面の行動が一貫せず，最初に外向的あるいは内向的に行動すると，後の場面ではそれと反対の行動をしていた。参加者にはいずれか1本のビデオを見せ，特に後の場面の行動について，それが刺激人物のパーソナリティによるものか状況によるのものかを答えてもらっている。すると，後の行動が最初の行動と一貫しているときはパーソナリティに帰属され，一貫していないときは状況に帰属される傾向のあることが示された（表 1.7）。つまり，初期印象に矛盾する行動は，その人本来のものではないとみなされたことがわかる。対象人物に対して特定の期待が形成されると，それに整合させるように行動が解釈され，印象もその方向へ歪められるといえる。

1.3 対人認知における歪み

表1.5 ケリーの実験で用いられた紹介文 (Kelley, 1950)

_____氏は，マサチューセッツ工科大学の社会科学部の卒業生です。彼は，他の大学で3学期間心理学を教えた経験がありますが，この大学で講義するのは初めてです。年齢は26歳，経験豊かで結婚しています。彼を知る人は，彼のことを，あたたかく，勤勉で，批判力にすぐれ，実際的で，決断力があるといっています。

紹介文は2種類あり，もう一つの方は「あたたかい」の語が「つめたい」に置き換えられていた。

表1.6 紹介文の内容が印象評定に及ぼす影響 (Kelley, 1950)

印象評定項目	紹介文の内容	
	あたたかい	つめたい
思いやりのある－自己中心的な	6.3	9.6
社交的な－非社交的な	5.6	10.4
人気のある－人気のない	4.0	7.4
ざっくばらんな－堅苦しい	6.3	9.6
穏やかな－怒りっぽい	9.4	12.0
ユーモアのある－ユーモアのない	8.3	11.7
人情味のある－人情味のない	8.6	11.0

数値が高いほど印象が否定的であることを表す。

表1.7 期待が行動の帰属判断に及ぼす影響 (Kulik, 1983)

	外向期待		内向期待	
	外向的行動	内向的行動	外向的行動	内向的行動
自由記述	3.94	2.06	3.00	3.63
尺度評定	2.06	0.56	−0.67	2.00

自由記述：刺激人物のとった行動の理由を自由記述させた反応を，第三者に5段階（1～5）で評定させている（数値が大きいほどパーソナリティに帰属していると判定されたことを表す）。
尺度評定：刺激人物のとった行動の理由を，パーソナリティによるか状況によるかを参加者自身に13段階（−6～＋6）で評定させている（数値が大きいほどパーソナリティに帰属していることを表す）。

1.3.2 アクセシビリティ効果

　他者の印象は，行動を知覚し意味づける際に人が用いる特性概念のアクセシビリティ（accessibility）の相違によっても影響を受ける。

　ヒギンズら（Higgins et al., 1977）は，「勇敢」とも「向こう見ず」とも思われる刺激人物の行動を記述した文章を使って印象形成実験を行った（表1.8）。その際，印象形成課題に先立ち，別の認知的課題が参加者に課された。参加者はそこで単語を記憶するよう求められるが，その中に「勇敢」関連語が含まれていた場合と「向こう見ず」関連語が含まれていた場合とでは印象が大きく異なり，前者の方が好意的な印象を形成する者が多かった。これは，記憶内に保有されている種々の特性概念のアクセスしやすさが状況によって変動し，その時点でどの特性概念がアクセスしやすいかにより，同じ行動でも違う解釈がなされることを意味している（アクセシビリティ効果；accessibility effect）。

1.4　対人認知のプロセスモデル

　私たちが日常行う対人判断は，相手や状況によって質的に異なる心的過程を経ている。断片的な手がかりのみから相手のことをごく表面的に理解してすませることもあれば，相手を注意深く観察し，その個性を十分認識することもある。ここでは，両過程の関係を定式化したモデルを紹介する。

　ブリューアー（Brewer, 1988）は，図1.7のような印象形成の2過程モデル（dual process model）を提案し，対人認知のプロセスは，相手のカテゴリカルな属性（人種，性別，年齢等）が即座に自動的に同定される第1段階と，相手について意識的に理解しようとする第2段階に分かれており，第2段階はさらに質的に異なる2つの処理モード（カテゴリーベースと個人ベースの処理モード）に分岐すると述べている。カテゴリーベースの処理モードでは，相手のカテゴリカルな属性に注目し，対象人物が当該カテゴリー集団に対して抱かれている固定化されたイメージであるステオレオタイプにあてはまるか否かという観点から理解される。もしあてはまらなければ，個別化へと進み，そのカテゴリーにおける特殊事例として位置づけられる。個人ベースの処理モードでは，カテゴリカルな属性は意味をもたず，個人に固有の特性が詳細に吟味され人物の全体像が把握される。この過程は個人化と称されている。2つの処理モード

1.4 対人認知のプロセスモデル

表1.8　ヒギンズらの実験で使用された文章（Higgins et al., 1977）

> ドナルドは，人生の多くの時間を興奮を求めることに費やしてきた。彼は，すでにマッキンリーに登ったこともあるし，コロラドの急流をカヤックに乗って下ったこともある。過激な自動車レースに出場したこともあれば，操縦のしかたなどあまり知らないのにモーターボートを走らせたこともある。彼は，ケガをすることなど顧みず，場合によっては命の危険を犯すようなことも何度かしてきた。彼は，今また新たな興奮を求めている。おそらく，彼は，今度はスカイダイヴィングに挑戦しようか，それともヨットで大西洋を横断しようかなどと考えているのだろう。彼は，どんなことでもやってのけられるだけの自信があって行動しているように見えた。仕事上のつきあいを除くと，ドナルドの交友関係はどちらかといえば限られていた。彼は，他人に頼ることなどあまり考えていないようだった。ドナルドは，いったんこうしようと決めたことは，どんなに時間がかかろうと，どれほど困難があろうと，それをやり通した。彼は，一度決心すると，どんな場合でもそれを翻すようなことはほとんどなかった。

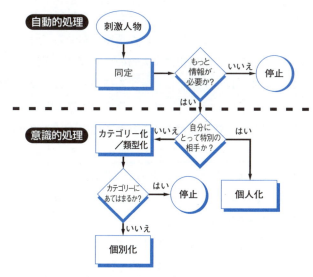

図1.7　印象形成の2過程モデル（Brewer, 1988を一部改変）

のどちらが選択されるかは相手への個人的関与の程度によって決まる。日常場面では処理効率の点からカテゴリーベースの処理モードが選択されやすい。

フィスクとニューバーグ（Fiske & Neuberg, 1990）が提案した連続体モデル（continuum model）においても，カテゴリーベースと個人ベースに対応する2種類の処理過程の存在を想定している。ただし，両者を連続的なものとみなし，相手との相互作用を経てカテゴリーベースから個人ベースの処理モードへと段階的に移行し得ると考えられている。個人ベースへの移行は反カテゴリー情報（例：女性らしさに反する行為）への注目，正確さへの動機づけ（例：相手の正確な理解が重要となる場面の導入）によって促進される（図1.8）。

1.5 コミュニケーションと印象

1.5.1 印象の共有

他者に対する印象は，個人内過程においてのみ成立するわけではない。私たちは，ある人物に関する印象を他者と語り合うという行為を日常的に行っている。人のうわさ話をするのは，その好例といえる。

近年は，このような個人間のコミュニケーション過程が印象形成にもたらす影響にも関心が向けられるようになった。ラッシャーらの行った一連の研究では，実験参加者を2人1組にして，与えられた情報に基づいて対象人物の印象を話し合ってもらっている。人物情報には人物のカテゴリー属性（例：アルコール依存症）に基づくステレオタイプに一致する情報と一致しない情報が混在していた。2人の会話内容を分析した結果，一致する情報の方が言及されやすいことがわかった。両者の合意形成が求められた条件下ではこの傾向はさらに増大し，一致する情報に同意を求める発言も増えている（Ruscher, 1998：図1.9）。このことからコミュニケーションを通じて既成概念（ステレオタイプ）に添った印象が共有されていくことがわかる（Ruscher, 2001）。

1.5.2 言語カテゴリーモデル

他者の印象を人に伝えるとき，表現の仕方によってニュアンスが微妙に異なることがある。たとえば，「AさんがBさんの荷物を運んだ」という事実を目撃したとする。これを誰かに伝えるとき単に「運んだ」と言うか，「Aさんが Bさんを手伝った」と言うか，「AさんはBさんをいたわる気持ちがあった」と

1.5 コミュニケーションと印象

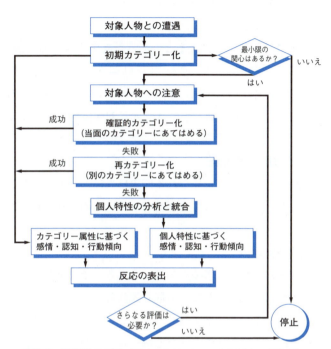

図1.8 **連続体モデル**（Fiske & Neuberg, 1990を一部改変）

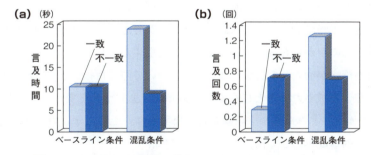

図1.9 **ステレオタイプ印象の共有**（Ruscher, 1998を一部改変）
実験参加者は，個別に人物情報のリストを呈示され印象を形成した後，2人で話し合う。ベースライン条件では，安定した印象を形成させるためステレオタイプを喚起するラベル（例：アルコール依存症）がリストの最初に呈示されるが，混乱条件では印象を混乱させるために最後に呈示される。混乱条件の参加者は印象を再統合する必要から会話中にステレオタイプに一致する情報への言及時間や言及数が多くなる。

言うか，さらには「Aさんは親切な人である」と言うかによって，聞き手のAさんに対する印象は異なるであろう。セミンとフィードラー（Semin & Fiedler, 1988）の言語カテゴリーモデルによると，ある行為を表現する方法には，「記述動詞（運ぶ）」「解釈動詞（手伝う）」「状態動詞（いたわる）」「特性（親切な）」の4段階（カテゴリー）があり，段階が進むにつれAさんの内面に言及することになるが，ここから，話し手のAさんに対する評価もわかるのである。

1.6 対人認知の個人差

同じ他者の行動を観察しても形成される印象は人によって異なることがある。また，他者をみるときの観点も人さまざまである。このような個人差はどのように説明されているのだろうか。

1.6.1 個人的構成体理論

私たちは，環境内に生起した事象を知覚したとき，それをそのまま取り込むのではなく自分なりに意味づけしてから取り入れる。この意味づけは，個人が経験を通して獲得してきた心的構成物と照合することにより可能となる。

ケリー（Kelly, 1955）は，このような心的構成物を個人的構成体（personal construct）と呼び，人によってその内容と数，相互の関連性や機能的分化度が異なるとした。対人認知事態では，たとえば，行動事象の解釈に用いられる特性概念がこれにあたり，人はある行為を観察したとき，自分が独自に保有する特性概念の中からもっとも妥当なものを適用する。したがって，保有されている特性概念が個人間で異なれば，他者について同じ情報が与えられても異なった印象が形成されることになる。会議で最後まで意見を変えない人をみて，「意志が強い」とみなすか「頑固」とみなすかは，その人がどのような特性概念を個人的構成体として保有しているかに依存する。

1.6.2 暗黙のパーソナリティ理論

私たちは，ある人が「精力的」な人だと聞くと，「有能」だがきっと「攻撃的」な人だろうと勝手に推測することがある。これは，私たちが，種々の構成体相互の関連性ないし共起性について，素朴ながら自分なりの理論をもっていることを表す。このような理論は，日常経験を通じて形成されるが，それほど整合的でなく明示的に表現されるわけでもないので暗黙のパーソナリティ理論

1.6 対人認知の個人差

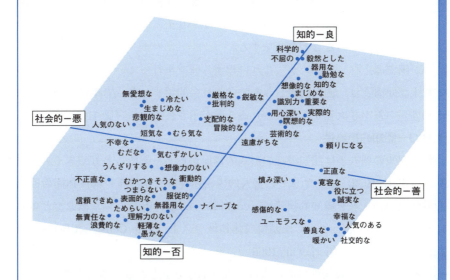

図1.10 **暗黙のパーソナリティ理論の2次元構造**（Rosenberg et al., 1968；ウェグナー・ヴァレカー, 1988より）

（implicit personality theory）と呼ばれている（Bruner & Tagiuri, 1954; Cronbach, 1955; Wegner & Vallacher, 1977 倉智監訳 1988 参照）。暗黙のパーソナリティ理論は本来個々人に特有のものとされているが，人々に共通する構造を見出すこともできる。ローゼンバーグら（Rosenberg & Sedlak, 1972; Rosenberg et al., 1968）は，人々が使用するパーソナリティ特性語を多数用意し，それら相互の類似性を分類法や評定法により判断させた資料を多次元尺度構成法により解析した（図 1.10）。その結果，人々のもっている暗黙のパーソナリティ理論は，社会的望ましさと知的望ましさからなる 2 次元構造になっていることが明らかになった。これは，人々が他者のパーソナリティをこれら 2 つの次元からもっぱらとらえていることを意味する。

わが国では，林（1978）が，これに類する研究を行っているが，それによると対人認知構造は，個人的親しみやすさ，社会的望ましさ，力本性（強靭性＋活動性）の基本 3 次元から構成されることが示されている（図 1.11）。

1.6.3　認知的複雑性

対人認知の個人差は認知構造の形式的側面からとらえることもできる。ビーリー（Bieri, 1955）は，ケリーの個人的構成体理論に基づき，構成体間の機能的分化度の個人差を認知的複雑性（cognitive complexity）という概念でとらえ，これを測定する方法として役割構成体領域テスト（Role Construct Repertory Test）を開発した（Bieri et al., 1966）。

一般に，認知的複雑性の高い人は，機能的に独立した認知次元の数が多く，他者を単に良い―悪いという単一の次元から二分法的にとらえるのではなく，もっと多様な次元からとらえることができるといわれている。池上（1983）は，特性語を組み合わせて複数の刺激人物を構成し，それらに対する印象評定資料を多次元尺度構成法を用いて解析することにより，認知的複雑性の低い人は，概括的評価の次元である第 1 軸にもっぱら重みをかけて刺激人物を弁別するが，複雑性の高い人は，第 2 軸にも重みがかけられ多次元的に認知することを確認している。

1.6.4　コンストラクト・アクセシビリティ

対人認知の個人差を，人々が事象解釈に用いるコンストラクト（特性概念等）のアクセシビリティ（p.35 参照）の相違からとらえる研究者もいる。人

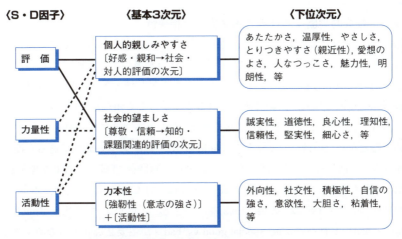

図1.11 林による対人認知の基本3次元説（林, 1986を一部改変）
図中のS・D因子はオズグッドの一般的意味空間の3因子を指し，基本3次元とそれぞれの下位次元との対応関係が示されている。

は種々のコンストラクトを保有している。ヒギンズら（Higgins et al., 1982）は，それらの中には個人が頻繁に使用するものとそうでないものがあることを見出し，頻繁に使用されるコンストラクトはその人にとって記憶からの取り出しが容易になっていること，それゆえ，これに関連する情報は高度な認知処理が効率的に行えることを示した。彼らは，仮想人物に関する特性記述文を呈示し，10分後にその内容を再生させるという実験を行い，個人が習慣的に用いるコンストラクトに関連する情報は保持が良いことを実証している。

コラム　社会的判断における基本2次元と相補性

　「太郎は勉強がとてもよくできる。きっと性格も明るく皆から好かれているだろう」とは，誰もが考えそうなことである。一般に，人は他者のある側面の優れた特徴をみると，別の側面でも優れているに違いないと考えがちである。これは，ハロー効果（halo effect）と呼ばれ，人物評価における古くからよく知られているバイアスの一つである。ところが，これとは逆の現象が近年知られるようになり関心を集めている。その発端となったのは，ジャッドら（Judd et al., 2005）による論文である。彼らは，まず個人，集団，社会，文化等，さまざまな社会的対象の評価が共通する基本2次元に沿って行われていることを指摘した。たとえば，対人認知においては，本章の「暗黙のパーソナリティ理論」の項（1.6.2項）で紹介したように，知性次元（intellectual good vs. bad）と社会性次元（social good vs. bad）が主要2次元とみなされている（Rosenberg et al., 1968）。集団認知に関しては，フィスクらが提唱したステレオタイプ内容モデル（stereotype content model）において，あらゆる集団は有能性（competence）と温かさ（warmth）の基本2次元の組合せによって特徴づけられている（Fiske et al., 2002）（第11章 one point 参照）。さまざまな国の国民性や各地域の文化を語るときによくみられるのは，個人の主体性や有能性を重視する個人主義文化と他者との協調性や集団の和を重視する集団主義文化を対比する視点である（Triandis, 1995; Hofstede, 1980）。他方，ヴォイチシケらも，自他認知の主要な次元として，主体性・有能性を含意する agency と道徳性・共同性を含意する communality をあげている（Wojciszke, 2005; Wojciszke et al., 2011）。それぞれで提起されている次元は厳密な意味では同義ではないが，対応する相互の次元の中核をなす要素は共通しており，私たちが社会的対象をとらえる際の基本的枠組みとして機能していると考え

られる。

　ジャッドら（Judd et al., 2005）は，これら両次元の評価の間にどのような関係性がみられるか，架空の集団を構成し実験的に検討した。具体的には，きわめて有能な集団と全く有能でない集団を対にして呈示し，両集団の印象を有能性と温かさの次元で評定するよう求めている。その際，有能性については明白な情報（集団成員の有能な，あるいは有能でない行動情報）が与えられたが，温かさに関する明確な情報は与えられず曖昧にされていた。すると，有能な集団より有能でない集団の方が温かいと評価される傾向が認められた。情報を操作する次元を入れ替え，明らかに温かい集団と冷たい集団を対にして呈示すると，前者の方が後者に比べ有能でないと評価される傾向がみられた（図1.12 (a) (b) 参照）。集団に代えて個人を評価対象とした場合にも同様の傾向が現れることを確認している。ハロー効果とは逆の**相補性効果**（負の相関関係）が認められたのである。ただし，単一の対象のみが呈示され評価する場合には，

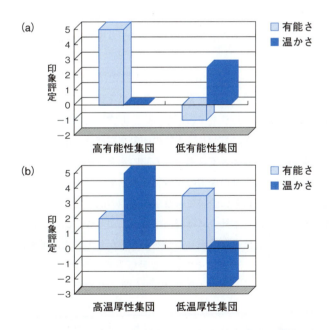

図1.12　**印象判断における相補性**（Judd et al., 2005に基づき作成）
（a）有能な集団より有能でない集団の方が温かさの評価が高い。
（b）温厚でない集団より温厚な集団の方が有能性の評価が低い。

有能な対象に対しては，温かさも高く評価するといったハロー効果（正の相関関係）を見出している。これより彼らは，特定の次元において格差のある2つの対象を比較する場面では，別の次元で評価を逆転させ，両者の格差を解消する心理機制が働くと考察している。一方のみが全ての点で有利に，あるいは不利になるような評価は避けるべきであるという規範意識が背景にあるからではないかと述べている。

こうした相補性は，既存の集団ステレオタイプにも認められる。ジェンダー・ステレオタイプは，その典型といえよう。男性中心社会においては，男性は有能であるが，粗暴で攻撃的であるといったイメージが，女性は有能ではないが感情豊かでやさしいといったイメージが広く共有されている（Jost & Kay, 2005）。また，経済的に豊かな地域の人たちは，有能でよく働くが親しみにくいのに対して，貧しい地域の人たちは，有能ではないが親しみやすいといった印象が抱かれており，そのような傾向は地域間の経済格差を大きく認知している者ほど顕著であったという報告もある（Jost et al., 2005）。ケイラ（Kay et al., 2007）は，このような相補的ステレオタイプは，人々の中にあたかも平等が達成されているかのような幻想（illusion of equality）を生み出し，集団間格差の源泉となっている不合理な社会システムを正当化する機能をもつと論じている。

矢田と池上（Yada & Ikegami, 2017）は，対人認知における相補性にもこのような社会システム正当化機能のあることを示唆する結果を報告している。彼らは，ジャッドら（Judd et al., 2005）のパラダイムにならい，非常に有能な人物と全く有能でない人物を構成して実験参加者に呈示し，人物の印象を有能性と温かさの次元で評定するよう求めた。なお，彼らの実験では単一の人物のみを呈示しているが，印象評定に先立ち，対象人物と参加者自身の優劣の比較判断を求めている。さらに，印象評定課題を行う前に，日本の経済格差について言及する架空の記事を読んでもらっている。記事は2種類あり，一つは日本社会には経済格差が広がりつつあると書かれており，もう一つは，日本では経済格差は縮小しつつあると書かれていた。前者は，回答者の平等主義信念に脅威を与え，後者はそのような脅威を与えないことが意図されていた。すると，日本社会の平等性が脅かされていると伝えられた条件において，人物に対する相補的評価を行うことによって，現行の日本社会を肯定する傾向が認められたのである。相補的世界観を信奉することによって，現実世界の不平等が解消されたかのような感覚を得ていることがうかがえる。

参考図書

瀬谷 正敏 (1977). 対人関係の心理　培風館

池上 知子 (1996). 対人認知の心的機構——ポスト認知モデルへの提言——　風間
　　書房

山本 眞理子・外山 みどり (編) (1998). 社会的認知　誠信書房

唐沢 穣・池上 知子・唐沢 かおり・大平 英樹 (2001). 社会的認知の心理学——
　　社会を描く心のはたらき——　ナカニシヤ出版

山本 眞理子・原 奈津子 (2006). 他者を知る——対人認知の心理学——　サイエ
　　ンス社

one point

▲ネガティビティ・バイアス (negativity bias)

　ネガティビティ・バイアスとは，ポジティブな刺激とネガティブな刺激では，影響
の及ぼし方が対称的ではなく後者の方が影響力が強いことをいう (Kanouse &
Hanson, 1972)。印象形成において望ましい情報より望ましくない情報の方が手がか
りとして重視されることや，意思決定に際し利得より損失に敏感になることが例とし
てあげられる。この現象に関しては，従来より2通りの説明がなされてきた。一つは
「ポリアンナ仮説 (Pollyanna hypothesis；Matlin & Stang, 1978)」によるもので，人
間は基本的に自分のいる世界は悪いことより良いことの方が多いと信じているため，
これに反するネガティブな刺激は目立ちやすいからというものである。もう一つは，
ネガティブな刺激は将来個体に不快な事態をもたらす可能性があることから，これに
注意を向けることは適応上有利だからというものである (Taylor, 1991)。

▲コンストラクト・アクセシビリティ (construct accessibility)

　コンストラクトとは事象を認知する際に用いられるカテゴリカルな概念や認知的枠
組みを表す心的構成物一般を指す。これらは記憶内に保有されているが，状況によっ
て，そのアクセシビリティ（接近可能性）は変動する（コンストラクト・アクセシビ
リティ）。また，特定のコンストラクトが頻繁に使用されると，それらのアクセシビ
リティは慢性的に高くなること，人によってアクセシビリティの高いコンストラクト
が異なることが知られている。一般に，アクセシビリティの高低は，記憶内における
当該ノードの活性水準に対応すると考えられている (Higgins & King, 1981)。

社会的推論

　第1章では，対人認知の心的仕組みについてみてきた。そこで示されたように，私たちは他者をみるとき，得られた情報を既有知識と照らし合わせながら，一定のルールに則って，さまざまに解釈し推論している。このような心的過程は，対人認知に限らず，種々の社会的事象について，その原因や意味などを考えるときにも働いている。ここでは，他者を含む社会的事象一般に関して私たちが行う推論のプロセスが，どのような特徴をもっているかを明らかにしていきたい。

　まず，古くから社会心理学が研究の対象としてきた推論の一つである帰属（事象の原因の推論）を取り上げ，これを糸口に，社会的推論全般についてふれる。帰属研究は，人間は素朴な科学者で合理的で規範的な推論を行うものだという前提のもとに議論が展開されてきた。しかし，近年では，人間は既有の知識や日常経験に基づいて，自動的かつ直感的に推論しているらしいことが広く知られるようになった。そのため，数々の誤りが起こることもわかってきている。

　本章では，以上のようなことを中心に社会的推論のメカニズムを解説する。

2.1 帰 属

ある夫婦が離婚したと聞かされると，人々は「なぜだろう？」「何があったのだろう？」とあれこれ詮索するものである。私たちは，何か出来事に出会うと多くの場合その原因を知りたくなり，それがわかったときに初めてその意味が理解できたと実感する。このような心理作用を帰属（attribution）という。帰属に関しては，これまで多くの研究者が，その過程を詳細に分析し，モデル化することを試みてきた。

2.1.1 ハイダーの理論

私たちが日常頻繁に行う帰属の一つが人の行動の原因に関するものである。人の行動は，一般に行為者の要因（内的帰属）か環境の要因（外的帰属）に原因が帰属される。ハイダー（Heider, 1944, 1958）は，原因帰属の推論が図 2.1 のようにいくつかのステップからなる複雑な過程を経ていることを示した。また，私たちには行動の原因を行為者に求める強い傾向があるとも述べている。

2.1.2 対応推論モデル

ジョーンズとデイヴィス（Jones & Davis, 1965）は，ハイダーの構想を受け，特に行動の原因が行為者の内的属性（パーソナリティ，態度等）に帰属される場合の条件を詳細に分析した。彼らは，内的帰属がなされるかどうかは行動と内的属性の対応性（correspondence）が決め手になるとした（対応推論モデル；correspondent inference model）。対応性とは，行為と属性を結びつける論理的必然性がどのくらいあるかを意味し，これが高いとき人は確信をもって行為をその属性に帰属する。対応性の高低を規定する要因には外的圧力の有無，非共通効果の数，社会的望ましさなどがあげられる（表 2.1）。

2.1.3 共変モデル

内的帰属と外的帰属の起こる条件についてもっとも包括的なモデルを提案したのはケリー（Kelley, 1967）である。彼は，行動の原因として，①実体（行為の対象），②人（行為の主体），③時／様態（状況）をあげ，これらのうちどれに帰属されるかは，共変原理「事象の原因は，その事象が生起したときに存在し，生起しなかったときには存在しない」を適用することによって決められるとした。その際，用いられる基準として，(a) 一貫性（ある人のある対象に

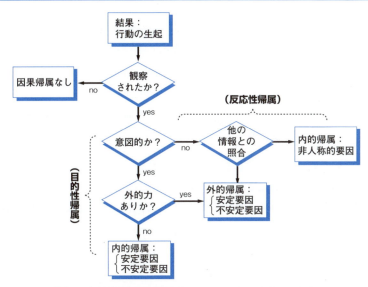

図2.1 原因帰属の流れ図(Heider, 1944;大橋, 1987)

「Aさんが混み合うバスの車内でBさんを後ろから押した」とする。これを知った認知者は、まずそれが意図的かどうかを判断する。非意図的であれば反応性帰属が生じ、他の情報と照合することにより内的要因（Aさんは体が弱く立ち眩みを起こした）か外的要因（バスが急停止した）に帰属される。なお、ここでの内的要因は行為の意図性とは関係ないので非人称的要因という。意図的であれば目的性帰属が生じる。その場合、もし外的圧力が存在した（Aさんは誰かに命令された）のなら外的要因に帰属されるが、そうでなければ、Aさんの精神状態（焦っていた）やパーソナリティ（攻撃的）という内的要因に帰属される。

表2.1 対応性を規定する要因

外的圧力の有無
　強制されたり役割期待に基づく場合は対応性が低くなり、そうでなければ高くなる。警官が道に迷った人を案内したとしても、それは職務であるから親切なパーソナリティには帰属されにくい。

非共通効果の数
　その行為をすることによって他では得られない特別な効果が多く期待できるとき対応性は低くなり、そのような効果が少ないとき高くなる。慈善事業に多額の寄付をしたとしても、それによって選挙の得票数が増えたり、節税になるのなら寛大なパーソナリティには帰属されにくい。

社会的望ましさ
　その行為が社会的規範にあった望ましいものであれば対応性は低くなり、規範にはずれた望ましくないものであれば高くなる。電車の中でお年寄りに席を譲ったとしても、それは単にその場の規範に従ったまでのことで思いやりのあるパーソナリティには帰属されにくい。

対する反応はどのような状況でも変わらないか），（b）弁別性（ある人のその反応は当該対象に限って起こるのか），（c）一致性（ある人のある対象に対する反応は他の人々と一致しているか）の3つをあげ，それらの高低の組合せにより原因が特定されるとした（共変モデル；covariation model；図 2.2）。

2.1.4　因果図式モデル

共変モデルは，3つの基準を判定するために必要な情報が存在することが前提となる。しかし，私たちはそのような情報がほとんど得られない場合でも帰属を行っている。それは，私たちが，以前に経験した類似の事態から，その種の行動がどのような原因によって生ずるものであるかに関して一定の因果図式をすでにもっており，それを適用しているからだと考えられる（因果図式モデル；causal schema model）。ケリー（Kelley, 1972）は，代表的な因果図式として複合必要因果図式と複合十分因果図式の2つをあげている（図 2.3）。

2.2　帰属の認知心理学的理論

2.2.1　知識に基づいた帰属

因果図式モデルは，帰属における経験知の役割を指摘した点が注目される。このような観点は認知心理学的アプローチを取り入れたその後の帰属研究において継承され，近年では個々の事象に固有のより具体的なレベルでの因果に関する知識（内容固有知識；content specific knowledge）の役割が検討されている（外山，1991; Smith, 1994）。

ある人の行動からその人の属性を推測するには，行動と属性の対応関係に関する体系だった知識を事前に有していることが必要となる。リーダーとブリューアー（Reeder & Brewer, 1979; Reeder, 1985）は，この対応関係が行動と属性の種類や内容によって異なることを指摘し，人々は個々の行動-属性関係に固有の知識（スキーマ；p.57 参照）に基づいて判断していると主張した。たとえば，普通外向的な人は概ね外向的な行動を，内向的な人は概ね内向的な行動をとり，例外は少ないと考えられている。そのような場合は，外向的，内向的行動から必然的にそれぞれに対応する特性が推論される。しかし道徳性や能力に関わる領域においては，このような推論の対称性が必ずしも保証されておらず，それぞれに特有の結びつき方が仮定されている。したがって，帰属判断も

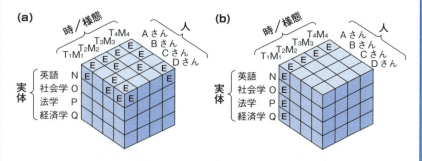

図2.2 ケリーの共変モデル（Kelley, 1967；安藤ら, 1995）
図は，実体，人，時／様態がそれぞれ4水準あるときのデータパターンを立方体で表現したものである。Eと書かれている箇所はその組合せで結果が生じたことを示す。Aさんが英語の試験で「不可」をとったとき，(a)の場合は英語の試験の難度の高さ（実体）に帰属され，(b)の場合はAさんの能力の低さ（人）に帰属される。

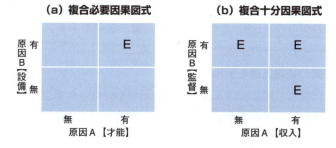

図2.3 2つの因果図式（Kelley, 1972；安藤ら, 1995を改変）
(a) ある学者がノーベル賞をとると才能と研究設備の両方に恵まれていたからに違いないと考える。実際には才能はあっても設備はなかったかもしれないのにもかかわらず，である。これは，きわめて困難な課題の達成には能力と環境の両方が必要だという因果図式を適用していることを表す。
(b) ある選手がAチームではなくBチームに入団したとする。それは年収が高かったからかもしれないし，監督との相性がよかったからかもしれない。また，両方だったからかもしれない。しかし，明らかにBチームの方が年収が高いとわかると，それが入団の理由だと確信する。いずれか一方の条件が満たされれば入団の動機としては十分だという因果図式があるからである。なお，図中Eはその条件の組合せで結果が生起し得ることを示す。

それに応じたものとなる（図 2.4）。

　ヒルトンとスルゴスキー（Hilton & Slugoski, 1986）は，日常行われる原因推論は，必ずしも共変モデルに従っていないと主張した。彼らによれば，共変性よりは，むしろ，その事象についてもっている知識の枠組みに照らし，それが通常的かどうかという判断が重要な意味をもつという。私たちは，性的交渉があっても妊娠しない事態を繰返し観察しているが，両者の間の因果関係の存在を疑うことはない。それは，性的交渉をもたずに妊娠することは通常起こり得ないことを知っているからである。あるいは列車の脱線事故が起きたとき，走行速度や積載重量の超過ではなく線路の欠陥が原因だと考えてしまう。いずれも事故発生の必要条件であるが，異常な事由の方がより原因として特定されやすいからである。

　また，リード（Read, 1987）は，表 2.2 のようなシナリオを例にあげ，行動の原因は，その行動の起こった前後の文脈，あるいはその行動がどのような目標やプランのもとになされたものかが考慮された上で推定されることを示した。共変関係や対応性に関する情報がなくても，私たちはその事象に特有の常識的知識（スクリプト：script）を使うことで行動の説明をする。その方がむしろ日常の姿に近いというのがリードの主張である。

2.2.2　帰属の情報処理モデル

　このように帰属判断における既有知識の影響が注目されるようになったことで，今度はそれが一連の帰属過程の中のどの段階で起こっているのかという関心を新たに呼び起こすことになった。そこで，帰属判断に至るまでの情報処理の流れを詳細に記述する研究が始まった。トロープ（Trope, 1986）は 2 段階モデル（two-stage model）を提唱し，帰属過程は同定（identification）と推論（inference）の 2 つの段階から構成されるとした（図 2.5）。前者では，行動やそれが起こっている状況を知覚的手がかりや既有知識に基づいて意味づける作業が行われ，後者ではそれを受けて行為者の属性に関する推論が行われる。重要なことは，行動から属性を推論する際には，行動それ自体からだけでなく，それに関連する他の手がかりが判断結果を大きく左右する点である。

2.2.3　自発的特性推論

　従来の帰属研究では，人はまず行動の原因を吟味し，それに基づいて属性の

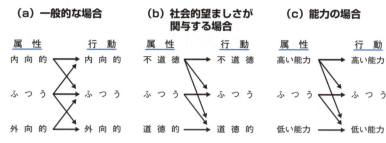

図2.4 属性と行動の関係に関するスキーマ（Reeder, 1985；外山, 1991より）
(a) のように推論の対称性が仮定されているときは，外向的，内向的行動からそれぞれに対応するパーソナリティ特性が推論される。
(b) 不道徳な人でも道徳的に振る舞うことがあるので，道徳的な行動からただちに道徳的な人だとは推論されない。
(c) 能力の低い人は低い達成行動しか示せないが，能力の高い人は高い達成行動も低い達成行動も示すため，低い達成行動から必ずしも低い能力が推論されない。

表2.2 スクリプトに基づく原因推論（Read, 1987）

> アンが玄関に入るとデイヴが迎えに出てきた。
> 「お医者さんの話だと手術にはかなり費用がかかるらしいわ」とアンは言った。
> 「大丈夫だよ。ヘンリー叔父さんがいるじゃないか」とデイヴは答えた。
> デイヴは，そこで電話帳を取りに行った。

このシナリオを読めば，デイヴが電話帳を取りに行ったのは，ヘンリー叔父さんに金銭的援助を頼もうと考えたからだと推論できる。

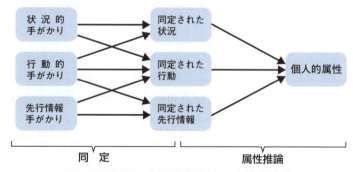

図2.5 属性推論の2段階モデル（Trope, 1986）
葬儀場で目に涙を浮かべている人を見れば，目にゴミが入ったのではなく悲しくて泣いているのだとすぐわかる。また，ふつう泣いているのを見ると気の弱い人と考えるが，葬儀の場面であればあまりそうは思わない。しかし，事前にその人が気の弱い人だと聞かされていれば異なるであろう。

推論を行っていることが暗黙の前提となっていた。ところが，近年この前提に疑問を投げかける研究が登場した（Newman & Uleman, 1989 参照）。スミスとミラー（Smith & Miller, 1983）は，参加者に人の行動を記述した短文を呈示し，行動の原因や行為者の特性に関する質問に「はい」か「いいえ」で答えてもらう実験を行った。すると，行動の原因について答えるより，行為者の特性について答える方が反応時間が短いという結果になった（図 2.6）。原因帰属を媒介せずに，行動からただちに属性を推定していることになる。ウィンターら（Winter & Uleman, 1984; Winter et al., 1985）は，手がかり再生実験の手続きを用いて，行動文の再生率が行為から推測される特性語を手がかりとして与えた場合にもっとも良いことを示し，参加者が学習時に行動文から特性を自発的に推論し行動と結びつけて記憶していたことを明らかにしている（図 2.7）。このことは，人は行動をみると直ちに対応する特性を自動的に推論することを意味する（**自発的特性推論**；spontaneous trait inference）。

2.3 オートマティシティ

　社会的判断や推論が，対象に関してすでにもっている知識内容に強く規定されることは上述した通りである。既有知識の枠組みに合うように情報が選択され再構成されるといってもよい。このような機能をもつ知識を一般に**スキーマ**（schema）と呼んでいる。特筆すべき点は，スキーマの影響が認知者自身に自覚されていないことが非常に多いことである。これは見方を変えれば，人間は，ある種の刺激を与えられたり，特定の状況におかれると，それに関連するスキーマを意識的努力を要することなく自動的に利用できるようになっているのだと考えることもできる。このような認知の**オートマティシティ**（自動性；automaticity）は，人の認知機構の重要な特性の一つと考えられている（Bargh, 1994）。情報の処理容量に限界のある人間は，経験知を巧みに利用し効率よく情報を処理していくことが適応上必要なのかもしれない。

2.3.1　プライミング

　第 1 章で紹介したヒギンズらの実験（Higgins et al., 1977）では，先行課題で特定のパーソナリティ特性語を処理していると，印象形成課題で行動を解釈する際，その特性語が用いられやすくなることが示された（1.3.2 項参照）。こ

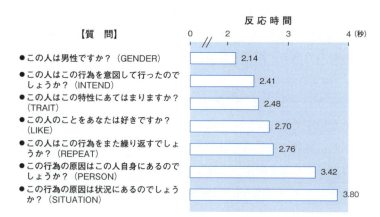

図2.6 スミスとミラーの実験で呈示された質問と反応時間 (Smith & Miller, 1983)

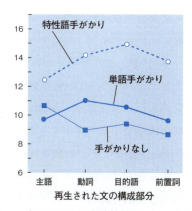

図2.7 ウィンターとユルマンの実験結果 (Winter & Uleman, 1984)
たとえば,「秘書は推理小説を途中まで読んだだけで謎を解いた」という文を呈示し,手がかり再生させている。意味的に関連する単語(タイプライター)を手がかりとして与えた場合,特性語(頭のいい)を手がかりとして与えた場合,手がかりなしの場合の結果が示されている。

のような現象を**プライミング効果**（priming effect）というが，これがまさに
スキーマの自動的利用を示す端的な証拠なのである。なぜなら，これは，先行
課題で与えられた言語刺激が点火剤となって実験参加者の記憶内にある特性ス
キーマが自動的に活性化され，参加者が無意識のうちにそれらを利用したこと
を示しているからである。類似の現象は他のいくつかの実験においても確認さ
れている。

　スルルとワイヤー（Srull & Wyer, 1979）は，先行課題として乱文再構成課
題（でたらめな順序で並んでいる単語の中から一定数の単語を選択し文を作る
課題）を使用し，課題の中に攻撃性や友好性を含意する行動文を多く含めるほ
ど，それらの次元での印象評定が上昇することを明らかにした（図 2.8）。また，
バージとピエトロモナコ（Bargh & Pietromonaco, 1982）や池上と川口（1989）
は，特性関連語（敵意語・友好語）を閾下に呈示しても同様の効果が認められ
ることを確認している（図 2.9）。これは，特に**閾下プライミング**（subliminal
priming）と呼ばれているが，無意識的な認知過程の存在をきわめて厳密な形
で裏づけるものである。

2.3.2　インプリシット・ステレオタイピング

　スキーマの一形態であるステレオタイプ（特定の社会集団に対して形成され
る固定化されたイメージ；第 11 章 p.238 参照）が無意識的に利用されること
を示唆した研究も存在する。デヴァイン（Devine, 1989）は，閾下プライミン
グの手法を用いてこれを検証した。参加者は，人種不詳の架空の人物のやや攻
撃的な行動を記述した文章を読んで印象を評定するよう求められたが，先行課
題で黒人関連語（nigger, poor, afro など）を閾下に呈示すると，その人物の
攻撃性に関する評定が高くなった。呈示語リストの中には攻撃性に関連する単
語はなかったことから，参加者は無意識のうちに「黒人」から「攻撃的」特性
を連想していたことになる。すなわち，人種ステレオタイプが自動的に活性化
され，気づかぬうちにその影響を受けていたといえる。

　バナジとグリーンワルド（Banaji & Greenwald, 1995）は，**擬似・有名効果**
（false-fame effect；知名度の低い人名でもそれを一度見ていると，そのこと自
体は想起できなくても，知名度の高い名前であると錯覚する現象；Jacoby et
al., 1989）を利用して，性役割ステレオタイプの無意識裡の影響をとらえてい

2.3 オートマティシティ

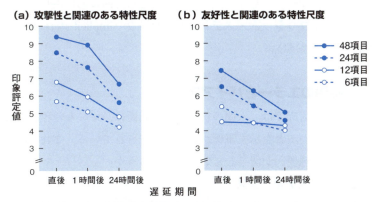

図2.8 プライミング実験の結果（Srull & Wyer, 1979；池上, 1992より）
左側（a）は攻撃性項目の増加が攻撃的行動の印象評定に及ぼす効果を示し，右側（b）は友好性項目の増加が友好的行動の印象評定に及ぼす効果を示す。遅延期間は乱文再構成課題と印象評定課題の時間間隔を示す。

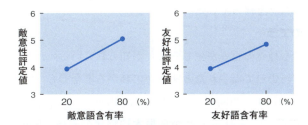

図2.9 閾下プライミング実験の結果（池上・川口, 1989より作成）
左側は先行課題で閾下呈示された単語リストにおける敵意語の含有率が印象評定に及ぼす効果を示し，右側は友好語の含有率が印象評定に及ぼす効果を示す。

る。彼らは，人名リストの中に男性名と女性名を同数ずつ含め，この効果が男性名で顕著となることを見出した（表2.3）。知名度の高い人物は男性に多いという暗黙の信念が判断に影響を及ぼしたことがうかがえる。

　以上のように，認知者自身の意識を介することなく間接的に現れるステレオタイプ反応を**インプリシット・ステレオタイピング**（implicit stereotyping）という（池上，1999 参照）。

2.4　推論のエラーとバイアス

　近年の社会認知研究では，人間の行う推論や判断は必ずしも合理的な規範モデルに沿っていないことを示す事例が数多く報告されている。これには，いったいどのような心理要因が関与しているのであろうか。

2.4.1　ヒューリスティックス

　認知資源を節約するために，人間は簡便で直感的なさまざまな判断方略（**ヒューリスティックス**：heuristics）を発達させてきた。トヴァスキーとカーネマン（Tversky & Kahneman, 1974）は，私たちが日常よく用いるヒューリスティックスをいくつか例示している（表2.4）。これらは，かなり高い確率で正解が得られると経験上信じられているためしばしば使用されるが，必ずしも正解に到達することを保証するわけではない。むしろ，種々の認知的偏向や誤謬を引き起こすリスクを伴っている。

2.4.2　帰属のエラー

　帰属においても種々の歪みが生じることが知られている。たとえば，ある行動が外的な圧力によってなされたと明らかにわかる場合でも，人はそれを行為者の内的属性に帰属する傾向がある（Jones & Harris, 1967）。この過度の内的帰属は非常に広範にみられることから**根本的帰属の過誤**（fundamental attribution error）と称されている（Ross, 1977）。また，他者の行為はその人の内的属性に原因を帰属し，自己の行為は環境に原因を帰属する傾向があり，これは行為をみる視点の相違に起因するものとして**行為者–観察者バイアス**と呼ばれている（Jones & Nisbett, 1972）。しかし，成功–失敗に関しては，成功は自分に帰属し失敗は環境に帰属するというように自分にとって都合のよい帰属（**セルフ・サービング・バイアス**：self-serving bias）が起こりやすい。この他

表2.3 有名・無名判断における正反応率と誤反応率
（Banaji & Greenwald, 1995より作成）

	旧項目		新項目	
	正反応	誤反応	正反応	誤反応
男性名	.78	.08	.73	.03
女性名	.64	.04	.61	.03

参加者は一連の人名を呈示され発音するよう求められた。その後一定の期間をおいて，人名の有名・無名判断を行った。判断項目の中には知名度の高い人名と低い人名が同数ずつ含まれていた。旧項目は最初の課題で呈示された人名で新項目は呈示されなかった人名である。誤反応率が新項目より旧項目で高くなるのが擬似・有名効果である。

表2.4 ヒューリスティックス（Tversky & Kahneman, 1974）

名　称	定　義	適　用　例
代表性ヒューリスティック	AがBに所属する確率はAがBを代表している程度（representativeness）に基づいて推定される。	ある人（A）が教師（B）であるかどうか判断するとき，その人が教師に典型的な特徴をもっているかどうかによって判断する。その際，その人の出身校の教員就職率（基準比率）は無視される。
利用可能性ヒューリスティック	ある事象の生起確率は該当する事例の利用しやすさ（availability）に基づいて推定される。	離婚率を推定するとき，自分の身近で離婚した例がすぐ想起されると高く推定し，そのような例が想起されなければ低く推定する。
調整と係留のヒューリスティック	ある次元で対象を判断するとき，何らかの初期値を設定し，それを係留点として判断値を調整する（anchoring and adjustment）。	友人がどのくらいよく勉強したかを判断するとき自分自身の勉強時間を基準にして行う。
シミュレーション・ヒューリスティック	当該事象を心内で容易にシミュレーション（simulation）できる程度に応じて判断や印象が決定される。	卒論の提出が1時間遅れて卒業できなかった場合より，1分遅れて卒業できなかった方が，間にあった場合のことが想像しやすいので，悔やむ気持ちが強くなる。

にも，実際には偶然によって生じている事象でも自分の意図と能力によって統制できると錯覚する**コントロール幻想**（illusion of control；Langer, 1975）や他者に起こった事故や災害を実際以上に当事者の責任に帰する**過度の責任帰属**（victim blaming；Walster, 1966）が知られている（表 2.5）。

これらの解釈を巡っては種々議論があるが，主として注意の向きやすさという認知論的観点と自尊心の維持防衛という動機論的観点から説明がなされている（外山，1991 参照）。

2.5 推論の誤りがもたらすもの

推論の歪みは誤った信念や知識を形成する。多くの人は，自分の態度や行動がもっとも一般的なもので，他人も皆自分と同じようにしていると信じているところがある。喫煙者の割合を推定させた研究では，自分が喫煙者の場合は 51％と答え，非喫煙者の場合は 38％と答えている（Sherman et al., 1983）。これを**合意性バイアス**（false consensus effect）と呼ぶ（Ross et al., 1977; Marks & Miller, 1987）。合意性バイアスは，もっとも利用しやすい自身の例を判断の根拠にするという利用可能性ヒューリスティックの産物と考えることもできるし，自分のことを正当化しようとしたセルフ・サービング・バイアスの所産とも考えられる（6.3.2 項参照）。

推論を誤ることにより，集団に対し偏った認知が形成されることもある。一般的に集団の印象は集団に属する成員について得た情報をもとに形成されるが，ロスバートら（Rothbart et al., 1978）は，少数であっても非常に極端な事例が存在すると，そうでない場合に比べて，人はそのような特性をもつ成員の人数や割合を過大に見積もり，集団全体の特性を過大評価することを示した（図 2.10）。目立つ事例は記憶に残りやすく判断における利用可能性が高いからだと考えられる。また，ハミルトンとギフォード（Hamilton & Gifford, 1976）は，小集団は大集団に比べ集団内の少数事例が集団全体の評価に及ぼす影響が強くなることを明らかにし（表 2.6），これは事象の目立ちやすさが**錯誤相関**（illusory correlation）を引き起こすためだと解釈した。推論の誤りが社会的偏見を生み出す可能性のあることがうかがえる。

また，推論のバイアスは対人関係にも影響する。人は往々にして自分の行為

表2.5 帰属のバイアス

根本的帰属の過誤（過度の内的帰属）
【事例】ある政治的立場を支持する文章を読んだ人は，それが強制されて書かれたものであると知らされても，そこに書き手の真の態度がかなり反映されていると推測する。

行為者-観察者バイアス
【事例】他人が人を見間違えると，見間違えた人が不注意だと考えるが，自分が見間違えたときは，相手があまりに似ていたからだと考える。

セルフ・サービング・バイアス
【事例】テニスのダブルスの試合で，勝ったときは自分が上手だったからだと考え，負けるとパートナーが下手だったからだと考える。

コントロール幻想
【事例】宝くじは，他人に選んで買ってもらうより，自分で選んで買った方がよく当たるように感じる。

過度の責任帰属
【事例】事故や事件が起こったとき，何の罪もない被害者にも落ち度があったように考える。

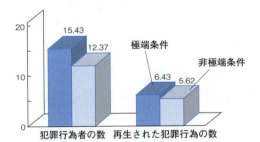

図2.10 **ロスバートらの実験結果**（Rothbart et al., 1978より作成）
参加者は50人の集団の成員の行動を記述した短文を順に見せられた。そのうちの40人は日常的な行為であったが10人は犯罪行為が記述されていた。極端条件では，その中に重大な犯罪行為（殺人等）が含まれていたが，非極端条件ではすべて軽微な犯罪（万引き等）ばかりであった。参加者は，その後に犯罪行為をした人の数を答えその内容を再生した。

（発言や装い等）が実際よりも周囲に注目されていると思いがちである。このような現象を**スポットライト効果**（spotlight effect）という（Gilovich et al., 2000）。また，自分の心の中（嘘，不快感等）を実際以上に他人から見透かされているように感じる傾向がある。これは**透明性錯誤**（illusion of transparency）と称されている（Gilovich et al., 1998；図 2.11）。これらは，他者の自分に対する判断を推測するとき，自分の心の状態を手がかりとするために生ずると考えられている。このような**自己中心性バイアス**（egocentric bias）は，対人不安を高めるなど，他者との円滑な相互作用を阻害する可能性がある。

2.6 仮説確証型判断

　何事にも予断をもってはいけないという。しかし，完全に中立公正に判断することは現実には不可能である。たとえば，職業適性を判断するときは，その人物が当該職業に適しているという仮説を立て，それが正しいかどうかを検証するという手順をとる。この時点で，人はすでにこの仮説に拘束され，その正しさを証明するように方向づけられている。これを**仮説確証バイアス**（hypothesis confirmation bias）という。

　スナイダーとキャンター（Snyder & Cantor, 1979）は，人物の特徴を記述した同じ内容の文章を与えても，適性を判断すべき職業がセールスマンであるか司書であるかによって参加者の着目した事実が異なることを示した（図 2.12）。すなわち，前者ではその人物が外向的パーソナリティであることを示す事実が，後者では内向的パーソナリティであることを示す事実が判断に関係する情報としてより多くあげられたのである。しかもこの傾向が強いほど，その職業への適性も高く評定されていた。参加者は，人物がその職業に適していると仮定し，それを支持する事実を選択的に判断に利用したことになる。

　確証バイアスは科学的根拠が十分得られていない俗説が社会に流通する現象にも関与している。血液型性格診断説を素材に行われた坂元（1995）の研究は，このことをよく示している。彼は，刺激人物の特徴を記述した表 2.7 のような文章を参加者に呈示し，特定の血液型を指定しそれにあてはまっているかどうかを判断させた。その結果，参加者は当該血液型にあてはまるとされている特徴に選択的に着目していたことが明らかになった（表 2.8）。しかも，それは

2.6 仮説確証型判断

表2.6 錯誤相関に関する実験結果 (Hamilton & Gifford, 1976)

集団の大きさ	望ましい行動	望ましくない行動
集団A（26）	17.09　（18）	8.91　（8）
集団B（13）	7.27　（9）	5.73　（4）

実験参加者は集団A（大集団）と集団B（小集団）の各成員の行動を記述した文を順に見せられた。望ましい行動と望ましくない行動をした成員の比率は、集団A、Bとも9：4であった。しかし、事後に行動の頻度を推定させると小集団の望ましくない行動の頻度が実際より高く見積もられた。小集団の成員であることと望ましくない行動はいずれも目立つため、両者が誤って関連づけられたことを表す。括弧内の数値は実際に呈示された頻度を示している。

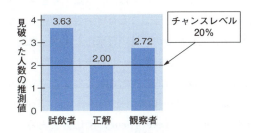

図2.11 透明性錯誤の実験結果 (Gilovich et al., 1998)
参加者（試飲者）は、まずい飲み物を無表情で試飲することを求められ、その様子を見た観察者からどのくらい見抜かれたと思うかを答える。参加者の推測値は、実際の観察者の推測値よりかなり高くなっている。

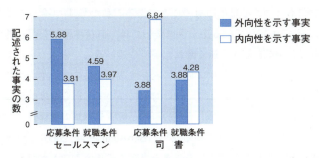

図2.12 職業適性判断に関する実験の結果 (Snyder & Cantor, 1979)
セールスマンは外向的パーソナリティが適し、司書は内向的パーソナリティが適するという前提のもとに適性が判断されている。応募条件では刺激人物はその職業に応募中であると告げられ、就職条件ではすでにその職業に就いていると告げられた。

血液型性格診断説を強く信じる者においてとりわけ顕著であった。

いったん形成された信念が，確証バイアスを媒介して補強され維持されることがうかがえる。偏見や迷信を覆すことがいかに困難であるかということをよく示している。

コラム　解釈レベル理論と社会的推論

「遠くの親類より近くの他人」「遠くの火事より背中の灸」といったことわざを耳にすることがある。前者は，遠く離れたところにいる親類より，近くにいる他人の方がいざというときに頼りになることを，後者は，人は遠くで起きた重大な出来事より些細なことでも身近な出来事に関心をもつことを言い表している。目前の課題については具体的で綿密な計画を立てられるが，遠い将来になすべき課題につては，大雑把で漠然とした計画しか立てられない。対象ないし事象との距離感によって，人々のそれらに対する認識が異なることは日常的に実感されるところであろう。このような心理機制について系統的に論じたのがトロープとリバーマン（Trope & Liberman, 2010）による解釈レベル理論（Construal-Level Theory；CLT）である。

解釈レベル理論によれば，人は対象との間に知覚される距離に応じて対象を認識し解釈する際の表象のレベルを変えるとされている。すなわち，近い距離にある対象は具体的なレベルでとらえるが，距離が遠くなるにつれ抽象的なレベルでとらえるようになる。なお，ここでいう距離とは，主に空間的距離や時間的距離をさすが，あくまで主観的経験にもとづく心理的距離のことである。私たちは，「今，ここ」にある事物，「今，ここ」で生起している出来事については，直接体験しながら具体的で詳細な情報を得ることができるが，遠く離れた場所や遠い過去や未来の事物や出来事については，それが困難なため代わりに対象に内在する不変性の高い中心的特徴を思惟し解釈しようとする。そうすることで，遠い対象についてもある程度的確に把握することが可能になるからである。なお，心理的距離と解釈レベルの関係性は，概念レベルで定式化され生体内に保持されているため（Bar-Anan et al., 2006），距離に応じて解釈レベルを変動させる心理機制はさまざまな事態に般化することが知られている。たとえば，「遠い」や「近い」という感覚を概念レベルで誘起されても，対象の知覚様式（全体を見るか，部分を見るか）が変化する。したがって，仮に対象について得られる情報が同一であっても，主観的に知覚される対象との距離が変化すると注目する情報の質（抽象的か具体的か）が連動して変化することになる。

コラム　解釈レベル理論と社会的推論　　55

表2.7　**血液型判断実験に用いられた刺激文**（坂元，1995を一部改変）

彼女は，20歳の女子学生で英米文学を専攻しています。英語の勉強は大変によくしています。基本的に[A]まじめな学生で，[A]努力家です。しかし，興味のない科目の授業にはあまり出席していないようです。それでも，試験のときには，友だちからノートを借りて，よい成績をとってしまう[AB]要領のよいところがあります。ゼミには熱心に参加しています。そこでは，問題を[AB]客観的に見つめて，[O]論理的で説得力をもった発言をします。彼女はもともと[O]情熱家で，現在では，映画研究会というサークルに入って，映画の製作に没頭しています。彼女は，[A]チーム行動を大切にして，スタッフをよくまとめています。[O]指導力はかなりあるようです。製作においては，[B]独創的なアイデアを次々に出していますが，[A]細かいことにこだわりすぎるところもあるようです。彼女は，大学受験用の通信添削のアルバイトをしています。[B]マイペースなところがあるので，このように自由な時間でできるアルバイトは，都合がよいのでしょう。担当科目は小論文で，ふだんから[B]淡泊で，[B]評論家的な態度が目立っている彼女のコメントが目に浮かびます。彼女は，将来，英語の力を生かして，通訳になりたいと言っています。確かに，[B]気さくで，[A]礼儀正しい性格は，通訳に向くのではないかと思います。また，[AB]行動がシャープなところも，外国人によく受け入れられるでしょう。しかし，[B]浮気っぽい彼女のことですので，これからまた気が変わるかもしれません。友だちとのつきあいには，とくに問題はないようです。彼女が[O]寛容で[O]おおらかな性格だからでしょう。ときどき豹変することがあるらしく，彼女のことを[AB]二重人格と言っている人がいます。

下線部はそれぞれ各血液型にあてはまる特徴であることを示す。

表2.8　**各血液型条件群の着目得点**（坂元，1995を一部改変）

	A型条件 $n=40$	B型条件 $n=34$	O型条件 $n=39$	AB型条件 $n=33$
A型的着目得点	1.30	0.74	0.74	0.55
B型的着目得点	0.80	1.47	1.00	1.09
O型的着目得点	0.65	0.47	1.05	0.52
AB型的着目得点	1.00	1.09	0.95	1.58

数値は各血液型にあてはまる特徴に着目した数を示す。

このような心理機制が対人認知場面で働くとどのようなことが起こるだろうか。他者のとった行動を知ったとき，私たちはその行動事象の原因について，本人の内的特性によるのか，あるいは状況要因によるのかを推論する。その際，一般に人は状況よりも行為者の内的特性に原因を過度に帰属する傾向（対応バイアス）があることが知られている（Jones & Harris, 1967）。ところが，このような対応バイアスは，行動事象との心理的距離が遠いほど生起しやすいことがヘンダーソンら（Henderson et al., 2006）が行った実験によって示されている。実験の参加者は大学における総合試験の導入に賛同する趣旨のエッセイを読み，エッセイの内容がどのくらい書き手の真の態度を反映しているかを推測する。ただし，半数の参加者にはエッセイは書き手の自由意志にもとづいて書かれたものであると伝え，残り半数には指示されて書いたものであると伝える。するとエッセイを書いた人物が遠く離れた場所にいると思わされた場合ほど，指示されて書いたと伝えられたにもかかわらず，エッセイは書き手の真の態度を反映していると判断する過度の内的帰属が強く認められたのである（図2.13）。これは距離が近い場合は，行為の生起した状況に関する具体的で周辺的な情報に焦点が当たるが，距離が遠くなると行為自体の内容に対応する抽象度の高い行為者の内的特性に焦点が当たりやすくなることを意味している。

谷口と池上（2018）は，刑事事件の裁判を模した場面を設定し心理的距離が量刑判断に及ぼす効果について検討している。具体的には実験の参加者に架空の殺人事件に関するシナリオを呈示し，犯人にどのくらいの刑罰を与えるのが妥当か判断を求めた。

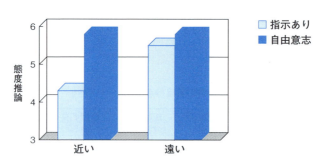

図2.13　心理的距離（空間的距離）が対応推論に及ぼす効果
(Henderson et al., 2006を和訳し，一部改変)
エッセイの書き手が遠くにいると思わされた条件では，他者から指示されて書いたと伝えられても，本人の自由意志で書いたと伝えられた場合と同程度にエッセイの内容は書き手の真の態度を反映していると判断されている。

シナリオには犯罪行為の態様や犯罪にいたる経緯や事情について記載されていた。なお，経緯や事情は情状酌量の余地があるという判断を誘導する内容となっている。そして，事件との心理的距離は，事件の発生時期に関する情報，つまり最近発生した事件であると伝えるか，遠い過去に発生した事件であると伝えるかによって操作されている。その結果，最近発生した事件であると伝えられた方が，犯罪行為にいたる経緯や事情に関する情報に注意が向きやすくなり，遠い過去に発生した事件であると伝えられた方が，被告人のパーソナリティに原因が帰属されやすく量刑判断が重くなる傾向が認められたのである。公正さが求められる重要な判断において，自身でも気づかないうちに，思いもよらぬ要因の影響を受けてしまうことが示唆される。特に，刑事訴訟法の改正により，重大な犯罪については，時効制度が廃止されたり，時効期間が延長されている昨今の状況の下では，発生から長い年月を経た事件の審理を行う頻度が増えることが予想され，こうした懸念が現実味を帯びつつあるといえる。

参考図書

蘭 千壽・外山 みどり（編）（1991）．帰属過程の心理学　ナカニシヤ出版

ギロビッチ，T. 守 一雄・守 秀子（訳）（1993）．人間この信じやすきもの――迷信・誤信はどうして生まれるか――　新曜社

下條 信輔（1996）．サブリミナル・マインド――潜在的人間観のゆくえ――　中央公論社

沼崎 誠・工藤 恵理子・北村 英哉（1997）．誤りから探る心理学　北樹出版

山本 眞理子・外山 みどり（編）（1998）．社会的認知　誠信書房

唐沢 穣・池上 知子・唐沢 かおり・大平 英樹（2001）．社会的認知の心理学――社会を描く心のはたらき――　ナカニシヤ出版

ウィルソン，T. 村田 光二（監訳）（2005）．自分を知り，自分を変える――適応的無意識の心理学――　新曜社

one point

▲スキーマ（schema）

スキーマとは，情報に対する選択的注意や構成的解釈を生起させ，予測や推論を可能にする働きのある構造化された知識のこと。社会的事象に関わるスキーマは次の4

つに種別される（Fiske & Taylor, 1991）。1つ目は、パーソン・スキーマ（person schema）で人の行動を規定しているパーソナリティ特性や目標に関する知識を指す。2つ目は役割スキーマ（role schema）と称されるもので，年齢，性別，人種，職業など社会的カテゴリーや役割によって区分される集団やその成員に関する知識で，偏見や差別に結びつきやすいステレオタイプもこれに含まれる。3つ目がイベント・スキーマ（event schema）で，これはある状況下で人がとる行動の手順やそこで生じる事象の系列に関する知識でスクリプト（script）とも呼ばれる。さらに，4つ目としてあげられているのが，「自分はどういう人間であるか」という自己の諸属性に関する知識，セルフ・スキーマ（self schema）である（5.3節参照）。私たちは多種多様なスキーマを保持しているが，それらすべてが常に等しく利用されるわけではない（Fiske & Taylor, 1991）。たとえば，一般に役割スキーマは予測力が高いことから利用されやすい。また，視覚的特徴や目立つ事象に関連するスキーマは利用されやすい。情報が継時的に与えられた場合は，最初に得た情報に結びつくスキーマが利用されやすい。直前に使用したスキーマや認知者の感情状態に適合するスキーマも利用されやすい。

態　　度　3

　私たちは，社会生活を営む中で，さまざまな問題に対する意見や態度を表明することを求められる。その中には，「現在の内閣を支持するかどうか」といった政治的・社会的問題もあれば，「子どもをつくるかどうか」といったきわめて個人的な問題もある。私たちは，いったいどのようにして種々の問題に対する態度を決定しているのだろうか。また，いったん形成された態度はある程度持続すると考えられているが，他者からの働きかけにより，それが変わることもある。このような態度の変容は，どのようにして生じるのであろうか。

　「態度」は，社会心理学における重要な構成概念の一つとして，長い間，多くの研究者の関心を集めてきた。それは，個人の態度がわかれば，その人の行動がかなりの程度予測できると考えられてきたからである。しかし，態度と行動の関係はそれほど単純ではなく，その態度がどのような心的過程を経て形成されたかによって，強度や持続性，行動との一貫性がかなり異なることが次第に明らかになってきた。近年では認知過程の役割が注目され，情報をどのような水準で処理したかが大きな意味を持つこともわかってきている。

　本章では，以上のことを中心に態度形成や態度変容の心的メカニズムについて解説する。

3.1 態度の定義

態度（attitude）をごく一般的に定義すれば，対象に対する良い―悪い，好き―嫌い，賛成―反対といった評価的反応ということになるだろう（Petty & Cacioppo, 1986a）。しかし，もう少し厳密に定義することもできる。たとえば，ローゼンバーグとホヴランド（Rosenberg & Hovland, 1960; 原岡，1977参照）は，態度とは「人がある対象に対してとる行動を説明，予測するための仮説的構成概念であり，「感情」「認知」および「行動への準備傾向」の3つの要素が含まれる」と述べている（図3.1）。さらに，ローゼンバーグ（Rosenberg, 1960a, 1960b; 原岡，1977参照）は，3要素のうちの1つ（感情成分）を変化させると，他の要素もそれに伴って変化することを示し，これらは相互に整合性が保たれるようになっていると主張した。

3.2 態度と認知的一貫性

態度形成や態度変容を巡る諸理論の中で，歴史的にみてもっとも優勢で多くの実証的研究を生みだしたのは，認知的一貫性理論（cognitive consistency theory）である。この理論では，人間には一貫性を希求する基本的傾向があるとの前提に立ち，人は態度対象を巡る種々の認知要素が相互に矛盾しないように自分の態度を決定すると考えられた。下位理論として，認知的均衡理論（cognitive balance theory）と認知的不協和理論（cognitive dissonance theory）の2つがあげられる。

3.2.1 認知的均衡理論

たとえば，あなたが結婚しても夫婦別姓にしたいと考えていたとする。このとき，あなたの婚約者もそれに賛成であれば，あなたの態度は安定する。しかし，もし，婚約者が夫婦別姓に反対であれば，あなたは強いストレスを感じ，態度も揺れ動くであろう。ハイダー（Heider, 1958）は，ある人のある対象に対する態度は，本人（P）と対象（X）及びその対象に関連する他者（O）の三者の間の心情関係（sentiment relation）に依存し，それが均衡状態にあれば安定するが，不均衡状態にあると不均衡を解消するような方向の変化が生ずると考えた。彼は，これを図3.2のように図式的に表現し体系的に説明している。

3.2 態度と認知的一貫性

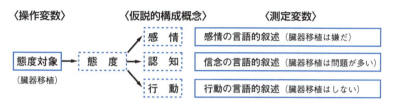

図3.1 態度の3要素と測定方法（Rosenberg & Hovland, 1960より作成）
実線枠は直接観察可能な変数を表し，破線枠は仮説的構成概念を表す。

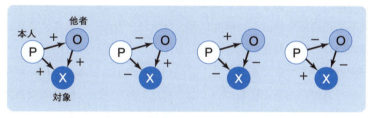

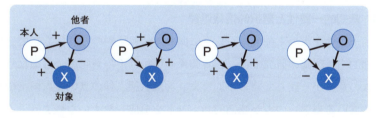

図3.2 ハイダーの認知的均衡理論（Heider, 1958）
三者の関係には8通りの状態が考えられる。上段の4つは均衡状態，下段の4つは不均衡状態である。プラス（＋）は心情関係が好意的，マイナス（－）は非好意的であることを表す。3つの心情関係の符号の積がプラスであれば均衡，マイナスであれば不均衡となる。不均衡状態の場合はいずれかの心情関係を変化させて均衡状態を回復しようとする。

3.2.2 認知的不協和理論

　フェスティンガー（Festinger, 1957）は，自己や自己を取り巻く環境に関するあらゆる認知を視野に入れ，それらの間に生ずる矛盾や食い違いを認知的不協和（cognitive dissonance）と呼んだ。そして，認知的不協和の生起は不快な緊張状態をもたらすため，人はこれを低減しようとして認知要素の一方を変化させたり，新たな認知要素を加えたりすると主張した（図3.3）。彼は，特に態度と行動の矛盾によって生じる不協和に注目し，人は本来の態度と異なる行動をすると，その不協和を解消するために態度を変化させることを明らかにした。フェスティンガーとカールスミスの行った古典的実験（Festinger & Carlsmith, 1959）は有名である。そこでは，退屈な実験課題に従事した参加者が，はからずもその課題は面白かったと嘘をつかされたことにより，参加者自身の課題の面白さの評価も高くなることが示されている。

　認知的不協和理論を検証した研究は膨大な数に上るが，それらによれば，不協和低減のための態度変化が起きやすい条件として，①反態度的行為に対する正当化（報酬）が不十分であるとき，②罰の脅威が小さい状況で行為がなされたとき，③行為が自由意志に基づいてなされたとき，④他に魅力的な選択肢が存在していたとき，⑤行為の遂行に多くの労力を費やしているとき，などがあげられる（表3.1）。

3.2.3 認知的一貫性と選択的情報処理

　認知的一貫性を求める動機は，態度に関わる情報処理の様相にも影響を与える。認知的均衡理論の研究では，三者関係の情報は不均衡状態（日頃反目している2人の意見が一致している事態）より均衡状態（仲の良い友人同士の意見が一致している事態）の方が認知的ユニットを形成しやすいためよりよく記憶されることが明らかにされている（Zajonc & Burnstein, 1965; Picek et al., 1975）。認知的不協和理論に関する研究では，人は既成の態度や行動と不協和を起こすような情報を避け，協和する情報に選択的に接触し学習することが実証されている（Brock & Balloun, 1967など）。また，テッサーとレオン（Tesser & Leone, 1977）は，対象についてよく考えるほど態度が極化する（極端になる）こと（自己発生的態度変容；self-generated attitude change）を示したが，これも，思考内容の一貫性を高めようとして，初期の態度と一貫する情報が重

3.2 態度と認知的一貫性

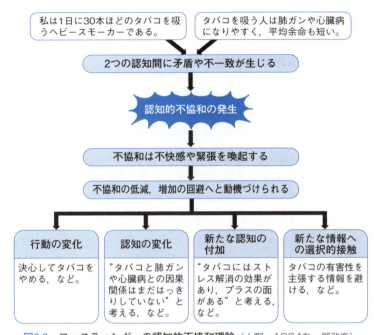

図3.3 フェスティンガーの認知的不協和理論（上野, 1994を一部改変）

表3.1 認知的不協和と態度変化の関係に関する研究例

条件	研究例
① 報酬	退屈な課題を面白いと嘘をつくことへの報酬が20ドルより1ドルの場合の方が，行為を正当化する必要が強くなり，態度変化が大きくなる（Festinger & Carlsmith, 1959）。
② 罰の脅威	あるおもちゃで遊ぶことを禁じられたとき，罰の脅威が小さい方が事態を合理化する必要が強くなりおもちゃの魅力が低減しやすい（Aronson & Carlsmith, 1963）。
③ 自由意志	自分の意見と反対の内容のエッセイを自ら選択して書いた場合の方が，選択の余地がなかった場合より態度変化は大きくなる（Linder et al., 1967）。
④ 選択肢の魅力	2品目のうちの一方を選択した場合，両者の魅力が拮抗しているほど，選択した方の魅力は増大し，選択しなかった方の魅力は低減する（Brehm, 1956）。
⑤ 労力	討論クラブの入会テストの難易度が高いほど，入会後のクラブに対する魅力は低減しにくい（Aronson & Mills, 1959）。

視されるからだと考えられている。ただし，これは対象に関する知識を十分有している場合に限られる（図3.4）。

3.3 態度の情報処理理論

態度と情報処理の関係は，近年，新たな観点から議論されている。そこでは，態度形成や態度変化に至るまでに人が行う情報処理の質が，形成される態度の持続性や安定度とどのような関係にあるかが問題となる。現在，2種類の対照的な情報処理様式の存在が指摘されている。

3.3.1 ヒューリスティック・システマティック・モデル

私たちは何らかの情報に基づいて態度を形成したり変容させたりしているが，チェイケンらは，人は必ずしも常にその情報の中身を十分に吟味し熟考した上で態度を決定しているのではない，とした。そのような情報処理を行うのは，動機づけが高く十分な処理容量が確保されているときだけであって，多くの場合，人は迅速だがもっと安直な情報処理（たとえば「専門家の話だから正しいだろう」といったヒューリスティックス）に基づいて態度を形成すると主張した（ヒューリスティック・システマティック・モデル；HSM；Heuristic Systematic Model）（Chaiken, 1980; Chaiken et al., 1989）。なお，前者はシステマティック処理（systematic processing），後者はヒューリスティック処理（heuristic processing）と称され，前者の方が態度は持続すると考えられている。

3.3.2 精緻化可能性モデル

類似の二分法は，ペティとカシオッポ（Petty & Cacioppo, 1986a, 1986b）による精緻化可能性モデル（ELM；Elaboration Likelihood Model）においても提起されている。彼らは，態度変容に至る経路として中心ルート（central route）と周辺ルート（peripheral route）の2種類があることを指摘した（図3.5）。前者ではメッセージの議論に関して入念な吟味（精緻化）がなされ，その過程でメッセージの内容に対しどのような認知的反応（好意的な考えや非好意的な考え）をどの程度生成したかによって態度変化の方向が決まる。後者では議論の本質とは関係のない周辺的手がかり（情報の送り手の専門性や論点の数）に基づいて短絡的に判断される。そして，メッセージの情報を処理する能力と動機づけが十分あれば精緻化可能性が高くなり，中心ルートによる態度変

3.3 態度の情報処理理論

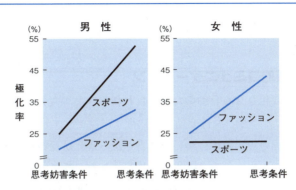

図3.4 自己発生的態度変容の実験結果（Tesser & Leone, 1977）
男女大学生にフットボールのタックルシーン（スポーツ）の映像とモデルの服装ポーズ（ファッション）の映像を見せ評価させた後、もう一度同じ映像を90秒間呈示し再度評価させる。思考条件では、90秒間映像をよく見てじっくり考えるように教示するが、思考妨害条件では無関係な課題を行わせる。男女共知識が豊富な対象の方が思考による態度の極化が顕著である。

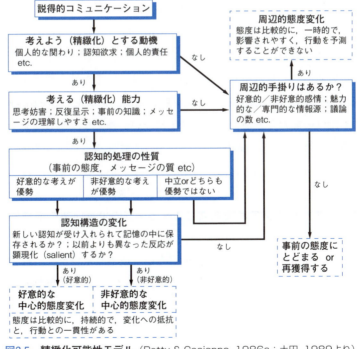

図3.5 精緻化可能性モデル（Petty & Cacioppo, 1986a；土田, 1989より）

化が生じるが，低い場合には周辺ルートによる態度変化が生じる。一般に，中心ルートを経た方が態度は強固で安定すると考えられている。

3.4 説得的コミュニケーション

他者の態度を変化させる目的のために行われるコミュニケーション活動を説得（persuasion）という。説得を効果的に行うにはどうすればよいかという関心から，説得過程の規定要因については古くから研究が行われ，多くの成果が得られている。図 3.6 に，その概要を示した。なお，近年では，説得過程を構成する各要因について，先述した HSM や ELM の理論的観点からも検討されている。以下に，主要な知見を紹介しよう。

3.4.1 メッセージの要因

説得においてもっとも重要で本質的な要因は，メッセージの内容である。示される論拠が強力であれば説得は成功する。ただし，そのためには受け手がそれを理解できることが前提となる（Eagly, 1974）。

かつて，ホヴランドら（Hovland et al., 1949）は，メッセージの中に，唱導内容を支持する議論だけでなく，反対の議論，さらにそれに対する論駁も含める方が効果のあることを示そうとしたが，それは受け手の教育程度が高い場合に限られていた。HSM や ELM の観点からいえば，メッセージの中身を入念に吟味するだけの能力と動機づけが受け手にないと強力な論拠も功を奏さないことになる。

ウッドら（Wood et al., 1985）は，論拠の強弱によって説得効果に違いが現れるのは，対象に関する受け手の知識水準が高い場合であることを報告している（図 3.7）。メッセージの反復効果（メッセージの呈示回数を増やすほど説得効果が高まる現象；Wilson & Miller, 1968）に関しても，繰返し呈示されることによって内容の理解が進み，好意的思考が生成される場合に，肯定的な結果が得られることが指摘されている（Cacioppo & Petty, 1979; Petty & Cacioppo, 1986b）。

また，メッセージの中に修辞疑問文（「卒業試験の実施は大学教育の質を向上させるのではないだろうか？」）を多く挿入すると，受け手の自発的思考を誘発するため論拠の強弱による差が明瞭になるという報告もある（Burnkrant

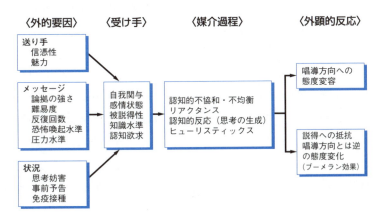

図3.6　説得過程の規定要因
説得過程を構成する主な要因として，①送り手，②メッセージ，③状況，④受け手，があげられるが，これらが相互に作用し合った結果，説得効果が規定される。態度変化を媒介する心理過程として認知的不協和・不均衡，リアクタンス，認知的反応，ヒューリスティックス等の役割が明らかにされている。

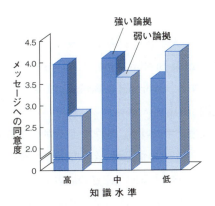

図3.7　論拠の強弱と知識水準が説得に及ぼす効果 (Wood et al., 1985)
数値は環境保護に非好意的な意見文を読んだ後の態度測定値である。数値が高いほど意見に同意していることを表す。知識水準は，環境問題に関する参加者の知識量に基づいて設定されている。論拠の強弱による差は知識が多いほど顕著になっている。

& Howard, 1984; Howard, 1990：図 3.8）。他方，受け手の能力や動機づけが低い場合には，メッセージの長さや論点の数といった表面的手がかりに基づいて判断されやすい（Wood et al., 1985）。

メッセージが受け手に恐怖心を起こすような内容（ぞっとするような映像など）を含むかどうかも重要な要因と考えられてきた。普通，私たちは相手に恐怖心を起こせば，説得は受け入れられると考える（Dabbs & Leventhal, 1966; 深田，1988 参照）。エイズの恐ろしさを訴えれば，多くの人は予防のための努力をするであろう。しかし，ジャニスとフェシュバックの研究（Janis & Feshbach, 1953）では，恐怖が強すぎると受け手は説得に対して回避的になり効果が低減することが示されている（図 3.9）。また，グライチャーとペティ（Gleicher & Petty, 1992）は恐怖喚起が功を奏したとしても，それは恐怖心によってメッセージの内容を入念に吟味するよう動機づけられるからではなく，情報処理様式がヒューリスティック型になり表面的手がかりに依存するようになるからだと述べている。彼らの実験では，やや強い恐怖を喚起された受け手は，説得に従えば確実に恐怖から逃れられると明言されると，示される論拠の強弱に関わりなく説得されたからである（図 3.10）。一方，メッセージに高圧的な文言（例：私の意見に疑問の余地などない）が挿入されると，受け手は態度選択の自由を脅かされたと感じ，リアクタンス（心理的反発；reactance）が生起するため（Brehm & Brehm, 1981; 上野，1989 より），議論の中身に関係なく説得効果は低減する（Worchel & Brehm, 1970）。

3.4.2　送り手の要因

同じメッセージでも送り手の特性（魅力，社会的地位等）によって，説得効果は変わる。中でも，送り手の信憑性（credibility）は強い規定力をもつことが知られている。新薬を宣伝する同じ内容の記事でも，それが医学専門誌に載っていれば信用するが，大衆誌であれば割り引いて考える（Hovland & Weiss, 1951）。信憑性は，専門性（expertise；送り手は専門的知識を有しているか）と信頼性（trustworthiness；送り手は情報を誠実に伝えているか）の 2 つの要素から成り立つ。当然，信憑性が高い方が説得効果は高まるが，ホヴランドとワイス（Hovland & Weiss, 1951）は，信憑性の低い送り手からのメッセージでも時間が経過すると説得効果が生じることを見出した。これは，メッセージの

3.4 説得的コミュニケーション

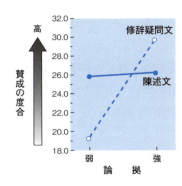

図3.8 **論拠の強弱と修辞疑問文が説得に及ぼす効果**（Burnkrant & Howard, 1984）
参加者は，卒業試験を実施すべきであるという意見文を読み，賛否を尋ねられる。数値が高いほど実施に賛成であることを示す。論拠の強弱による差は修辞疑問文が挿入されている場合に顕著に認められる。

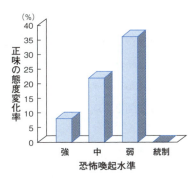

図3.9 **恐怖喚起水準と説得効果の関係**（Janis & Feshbach, 1953）
参加者に虫歯予防のため口腔衛生に十分注意するようにという講義を聞かせる。恐怖喚起の強度は3水準あり，呈示する虫歯のスライドの内容によって操作された。説得効果の指標は，講義内容の方向へ態度を変化させた者の比率から逆方向に変化させた者と変化しなかった者の比率を減じた値を使用している。

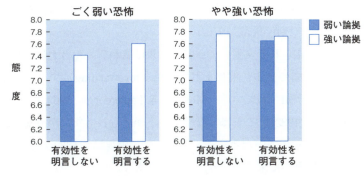

図3.10 **恐怖喚起と論拠の強弱が説得効果に及ぼす影響**（Gleicher & Petty, 1992）
キャンパス内で犯罪が多発しているので防犯対策（深夜バス停に警備員を置く）をとる必要性を訴えるメッセージを参加者に聞かせる。恐怖喚起の水準は犯罪の深刻さによって操作されている。恐怖が強い場合，対策の有効性を明言すると，参加者は述べられている論拠の強弱に関係なく説得されている。

情報源（送り手が誰であったか）に関する記憶が時間とともに低下（分離）するために起こると考えられており，スリーパー効果（sleeper effect）と呼ばれる（図 3.11）。なお，送り手の特性に左右されるのは，ヒューリスティックな処理モードないし周辺ルートに依存しているからだと考えられる。したがって，たとえば，受け手が対象について直接経験を有しているような場合は，精緻な情報処理が可能となるため，送り手の信憑性は影響しなくなる（Wu & Shaffer, 1987；図 3.12）。

さらに，帰属判断が送り手要因の効果に関係することも指摘されている（Wood & Eagly, 1981）。私たちは，建設大臣が地元後援会の集会で，自然破壊につながる恐れのある高速道路の建設を地域開発のためには必要だと演説するのを聞いても，そういう場面では立場上そう言わざるを得ないであろうと考える。受け手は，なぜその送り手がそのような意見を述べるのかを分析し，それが送り手の自己利益に反するとき（Walster et al., 1966），あるいは送り手の属性や状況に帰属できないとき，同意するのである（図 3.13）。

3.4.3　状況要因

説得は，どのような状況下で行うかによっても効果が違ってくる。たとえば，メッセージを与えるときに，受け手の思考を妨害するような措置がとられると（例：同時に別の課題を課す），内容の入念な吟味がなされ得ず強力な論拠も効果をもたなくなる（Petty et al., 1976）。

メッセージが与えられる文脈によっても効果は変わる。たとえば，説得を行う（メッセージを聞かせる）前にそれを予告（forewarning）すると，説得効果が低減することが知られている（McGuire & Papageorgis, 1962; Freedman & Sears, 1965; 上野，1983）。これは，なぜだろうか。もしあなたが故郷を離れ遠くで就職したいと考えていたとする。ところが，両親はこれに反対で，来週，あなたを説得しに会いに来るという。たぶん，あなたは，両親が来るまでの間，説得に抵抗するためにいろいろと知恵を絞るであろう。一般に，事前予告は受け手に反論を考える機会を与えることになるため，説得への抵抗が増すと考えられている（Petty & Cacioppo, 1977；表 3.2）。

もっとも，望ましくない内容の説得にはむしろ抵抗できた方がよい。悪徳商法や反社会的集団の勧誘等から身を守ることも重要だからである。マクガイア

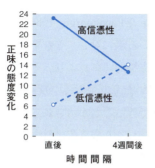

図3.11 スリーパー効果 (Hovland & Weiss, 1951)
参加者は4種類の話題に関する説得的メッセージを読む。数値は説得方向へ意見変化した者の比率から逆方向へ意見変化した者の比率を減じた値である。直後の意見調査では信憑性による差が見られるが，4週間後の意見調査では差が消失している。

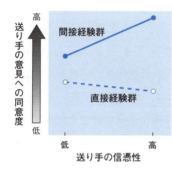

図3.12 直接経験の有無が信憑性の効果に及ぼす影響 (Wu & Shaffer, 1987)
参加者は2種類のピーナッツバターのどちらがよいかを，実際に試食したり（直接経験群），試食はせずに説明書だけを読んで（間接経験群）比較し，評価する。その後，自分とは逆の評価をしている人の意見を読み，再度評価する。信憑性はその人が試食のエキスパートかどうかによって操作されている。縦軸は，その意見内容に同意している程度を示す。直接経験群では信憑性の高低に左右されていない。

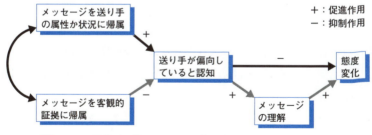

図3.13 説得効果に関する帰属モデル (Wood & Eagly, 1981)
メッセージの内容が送り手の属性や状況に帰属されると，送り手が偏向していると認知されるため説得効果は低減するが，メッセージが客観的証拠に基づいているとみなされれば，内容の理解が促進され説得効果は増大する。

McGuire, 1964）は，あらかじめ送り手が主張するであろう論点を知らせ，れに対する反論を準備させることによって説得への抵抗力をつけられると考えた。マクガイアーとパパゲオルギス（McGuire & Papageorgis, 1961）の行った実験では，参加者が自明の理として確信している説に対し，それを支持する意をあらかじめ読んだり書いたりしておく（支持的防御）より，それに対する反論とその反論を論破する意見を読んだり書いたりしておく（反駁的防御）方が，その説を攻撃する説得に対してよく抵抗できることが示されている（表3.3）。これは，あたかも予防接種によって抗体をつくり病原菌に対する免疫力を高めておくようなものであることから，接種理論（inoculation theory）と呼ばれている。

3.4.4　受け手の要因

受け手の内的要因も説得過程を左右する。もっとも重要なのは，自我関与（ego involvement）の程度であろう。シェリフとキャントリル（Sherif & Cantril, 1947; Taylor et al., 1994 より）は，個人の価値体系の中核をなす態度は容易に変化しないと述べている。ELM によれば，自我関与が高いと，中心ルートに入り，人はメッセージの内容を入念に吟味し慎重に態度を決定することになる（Petty & Cacioppo, 1986a, 1990）。これに対し，自我関与が低いと周辺ルートによる態度変化が生じることになる。ペティら（Petty et al., 1981）は，話題への個人的関与が高いときは，論拠の強弱が説得効果を規定したが，関与が低い場合は，送り手の信憑性の高低に左右されることを明らかにしている（図 3.14）。自分の態度を公表しなければならないときも自我関与は高まるが，そのような場合には，他者に受け入れられるような態度を形成しようとするため，必ずしもメッセージの内容が精査されないことも起こり得る（Leippe & Elkin, 1987）。

また，メッセージが与えられたとき受け手がどのような感情状態にあるかも説得効果に関係する（Schwarz et al., 1991）。一般に，通常より気分の良いときの方が，説得は受け入れられやすい。気分の良いときはシステマティックに情報を処理する度合いが低下し，送り手の専門性のような周辺的手がかりに基づいて内容を鵜呑みにする傾向が強まるからである（Worth & Mackie, 1987; Mackie & Worth, 1989；図 3.15）。

表3.2 予告が説得効果に及ぼす影響（Petty & Cacioppo, 1977より一部抜粋）

	予告あり	予告なし
態度測度	3.47	6.27
反対意見数	2.20	0.00
賛成意見数	0.27	0.00
中立意見数	2.87	4.93

参加者に大学の1，2年生は全員入寮すべきであるという講義を聴かせ，それに対する同意度を11点尺度で測定している。なお，講義の始まるまでの待ち時間に考えたことを記述させ，その内容と数を調べている。講義内容の予告を受けた参加者は同意度が低く，待っている間に反対意見を多く考えていたことがわかる。

表3.3 免疫措置が説得への抵抗に及ぼす影響
（McGuire & Papageorgis, 1961）

免疫措置の型	支持的防御 説得前	支持的防御 説得後	反駁的防御 説得前	反駁的防御 説得後
黙読する	14.62	7.47	14.34	11.51
読んで下線を引く	14.16	7.63	14.13	11.13
資料を参考に書く	14.38	7.94	13.71	9.19
資料なしで書く	14.19	6.53	13.46	9.46

参加者は，自明の理（例：結核の早期発見のためには毎年X線検査を受けるべきである）に関する意見文を読んだり書いたりした後に，それを攻撃する文章を読まされる。数値は，その前後に参加者の自明の理に対する確信度を15点尺度で評定させたものである。支持的防御に比べ，反駁的防御では攻撃的説得を受けた後の確信度の低下が小さい。

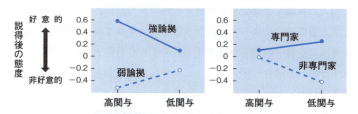

図3.14 個人的関与が説得過程に及ぼす影響（Petty et al., 1981）
大学生の参加者に，卒業要件として4年生に試験を課すべきであるという主旨の話を聞かせ，それに対する賛否度を尋ねている。参加者が試験の実施対象に入るか否かによって個人的関与の水準が，統計資料を示すかどうかによって論拠の強さが，また，情報源を高校生にするか大学教授にするかによって信憑性（専門性）がそれぞれ操作されている。

3.5 態度と行動

　態度は行動を予測するものととらえられている。しかし，中国人に非好意的な態度をもつホテルやレストランが，客として訪れた中国人夫婦を実際に拒否することはほとんどないと報告したラ・ピエール（La Piere, 1934）の古典的研究にみられるように，態度と行動は必ずしも一貫しない。両者の間にはいくつかの媒介変数が存在するからである。フィッシュバインとアイゼン（Fishbein, 1980; Ajzen & Fishbein, 1980）は，行為を直接規定するのは行為をしようとする意図であり，意図の強さは態度だけでなく，その行為をすることへの主観的規範（社会的な期待）も関与すると考えた（**熟考行為モデル**；reasoned action model；図 3.16）。しかし，強い意図はあっても，それをなし得る能力や環境条件が揃わなければ実行されない。また，主観的統制感（自分は禁煙できるという認知）の変数も加えることでモデルの予測力が上がることが示されている（Madden et al., 1992）。

コラム　潜在的態度と行動

　本章の冒頭でも述べたように，態度とは行動を引き起こす内的な準備体制を指し，感情，認知，行為意図の3つの要素から構成されている。そして，態度を測定することによって個人の行動を予測できると考えられてきた。ただし，その際に測定される態度は，元来，質問紙等によって把握される意識化可能な顕在的態度であった。しかし，顕在的態度は意識的統制を受けやすく，必ずしも行動と一貫しないことが多いことから，近年では，意識化が困難なレベルの態度である潜在的態度を測定することが試みられるようになった。こうした試みの基礎をなしているのは，態度を，これを構成する諸要素間の連合ネットワークとみなし，各連合の強度（一方が活性化すると直ちに他方も活性化する傾向の度合い）が強いと行動との一貫性が高まるという考え方である。

　たとえば，フェイジオは，態度のアクセシビリティ理論にもとづき，感情プライミングの手法を用いて心内に表象されている態度対象と正負の評価概念の連合の強さによって態度の強度をとらえることを提案した（Fazio, 1995; Fazio et al., 1986）。具体的

コラム　潜在的態度と行動

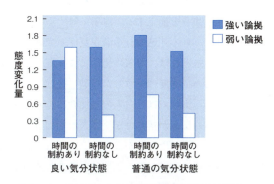

図3.15　受け手の気分が説得過程に及ぼす影響
（Mackie & Worth, 1989より作成）

参加者は，酸性雨に対する対策に関して自分とは反対の立場を唱えた意見文を読む。数値は唱導方向への態度変容値である。意見文を読む時間が限られている条件とそうでない条件がある。良い気分の参加者は時間的に制約されると論拠の強弱に関係なく説得されている。

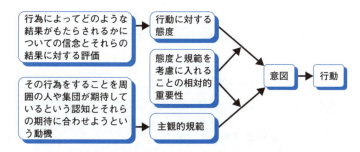

図3.16　熟考行為モデル（Fishbein, 1980）
矢印は影響の方向を示している。

には，態度対象を表す刺激（単語，写真）を呈示し，直後に呈示する形容詞の意味について評価的判断（良い—悪いの判断）を求める。先行呈示された対象語と形容詞が評価的に一致しているほど形容詞への反応が促進され反応時間が速まるため，その促進の程度から対象への態度の強さを推定する。対象に対する好悪を直接問わないため，回答者に気づかれることなく，真の「感情」を潜在レベルで測定できる。さらに，態度対象と正負の評価の連合が強ければ，対象の呈示により直ちに正負の評価が自動的に活性化しアクセスされるため，態度に一致した行動（接近・回避）が表出されやすくなると想定されている。ある実験では，白人の参加者は黒人の顔写真を先行呈示すると，ポジティブな形容詞への反応が遅れたが，黒人の参加者は白人の顔写真を先行呈示すると，ポジティブな形容詞への反応が遅れた（Fazio et al., 1995；図3.17）。意識レベルでは測定しにくい人種的偏見が潜在指標に反映されていることがわかる。また，潜在的態度の測度は，意識的検閲を免れるため，特に相互作用場面での非言語行動（視線，対人距離）と関連することが確認されている（Fazio et al., 1995）。

　グリーンワルドら（Greenwald et al., 1998）が開発した潜在連合テスト（Implicit Association Test；IAT）も潜在的態度を測定するツールとして近年多用されている。このテストにおいても，人々が無自覚に形成し保有している概念ネットワークにおける諸概念の間の連合強度を，反応時間を指標として精巧な方法で測定する。たとえば，男性／女性を表す語群と仕事／家庭に関連する語群を用意し，各語を順次ランダムに呈示し，該当するグループに振り分けるよう求める。具体的には，男性表現語なら右，女性表現語なら左のキーを押す，また，仕事関連語なら右，家庭関連語なら左のキーを押すように指示する。もし，女性表現語と家庭関連語（男性表現語と仕事関連語）

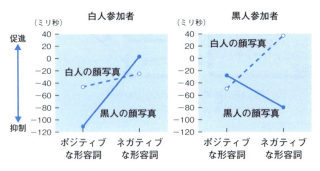

図3.17　**人種的偏見とプライミング効果**（Fazio et al., 1995）

コラム　潜在的態度と行動　　77

に対応するキーの位置が一致している場合（両方とも右）の方が一致していない場合（一方が右で他方が左）より反応が速く正確であれば，伝統的性役割観にもとづくステレオタイプ的信念の強度が強いと推定される。これは態度の構成要素のうち「認知」を潜在レベルで測定していることになり，このような指標は性差別的な言動をよく予測する。

　行為を直接的に引き起こすのは行為者の意図や動機である。個人がある行為に動機づけられるには，その行為に正の感情価が付与されていることも重要な条件である。カスターとアーツ（Custer & Aarts, 2005）は，**評価的条件づけ**（evaluative conditioning）のパラダイムを用いて，行為目標（例：パズルをする）をポジティブな単語（例：楽しい）と閾下で連合させると，行為意図が強まることを示している。この場合も，なぜ自分がパズルをしたくなるのか本人には自覚がない。また，バージによる**自動動機モデル**（auto motive model）によれば，個人がある環境条件の下で同じ目標を設定し，それを達成するという経験を繰り返すと，行為の意図が一定の環境条件（もしくはそれを含意する概念表象）と結びつけられて心内に表象され保有されるようになる。その結果，後者が活性化すると，連動して前者も活性化され，行為実行システムが自動的に起動すると考えられている（Bargh & Gollwitzer, 1994）。どのような概念がどのような行為意図と結びつくかは，個々人の過去経験や価値観が関係する。たとえば，「性的嫌がらせ」を行う男性の多くが，自らの行為に自覚がなく，主として職場の部下の女性を対象とすることから，バージらは，このような男性の心内では「権力」と「セックス」が強く結びついているために，権力関係の中におかれ前者が活性化すると自動的に後者も活性化され，権限を行使できる対象を無意識のうちに性的関心の対象とみるようになるのだと説明している（Bargh et al., 1995）。ここから行為意図と他の諸概念の連合の強度を測定すれば実際の行為の生起を予測できることがわかる。なお，これらの議論は，主体の自由意志にもとづいてなされているようにみえる行為も，実はその意志自体が外部環境に支配されていることを示唆している。

参 考 図 書

古畑 和孝（1987）．社会的態度と認知的斉合性　大橋 正夫・長田 雅喜（編）対人
　　関係の心理学　有斐閣

西田 公昭（1998）．「信じるこころ」の科学──マインド・コントロールとビリー
　　フ・システムの社会心理学──　サイエンス社

深田 博己（編著）（2002）．説得心理学ハンドブック──説得コミュニケーション
　　研究の最前線──　北大路書房

今井 芳昭（2006）．依頼と説得の心理学──人は他者にどう影響を与えるか──
　　サイエンス社

シャーロット，T.　上原 直子（訳）（2019）．事実はなぜ人の意見を変えられないの
　　か──説得力と影響力の科学──　白揚社

チャルディーニ，R. B.　社会行動研究会（監訳）（2023）．影響力の武器　新版──
　　人を動かす 7 つの原理──　誠信書房

one point

▲認知反応分析

　認知反応分析とは，説得的メッセージが与えられたとき受け手の側に生じる認知反応（考え）を分析することにより説得過程を解明する方法。認知反応を測定する方法としては思考リスト法（thought listing technique）が使用される。これは，受け手に浮かんだ考えをすべて書き出させ，それらがメッセージの内容に対する賛成意見か反対意見か，あるいは中立的意見かを，受け手自身か第三者に分類してもらうというものである。一般に，好意的考えが多く生じるほど説得方向への態度変化が促進され，非好意的考えが多く生じるほど説得に対する抵抗が起こると仮定されている。精緻化可能性モデルの実証的研究において，精緻化の程度を直接測るための有効な手段となっている。また，認知反応量には個人差があり，対象についてよく考えたいという認知欲求（need for cognition；Cacioppo & Petty, 1982）の強い個人は反応量が多くなる。

▲被説得性

　説得によって影響を受けやすい人とそうでない人がいる。被説得性とは説得されやすさの個人差を表す概念であるが，これには個人の知能やパーソナリティ（不安，自尊心など）が関係すると考えられている。被説得性は，メッセージの処理能力と唱導内容への屈しやすさの合成関数によって決まるため，受け手の特性の高低とは逆 U字関係をなすことが多い。たとえば，自尊心が高いほど処理能力は上昇するが，屈しやすさは逆に低下するので，被説得性は自尊心が中程度のとき最大となる（McGuire, 1968 参照）。

感　情 4

　日々の生活において，私たちは，喜んだり，悲しんだり，また，腹を立てたりと，さまざまな感情を体験している。喜怒哀楽のない人生が，いかに単調で無味乾燥であるかは想像に難くない。では，このような感情は，いったいどのようにして生じてくるのであろうか。また，感情は，私たちの思考や判断，そして行動にどのように影響するのだろうか。そもそも，人間にはなぜ感情があるのだろうか。このような問題は，以前から関心が持たれてはいたが，方法論上の困難から，あまり体系だった形での研究はなされてこなかった。そのため，社会心理学，あるいは心理学全体においても，感情研究が主流をなすことはなかった。これに対し情報処理アプローチを取り入れた認知社会心理学は，この問題に積極的に取り組んでいる。

　本章では，主としてそれらの研究によって得られた成果を紹介しながら，感情を巡る諸問題について解説する。

4.1 感情の分類

「感情」という言葉が指し示している内容は多様である。一般に，感情と呼ばれるものには「情動（emotion）」「気分（mood）」「好み（preference）」「評価（evaluation）」があるが，これらは図 4.1 のように整理できよう。なお，これらを包括する用語として「感情（affect）」があてられていることが多い（Fiske & Taylor, 1984, 1991 など）。

4.2 感情生起に関する理論

感情の生起過程に関しては，ジェームズ-ランゲ説とキャノン-バード説という 2 つの古典的学説に端を発する情動の生理心理学的研究（本章コラム参照）において検討されてきた。そこでは，基本的に主観的な情動体験は神経生理学的変化に直接規定されると考えられている。これに対し，刺激や状況の認知的評価の役割を重視する立場もあり，近年ではむしろこちらの方が主流をなしていた。

4.2.1 シャクターの情動 2 要因説

感情の生起過程に認知要因が関与することを最初に指摘したのは，シャクターである（Schacter, 1964; Schacter & Singer, 1962）。彼は，薬物によって同じように生理的に興奮させられても，状況によって，参加者の体験する情動の質が異なることを「エピネフリン実験」により明らかにし（表 4.1），情動体験には，生理的喚起とその認知的解釈（ラベリング）の 2 つの要素が不可欠であると論じた（情動 2 要因説；two-factor theory of emotion）。

4.2.2 感情の認知的評価理論

上記のシャクターの研究では，具体的にどのような認知が個々の感情を引き起こすのかについては言及されていない。近年では，この点が詳細に検討されている。ローズマン（Roseman, 1984, 1991）は，自己の置かれている状況がいくつかの観点から評価され，その組合せによって具体的にどのような感情が経験されるかが決まると主張した（認知的評価理論；cognitive appraisal theory）（表 4.2）。また，シャーラー（Scherer, 1984）は，感情の時間的変化も視野に入れた構成要素過程モデル（component process model）を提案している。彼

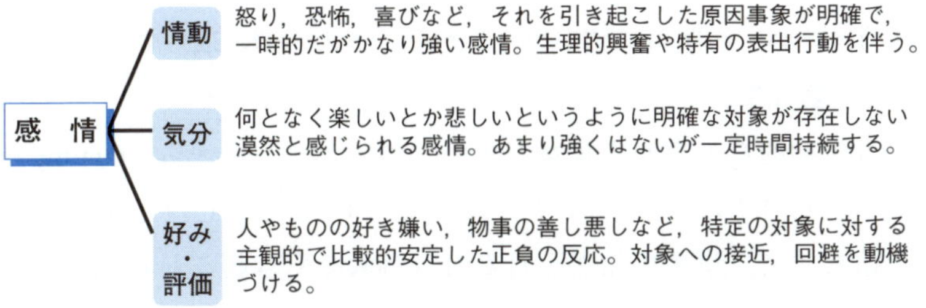

4.2 感情生起に関する理論

感　情

- **情動** — 怒り，恐怖，喜びなど，それを引き起こした原因事象が明確で，一時的だがかなり強い感情。生理的興奮や特有の表出行動を伴う。
- **気分** — 何となく楽しいとか悲しいというように明確な対象が存在しない漠然と感じられる感情。あまり強くはないが一定時間持続する。
- **好み・評価** — 人やものの好き嫌い，物事の善し悪しなど，特定の対象に対する主観的で比較的安定した正負の反応。対象への接近，回避を動機づける。

図4.1　感情の分類と定義（Fiske & Taylor, 1991より作成）

表4.1　シャクターの「エピネフリン実験」の結果
（Schacter & Singer, 1962より作成）

サクラの行動	多　幸　型		怒　り　型	
	主観的幸福感	多幸的行動指標	主観的幸福感	怒りの行動指標
情報有群	0.98	12.72	1.91	−0.18
情報無群	1.78	18.28	1.39	+2.28

参加者はビタミン剤と称して興奮作用（心拍数の増加等）のあるエピネフリンを注射される。情報有群はその効果について知らされるが，情報無群は知らされない。多幸型では同席したサクラが陽気に振る舞い，怒り型では不機嫌に振る舞う。情報無群は情報有群に比べ情動体験がサクラの行動に強く影響されている。数値が高い方が主観的幸福感が高く，各情動行動が多く出現したことを示す。なお，多幸型と怒り型では従属変数の算定基準等が異なっている。

表4.2　ローズマンの認知的評価次元（Clore et al., 1994より作成）

状況の状態	状況が自分の動機や目標と一致しているかどうかを評価
動機の状態	望むものがあるかどうか，嫌なものがないかどうかを評価
意　外　性	事象は予期していたことかどうかを評価
確　実　性	結果は確定しているかどうかを評価
統制可能性	事態を変えたり避けることができるかどうかを評価
主　　体	事象を生起させたのは状況要因，他者，自己のどれであるかを評価

望むものが確実にあるとわかると「喜び」が，嫌なものが確実にないとわかると「安心」が生起する。状況が自分の目標と一致し，その主体が自己であると評価されると「誇り」を感じる。

は，刺激事象が，①新奇性，②快適性，③目標重要性，④適応可能性，⑤規範
一致性の5つの次元に関し一定の順序に従って評価され，状況認知が精密にな
ってくるのに伴い，初期の感情が分化したり，別の感情に取って代わられると
述べている（表4.3）。

　もっとも包括的なモデルを提案しているのはオートニーら（Ortony et al.,
1988; Clore et al., 1994 参照）である。彼らは，事象が生起したとき注意が向け
られる対象として，事象の結果，行為者（事象を引き起こした主体），実体
（事象に含まれる対象）の3つをあげ，これらのうちどれが注目されるかに応
じて，種々の感情が分岐し，階層化されていくことを示している（図4.2）。
これによると，感情はすべて注目した対象に対する肯定的反応か否定的反応の
いずれかを含むことになる。今，事象の結果に注目したとすると，結果の望ま
しさに応じて，まず，快感情か不快感情が生起する。次に，その結果が自分に
関連することであれば，希望や喜び，恐れや失望が生起する。また，他者に関
連することであれば，祝福か同情が生起する。もちろん，人の幸運に憤りを覚
えたり，人の不幸を小気味よく思う気持ちが起こることもある。一方，主体に
注目した場合には，満足か不満足の感情が生起し，それが自分自身であれば誇
りか恥となり，他者であれば賞賛か非難となる。また，実体に注意が向くと，
それに対する好き嫌い，愛憎が生起する。同時に複数の対象に注意が向くこと
もあり，その場合は感情が合成される。たとえば，「感謝」は，事象自体の望
ましさからくる快感情と，行為の主体である他者への満足が合成された感情と
いえる。

　この他にも，ラザルスがストレス事態に注目して（Lazarus & Smith, 1988;
Lazarus, 1993），ワイナーが達成場面に限定して（Weiner, 1986），それぞれ理
論化するなど，数多くの研究者が各々独自のモデルを提唱している（Smith &
Ellsworth, 1985; Frijda et al., 1989 など）。しかし，それらで提唱されている評
価次元には共通点も認められ，整理統合への努力もなされつつある（Clore et
al., 1994; 唐澤，1996）。

4.2.3　認知-感情独立仮説

　上記にみた理論は，感情は環境に対する認知的評価に媒介されて生起するこ
とを前提にしている。これは，認知が感情に先行していることを意味する。こ

表4.3 シャーラーの認知的評価次元 (Scherer, 1984)

新 奇 性	出来事の新奇性や意外性を評価
快 適 性	出来事の快―不快,有害性を評価
目標重要性	出来事が目標達成にとってどの程度重要かを評価
適応可能性	状況の変化に対しどの程度適応的に対応できるかの評価
規範一致性	自分の行動が規範や理想にどの程度一致しているかを評価

新奇性の評価により生起した単なる「驚き」が,快適性の評価により「不快感」に変わり,適応可能性の評価によってそれが避けられないとわかると「悲しみ」が起こる。

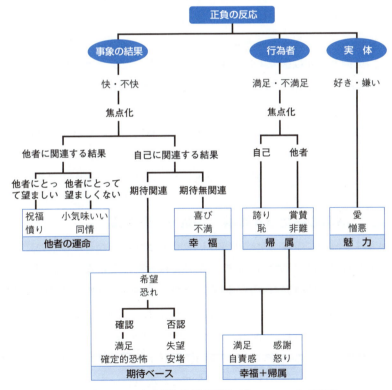

図4.2 オートニーらの認知的評価理論 (Ortony et al., 1988 ; Clore et al., 1994 より)

れに対し，ザイアンス（Zajonc, 1980）は，感情の生起に先立って必ずしも認知的処理がなされている必要はないと論じた（認知−感情独立仮説；cognitive-affective independecy hypothesis）。彼は，単に反復呈示するだけでその刺激に対する好みが増すという単純反復呈示効果（mere exposure effect；第7章も参照）を利用した一連の実験を行い，自説を実証している。

ある実験（Kunst-Wilson & Zajonc, 1980；図4.3）では，参加者は20の図形刺激を5回ずつ瞬間呈示された後，呈示された旧刺激と新奇刺激を対にして見せられ，どちらの方が好きか（好悪判断），どちらを先ほど見たと思うか（再認判断）尋ねられた。すると，参加者は再認はほとんどできなかったにもかかわらず，呈示された刺激の方が新奇刺激より好ましいと反応したのである。これは，見たことがあるかないかという認知的判断が介在することなく，「好き」という感情反応が生起していることを示す。ザイアンスは，このような結果をもとに，感情と認知は図4.4のように分離，独立したシステムであることを主張し，認知先行説を唱えるラザルスらと真っ向から対立した（Lazarus, 1984; Zajonc, 1984）。

ただし，ここで問題とされている認知は，比較的高次の意識化され得る過程に限定されている点は留意すべきであろう。自動的で意識されない認知の存在を仮定すれば，やはり認知的処理は介在しているともいえるからである。

4.3　感情のもたらす影響——気分一致効果

前節では感情がどのような認知過程により引き起こされるかについてみてきたが，生起した感情が私たちの認知，ひいては行動にどのように影響するのかという問題も，感情研究の主要な関心事となっている。感情が社会的な認知や行動にもたらす影響の中でもっともよく知られているのが，気分一致効果（mood congruent effect）である（池上，1997, 1998 参照）。これは，特定の気分が生起すると，その気分のもつ評価的性質（ポジティブ対ネガティブ）に一致する記憶や判断，ひいては行動が促進される現象をいう。

4.3.1　対人認知と気分一致効果

バウアーら（Bower et al., 1981; Bower, 1981）は，催眠法により参加者を楽しい気分や悲しい気分に誘導し，2人の人物の登場する物語を呈示した。2人

4.3 感情のもたらす影響——気分一致効果

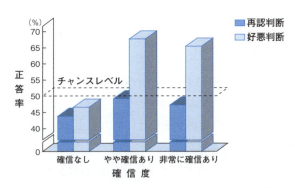

図4.3 クンスト-ウィルソンとザイアンスの実験結果
(Kunst-Wilson & Zajonc, 1980)
参加者は好悪の判断も再認判断も判断の確信度に応じて3件法で答えている。確信度別に正答率（旧刺激の方を選択した比率）が示されている。

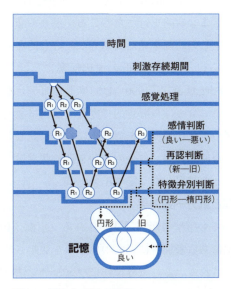

図4.4　認知と感情の関係（Zajonc, 1980）
　上記の実験結果を説明するには、刺激処理がR_1のように、まず感覚的処理を受け、その後、感情判断、再認判断、特徴弁別判断へと進む場合のあることを仮定する必要がある。もちろん、R_2やR_3のように感情判断が再認判断や特徴弁別判断の後に生じる場合もある。

のうち1人は幸運な人物として，もう1人は不運な人物として描かれていたが，参加者は自分の気分と一致する人物の方に同一視し，そちらの人物に関する出来事の方をよく記憶していた（図 4.5）。フォーガスとバウアー（Forgas & Bower, 1987）は，課題フィードバック法（参加者にある種の課題を実施し，その結果の良否について偽のフィードバックを与える）により参加者の気分を操作し，それが人物の印象形成に及ぼす影響を調べている。その結果をみると，参加者の気分の良し悪しが印象の望ましさにそのまま反映されていた（図 4.6）。

4.3.2　社会的判断と気分一致効果

このような感情の影響は他のさまざまな社会的判断についても確認されている。アイゼンら（Isen et al., 1978）は，ショッピングセンターで景品をもらって気分をよくした人たちが，直後の消費者調査においてすでに購入している製品の満足度を高く評定したことを報告している。フォーガスとモイラン（Forgas & Moylan, 1987）は，映画を見終わって映画館から出てきた人に政治や社会に関するさまざまな質問を行ったところ，怒りや悲しみを喚起するような映画を見た人より楽しい映画を見た人の方が，好意的な回答をしたと報告している（図 4.7）。さらに，成功と失敗の原因帰属に及ぼす気分の影響を検討したフォーガスら（Forgas et al., 1990）は，楽しいビデオを見た参加者が，自他の成功や失敗についてもっぱら好意的で寛大な原因推論（成功を能力や努力に帰属し，失敗を運や状況に帰属）を行うのに対し，悲しいビデオを見た参加者では，自己卑下的な原因推論（自分の成功を運や状況に，失敗を能力や努力に帰属）が増えることを見出した（図 4.8）。

4.3.3　個人的記憶と気分一致効果

個人的記憶においても感情の影響は認められる（川瀬，1996 参照）。そこでは，特定の気分状態にある参加者に過去の出来事を想起させ，想起内容に及ぼす気分の影響が検討されている。気分操作にヴェルテン法（特定の気分を誘発するような文章を読ませる）を使用したスナイダーとホワイト（Snyder & White, 1982）の実験では，高揚した気分の参加者はポジティブな事象（試験で良い成績をとったこと）を，抑うつ的気分の参加者はネガティブな事象（恋人と別れたこと）を，それぞれ再生しやすいことを明らかにした（図 4.9）。

4.3 感情のもたらす影響——気分一致効果

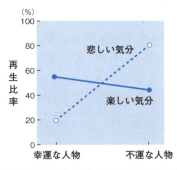

図4.5 登場人物に関する記憶に及ぼす気分の効果（Bower et al., 1981）

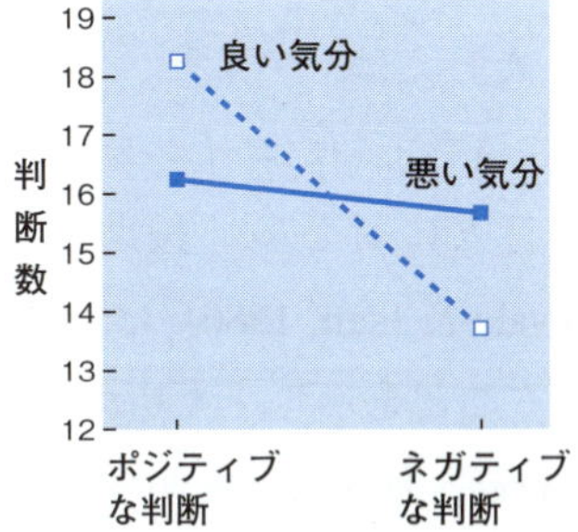

図4.6 印象判断に及ぼす気分の効果（Forgas & Bower, 1987）

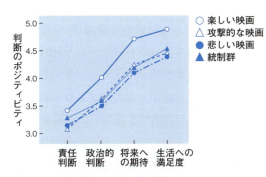

図4.7 感情が社会的判断に及ぼす影響（Forgas & Moylan, 1987）
ポジティビティ得点が高いほど判断が楽観的で寛容であることを表す。

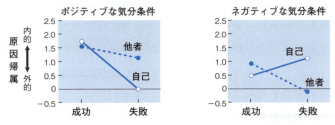

図4.8 成功と失敗の原因帰属に及ぼす気分の効果
（Forgas et al., 1990を一部改変）
成功と失敗は学期末試験の成績の良否を指す。内的は能力や努力、外的は運、状況への帰属を意味する。

4.3.4 社会的行動と気分一致効果

感情と行動の関係に関しても数多くの研究がある（Isen, 1987; 竹村，1996参照）。たとえば，アイゼンとレヴィン（Isen & Levin, 1972）は，公衆電話の釣銭口に落ちていたコインを拾い良い気分になった人は，そうでない人に比べ，他の通行人に対し多く援助したと報告している。カーネバルとアイゼン（Carnevale & Isen, 1986）は，快い気分により対人交渉場面での協力行動が促進されることを示し，ミリマン（Milliman, 1982）は，快い BGM が店舗内での購買行動を促すことを明らかにしている。

4.4 気分一致効果に関する理論

4.4.1 感情のネットワーク理論

気分一致効果を説明するもっとも一般的な理論は，バウアー（Bower, 1981, 1991）によって提唱された感情ネットワークモデル（affective network model）である。記憶内には，さまざまな情報がネットワークを形成して貯蔵されていると考えられる。バウアーは，各感情もこのネットワーク内に固有のノードをもち，1つの感情ノードには，その感情と結びついた経験事象やそれに関連する概念，その感情の生起に伴う生理的反応や表出行動のノードが連結されていると考えた（図 4.10）。つまり，ある感情が喚起し対応する感情ノードが活性化すると，それに連結されている他のノードにも活性化が自動的に伝わることになる。この理論に基づけば，気分一致効果はその生起メカニズムにより 2 種類に分けられる。一つは，感情喚起によって記憶内にあるエピソード情報のうち，その感情と評価的に一致するものが活性化され検索されやすくなるために起こるものであり，もう一つは，喚起された感情と評価的に一致する概念的知識（スキーマ，カテゴリー等）が活性化され，それらに適合する情報が選択的に取り入れられるために起こるものである（図 4.11）。

4.4.2 感情情報機能説

一方，気分一致効果はネットワーク理論が考えるような選択的情報処理に媒介されて起こるのではないとする研究者もいる。シュワルツら（Schwarz & Clore, 1988）は，対象の評価や判断が気分により左右されるのは，認知者が自分の感情状態を判断の手がかりとして利用するからだと主張した（感情情報機

4.4 気分一致効果に関する理論

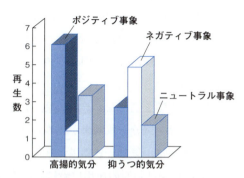

図4.9 個人的記憶に及ぼす気分の効果 (Snyder & White, 1982より作成)

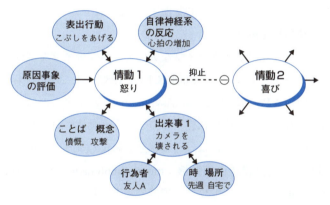

図4.10 感情ネットワークモデル (Bower, 1981を一部改変)

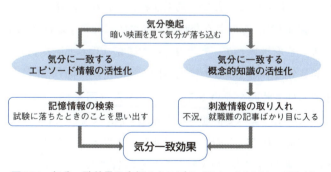

図4.11 気分一致効果の生起メカニズム (池上, 1994を一部改変)

能説；affect as information model）。したがって，感情が有効な情報源として機能しない状況（例：気分の原因が明確であるとき，他に有力な情報源があるときなど）では，気分一致効果は現れないことになる。

　たとえば，シュワルツら（Schwarz & Clore, 1983）は，人生の幸福感や満足度を尋ねる電話調査を晴れの日と雨の日に行い，天候の良し悪しによる気分の違いが回答結果に及ぼす影響を調べた。その結果，気分の原因が天候にあると気づいていない回答者では，気分一致効果が認められたが，気分の原因が天候にあると気づいた回答者では，気分一致効果がみられなくなることを見出した（表 4.4）。ただし，この理論は判断の産出段階における気分の影響は説明できても，情報の受容段階における気分の影響は説明できないなど，いくつかの限界点も指摘されている（Forgas, 1995; 池上，1997）。

4.4.3　気分維持修復動機

　一般に，気分一致効果はネガティブな気分よりポジティブな気分の方が顕著に現れる。クラークとアイゼン（Clark & Isen, 1982）は，気分効果にこのような非対称性（PNA：Positive-Negative Asymmetry）が生ずるのは，ポジティブな感情が喚起されると人はその状態を維持しようと動機づけられるが，ネガティブな感情が喚起された場合には，その状態を修復しようと動機づけられるからだと説明した（気分維持修復動機；mood maintenance and repair motive）。つまり，感情の影響は，ネットワーク理論で想定されるような自動的な活性化拡散過程にのみ依拠して現れるのではなく，感情の維持修復動機に基づく意識的制御過程がこれに重なることで，効果が緩和されたり増幅されたりしていることになる（図 4.12）。このような動機論的説明に符合する研究結果も存在する。ティースデイルとフォガーティの行った研究（Teasdale & Forgarty, 1979）では，高揚的気分は幸福な事象の検索時間を速めたが，抑うつ的気分は必ずしも不幸な事象の検索時間を速めることはなかった（図 4.13）。また，援助行動がポジティブな感情によって促進されるのは，援助することによって気分が悪化しない場合に限られることや（Isen, 1987），ネガティブな感情を修復するために人は他者を援助する場合のあることも報告されている（Manucia et al., 1984；図 4.14；9.2.1 項参照）。

4.4 気分一致効果に関する理論

表4.4 シュワルツらの実験結果 (Schwarz & Clore, 1983)

		気分の原因への気づき	
		なし	あり
幸福感	晴れ	7.43	7.79
	雨	5.00	6.93
満足度	晴れ	6.57	7.21
	雨	4.86	7.07

幸福感も満足度も10点尺度での評定値。気分の原因への気づきは，インタビュアーが天候と気分の関係について言及するかしないかによって操作されている。

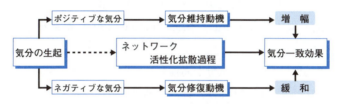

図4.12 気分維持修復動機と気分一致効果

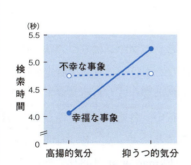

図4.13 自伝的記憶の検索時間に及ぼす気分効果の非対称性 (Teasdale & Forgarty, 1979; Teasdale & Barnard, 1993より)

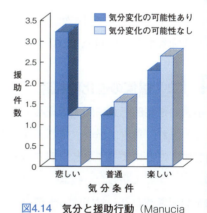

図4.14 気分と援助行動 (Manucia et al., 1984 より作成)
数値は参加者が申し出た援助件数。気分変化の可能性は投与された薬物の感情作用に関する説明により操作されている。

4.5　感情と情報処理方略

　感情は，情報処理様式にも影響する。シュワルツ（Schwarz, 1990）は，ポジティブな感情は状況が良好である場合に生起するので，簡便で直感的な処理方略の使用を促すが，ネガティブな感情は状況が好ましくないことを意味し，分析的でシステマティックな処理方略を増大させると主張した（図 4.15）。たとえば，ポジティブな感情状態にある参加者は，商品の選択やパートナーの選択に際し，情報探索数が少なく意思決定に要する時間が短いことを示した研究（Isen & Means, 1983; Forgas, 1991），対人認知場面においてポジティブな感情はステレオタイプ的認知を促すが，ネガティブな感情はステレオタイプにとらわれない認知を促すことを示した研究（Forgas, 1992）がある（図 4.16，図 4.17）。

　また，説得場面において，気分が高揚していた人たちは，説得メッセージの内容をよく吟味せずに判断するが，抑うつ的な気分になっていた人たちは，メッセージの中身をよく理解した上で判断することを示唆した研究もある（Schwarz et al., 1991；第 3 章参照）。ただし，ネガティブな感情（例：不安）が注意力を低め，集団間認知におけるステレオタイプ化を引き起こすことを示した研究もあり（Wilder, 1993），さらなる検討が必要とされている。

4.6　感情の進化的起源

　感情の進化的起源に関する議論も盛んである。エクマンは 6 つの基本情動として，恐れ，驚き，怒り，嫌悪，悲しみ，喜びをあげ，これらは特定の刺激を知覚することによって生じ，固有の表情や姿勢の変化及び自律神経系の活動を引き起こすと主張した。彼は，一連の実験を行い，各基本情動を伴う過去の経験を想起させたり，対応する表情をとらせることによって，各情動間で心拍や皮膚温に違いが現れることを確認している（Ekman et al., 1983）。そして，進化の過程でこれら適応価の高い情動が形成される際，それぞれに固有の神経生理学的パターンが遺伝的に組み込まれたのだと説明した。ただし，情動の表示規則は発達過程で文化の影響を受けながら獲得されるため，人は状況に応じて表情を適切に制御するようになるとも述べている（Ekman, 1972；図 4.18 参照）。

4.6 感情の進化的起源

図4.15 感情と情報処理方略の関係

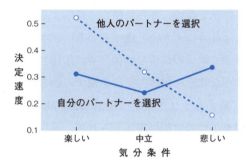

図4.16 パートナーの選択決定に及ぼす気分の効果 (Forgas, 1991)
数値が高いほど意思決定が速く効率的に行われたことを示す。

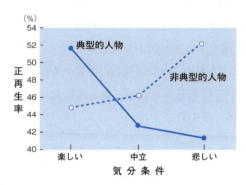

図4.17 感情とステレオタイプ的認知の関係 (Forgas, 1992)
典型的人物はステレオタイプ的特徴を有し，非典型的人物は反ステレオタイプ的特徴を有する。図は，気分条件別に見た各人物の特徴の正再生率を示す。

4.7 感情の機能的価値

　感情は，しばしば人間に理性を失わせ不合理な行動を起こさせる。しかし，進化論的観点に立つと，感情は個体の生存や種族の維持にとって重要な役割を果たしているといえる。

　感情の生態学的妥当性を考察しアージ理論（urge theory）を提唱した戸田（1992）は，怒りや恐怖のようなネガティブな感情は外敵から身を守るための適切な行動を選択させるという点で十分合理的に機能しており，ポジティブな感情も他者に対する好意を高め，相互に協力，援助する傾向を強めるのであれば，その社会的効用は非常に大きいと述べている。フライダ（Frijda, 1988）は，感情には個体を取り巻く状況の良否を個体自身に伝達し，外界に対し適切な反応がなされやすいような状態を個体内部に準備する働きがあると論じた。感情と処理方略の関係に関するシュワルツ（Schwarz, 1990）の説もこの考え方に基づいている。人間を1つの情報処理体とみれば，感情は適応上重要な機能を果たしているといえる（池上，1997）。

　近年では，恥や罪悪感，困惑や誇りなど，他者との関係の中で発生し自己に焦点づけられた感情である「自己意識感情（self conscious emotion）」のもつ社会的機能に関する議論も盛んである（Tangney & Fischer, 1995）。特に，恥や罪悪感のような道徳感情が反社会的行動の抑止や修復行動（告白，謝罪，償い）の促進において果たす役割に関心が集まっている。興味深いことに，同じ道徳感情でも「恥」は逃避のような消極的行動に人を動機づけ否定的帰結をもたらすが，「罪悪感」には人を修復行動に導く積極的な働きがあるといわれている（Tangney, 2003：表4.5）。

図4.18 エクマンの理論 (遠藤, 1996)

表4.5 恥と罪悪感の違い (Tangney, 2003より作成)

	恥	罪悪感
帰結1	自己の望ましくない行動の否定と隠蔽	自己が招いた望ましくない事態の修復
帰結2	自己志向的な苦痛反応	他者志向的な共感反応（他者の痛みに共感）
帰結3	怒りや攻撃行動の促進	怒りや攻撃行動の抑制
帰結4	精神症状（抑うつ，不安）あり	精神症状（抑うつ，不安）なし
帰結5	自己破滅的行動を誘引	問題行動の抑止と道徳的行動の促進

コラム　感情の脳科学

本章では，認知的感情理論に基づいた研究を中心に取り上げてきた。しかし，感情を神経生理学的側面からとらえる研究も存在し，こちらの方が研究の歴史は古い。最近では脳科学のめざましい発展により，感情の進化的起源に関する議論とも結びついておおいに脚光を浴びている。ここでは，そうした研究の動向を紹介する。

1.　2つの古典的学説

私たちは，「悲しいから泣く」「怖いから逃げる」と考えている。これに対し，ジェームズ（James, W.）とランゲ（Lange, C.）は，「泣くから悲しい」「逃げるから怖い」のだと主張した。彼らは，事象が知覚されると，大脳皮質の働きでただちに身体的変化（内臓や骨格筋などの末梢器官の変化）が生じ，それを感じる（末梢器官からのフィードバックを大脳皮質が受容する）ことによって情動が体験されると説明した。情動が生じた結果，身体的変化が起こるのではなく，身体的変化が情動の原因になっていることになる（James, 1884）。しかし，臓器の変化はさまざまな情動に共通して起こることが多く，質の異なる情動がどのように識別されるのか明らかではない。また，内臓の変化は緩慢で，情動の生起に対し常に時間的に先行すると仮定するには無理がある。

そこで，キャノン（Cannon, W. B.）とバード（Bard, P.）によって修正案が提出された（Cannon, 1927）。それによると，情動の起源は，末梢器官ではなく，あくまで脳の中枢（視床）にあるとされる。すなわち，事象が知覚されると，情報がまず視床に入り，それに伴い皮質からの抑制が解除され自律神経が興奮する。同時にこの視床の働きが皮質に伝達され情動の体験が引き起こされることになる。

2.　感情と表情

上述した2つの学説は，多くの論争を巻き起こしながら，その後の感情研究に強い影響を与えた。特に，情動の神経生理学的研究の原点となったことは確かである。たとえば，顔面フィードバック仮説（facial feedback hypothesis）は，ジェームズ-ランゲ説を発展させたものといえる（Gelhorn, 1964; 余語, 1993 参照）。その骨子は次の通りである。

感情が喚起されるような状況が示されると，顔の表情が反射的に変化する。顔筋の変化は怒りや喜びなど各情動に固有の形態をとるため，それが脳内の各部位にフィードバックされることにより，質の異なる情動が体験される。この説に基づくと，顔の表情を人為的に操作すれば，生理的覚醒水準や主観的感情状態が変化することになる。

ランゼッタらの一連の実験では,電気ショックのような不快刺激を与えたとき,表情を抑制するように教示すると,皮膚電気伝導水準(緊張によって生ずる発汗反応の指標)や主観的痛みが低下し,表情を誇張させると逆に上昇することを確認している(Lanzetta et al., 1976)。また,喜劇のビデオを見せた実験でも,表情を抑制しない方が愉快さの評定や心拍数が上昇した(Bush et al., 1989)。一方,「怒り顔」や「笑顔」のような表情刺激を知覚すると,各表情に対応する顔筋が反射的に活動する「表情模倣」が起こること,その表情に対応する感情を知覚者が体験しているらしいことが報告されている(Dimberg & Ohman, 1996)。なお,表情模倣は個人間で感情が自動的に伝達される感情伝染(emotional contagion)(Hatfield et al., 1994)に関係しているとの興味深い指摘もある(第6章コラム参照)。人間には他者と自分の感情を同期させるための生理的機構が生得的に備わっているのかもしれない(池上,2000参照)。

3. 脳と感情

近年では,感情と脳の関係についても詳細に検討されている。中でも,恐怖感情を生み出す脳内機構については,ルドゥーをはじめ多くの研究者が恐怖条件づけの手続きを用いて実験を行い興味深い知見を得ている。それらによると,恐怖反応の生成には扁桃体が中核的な役割を果たしていること,情動刺激が扁桃体に到達するルートには,視床からの直接ルートと感覚皮質を経由する間接ルートの2種類あることが明らかになっている(図4.19)。直接ルートは刺激の詳細な分析はせず,素早く反応を起こすが,必ずしも適切でないことがある。一方,間接ルートは,感覚皮質で刺激を詳細に分析するため,反応は緩慢であるが正確である。暗がりの中,長いヒモ状のもの

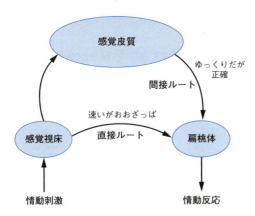

図4.19 恐怖感情の生成プロセス
(LeDoux, 2002)

を見て一瞬「ヘビ」だと思いギクッとするが，ただの「ロープ」とわかりホッとする。直接ルートによる素早い反応は個体防御の点で有利であり，間接ルートは不適切な反応を修正する機能がある。両者が並列的に働くことで私たちの行動が適切に調整されているといえる（LeDoux, 2002）。

4. ソマティックマーカー説

　ダマシオは，情動と意思決定の関係について興味深い仮説を提案している（Damasio, 1994, 1996）。2つの選択肢 A か B のいずれかを選ぶとき，何となく A には嫌な予感がして避けるといった経験はないだろうか。彼は，これは脳の腹内側前頭前野にある情動ネットワークの働きにより，過去のさまざまな経験に照らして現在の状況に対応する情動的身体反応が引き起こされるからだと主張した。直感的な意思決定の仕組みについては，アイオワギャンブル課題を用いた実験が有名である。4つのカードの山のうちどれかを選んでカードを引くが，得をすることの多い山や損をすることの多い山があり，試行を重ねながらどの山が良くて，どの山が悪いかを学習していく。課題遂行中の発汗反応（緊張の指標）を測定した研究（Bechara et al., 1997）では，参加者が次第に良い山からカードを引くようになるといった選択行動に変化がみられ始めるころ，悪い山からカードを引こうとすると直前に発汗反応が強まることが見出されている。しかもこの発汗反応は引こうとする山が悪い山であるということに気づく前に起こっていた。これより，身体的情動反応が予告信号となって非意識レベルで意思決定に影響するというソマティックマーカー説が提起された。ちなみに，情動ネットワークのある脳の部位が損傷している患者は，高いリスクのある状況でも精神性発汗がほとんどみられないことが確認されている（Damasio et al., 1994）。したがって，このような仕組みは，生体が効率よくリスクを回避できるように進化の過程で獲得されたといえるかもしれない。

　感情を生み出す脳内機構はまだまだ未知の部分が多いが，心理学が提出してきた感情理論の妥当性を検証する上で，脳研究の知見は非常に重要である。

参考図書

戸田 正直（1992）．感情——人を動かしている適応プログラム—— 東京大学出版
　会

遠藤 利彦（1996）．喜怒哀楽の起源——情動の進化論・文化論—— 岩波書店

土田 昭司・竹村 和久（編）（1996）．感情と行動・認知・生理——感情の社会心理
　学—— 誠信書房

海保 博之（編）（1997）．「温かい認知」の心理学——認知と感情の融接現象の不思
　議—— 金子書房

ルドゥー, J. 松本 元他（訳）（2003）．エモーショナル・ブレイン——情動の脳科
　学—— 東京大学出版会

鈴木 直人（編）（2007）．感情心理学 朝倉書店

ワイナー, B. 速水 敏彦・唐沢 かおり（監訳）（2007）．社会的動機づけの心理学
　——他者を裁く心と道徳的感情—— 北大路書房

ダマシオ, A. R. 田中 三彦（訳）（2010）．デカルトの誤り——情動，理性，人間
　の脳—— 筑摩書房

梅田 聡・小嶋 祥三（監修）（2020）．感情——ジェームズ / キャノン / ダマシオ——
　岩波書店

one point

▲気分効果の研究方法

　気分の効果を研究する方法には，実験的に参加者の気分を操作，誘導する方法と，気分の個人差を利用する方法がある。実験的に気分を誘導するには多種多様な手法（ヴェルテン法，催眠法，イメージ生成法，音楽，映像，匂い，課題フィードバック法，表情・姿勢）が用いられており，それぞれ，利点と問題点を有している（谷口，1991; 高橋，1996 参照）。その中で，もっとも多用されているのがヴェルテン法であるが，これは実験意図が容易に察知されるため要求特性（参加者が実験者の要求に合うように振る舞うこと）によって結果に歪みが生じやすいことが指摘されている。気分の個人差を利用する場合には，うつ病患者と健常者，一般学生の中の抑うつ傾向者と非抑うつ傾向者を比較するといった方法がよくとられる。ただし，この場合には，両者の差異が一時的な感情状態の違いを反映しているというより，認知機構そのものの違いを反映している可能性が強い（谷口，1991）。実際，抑うつ研究には，うつ病患者や抑うつ傾向者の自己スキーマの特異性に焦点をあてているものも多い（たとえば Derry & Kuiper, 1981; 大平，1996：5.3.3 項参照）。

社会的自己

5

「私を見抜いてください」。三島由紀夫の小説『金閣寺』の主人公は苦悶の末，ついに師に向かってこう叫んだ。こんにち，性格判断などが人気を呼ぶのも，かの主人公と同様自分がどのような人間かを知りたいという欲求を多くの人々がもっているからかもしれない。しかしながら，自分を理解したいという欲求は，生理的欲求とは異なり人間すべてに本来的に備わっているわけではなく，社会的・文化的要因が大きく絡んでいる。したがって，どのような側面で，どのように自分を理解するかは社会的・文化的要因との関連で考える必要がある。

本章では，自分をどのように理解し評価しているのか，自分はこういう人間だという一種の知識はどこにどのように「貯蔵」されているのか，それは現実の自己のあり方とどの程度対応しているのか，など自己認知に関するさまざまな問題について考えてみよう。

5.1 自己概念

　心理学の領域で，自己についての本格的な研究を始めたのは，ジェームズ（James, 1892）である。彼は自己認識の二重性を指摘し，まず，自分を知る者としての主我（I）と知られる者としての客我（Me）に分類した（図5.1）。つまり，自分自身を見つめている自分が主我（または自我）であり，視線の先にとらえた自分が客我（または自己）である。そして，自分はこれこれこのような人間だととらえた内容を自己概念（self-concept）と呼ぶ。だが，私たちが自分について知っているのは，ある程度まとめた概要的理解だけにとどまらない。自分を省みて，あのときあんなことをした，といったような個別的具体的経験の記憶もあれば，自分が大学を卒業するのは西暦何年だという将来に関わる知識もある。そこで，最近では自己概念という考えをさらに広げて，自分について知っているさまざまなことを包括的に自己知識（self-knowledge）ということがある。

5.2 自己概念の情報源

　自己概念は自分という人間についてのその人自身のビリーフから構成されている。その中身はどこからやってくるのだろうか。

5.2.1 自己知覚

　自分自身の行動を観察しその特徴に気づくことがある。たとえば，机に向かうときはグズグズしがちだが，野球の練習にはいつも元気よく出かける。こうした気づきは，「勉強が苦手だ」「野球が好き」という特徴把握につながる。ベム（Bem, 1972）は自己知覚（self-perception）理論をうち立て，ちょうど他者の行動や状況からその人のことを知るのと同じように，自分自身を知るのは感情状態などの内部手がかりよりも，むしろそのような外部手がかりからである，と主張した。つまり，基本的には私たちは他者について知るのも自分自身について知るのもいずれも外側からだというのである（図5.2）。

5.2.2 内　省

　自分自身を理解しようとするときの主要情報源の一つとして，内省がある。「汝自身を知れ」という古代ギリシャの訓言は，内省によってその道が開かれ

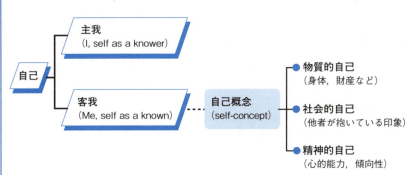

図5.1 自己の構造 (James, 1892)

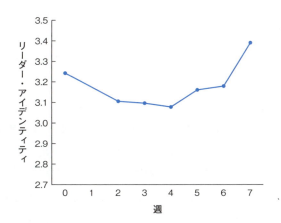

図5.2 リーダー・アイデンティティ (Miscenko et al., 2017)
7週間の研修会参加者が協力。自分のリーダーシップ・スキルが前週よりも向上していることに気づくことによって、リーダー・アイデンティティが高まることを示している（1週目は祝日のためデータ欠損）。

ることを示唆している。私たちは自分を振り返り，たとえば「受験に失敗して
めげていたときに○○と出会い，自分の進むべき道を発見した」などと，過去
から現在そして未来までを織り込んだ自分についての物語を語ることがある。
マクアダムスによれば，そうした**セルフ・ナラティブ**（self-narrative）は，状
況や課題や他者などとどのように折り合い道を拓いてきたかについての自分自
身の理解であり，周囲の世界に自己を位置づけ自ら見出した人生の意義を表し
ている（McAdams, 2018）。

5.2.3　他者からの評価

　私たちに対して他者がどう反応するかを受け止めて，自分がどういう人間で
あるかを知ることがある。他者からよく悩み事の相談を受ける人は，自分を
「信頼される人間」だと考えるだろう。クーリー（Cooley, 1902）は，他者とい
う鏡に映し出された自己像を**鏡映的自己**（looking-glass self）と呼んだ。

　周囲の人々は「あなたは○○ね」と直接的フィードバックを伝えてくること
もある。学校の三者面談の場では，教師と保護者から学業や社会性についての
フィードバックが与えられる。それらは直ちにそのまま自己内に取り込まれる
とは限らない。が，多くの人が同じような見解を言うような場合，あるいはそ
の道の権威者と目される人が言う場合，自分は本当にそうなのだと考える傾向
がある。

5.2.4　差異性

　自分が周囲の多くの人たちと何らかの点で異なるとき（**差異性**；distinc-
tiveness），人はその点において自己をとらえる。それが顕著な特徴として目立
つからである。たとえば，左利き（少数派）の人は，右利きの人よりも自分の
利き手について言及するだろう。この点について検討した研究がある。調査で
はまず自発的自己概念が収集され，次にある次元（例：利き手）についての構
造化された質問紙が実施された。そして，その人の特徴が周囲の環境において
どの程度少数派に属するものかが客観的指標をもとに算出され，それと自発的
自己概念の内容との関連が検討された。その結果，性別については，家族構成
上自分と同性の人が少数派の子どもは，「自分は男／女の子だ」という性に関
する自己定義をする傾向が強かった（**表5.1**）。逆に言えば，多数派がもつ特
徴は「当たり前」として取り立てて注意を引かないことになる。

5.2 自己概念の情報源

表5.1　家族構成での差異性と性についての自己定義
（McGuire et al., 1979）

性　別	言及の有無	女性優勢	同割合	男性優勢	全　体
男児	言及	13	5	4	22
	無	81	81	93	255
女児	言及	6	7	18	31
	無	85	68	93	246
	合計人数	185	161	208	554

家族の中で異性のメンバーの方が多い場合，自分の性をより意識し，男性／女性であると自己を定義する傾向がみられる。これは，人数のアンバランスにより，性の次元が顕現化するからである。

5.3 自己概念・自己知識の特質

5.3.1 セルフ・スキーマ

　私たちはどこで生まれたか，どのような性格の持ち主か，得意なことは何かなど，自分について実にさまざまな知識をもっている。それらはばらばらな状態で貯蔵されているのではなく，意味的に関連のあるもの同士がまとまり，しかも相互に連絡路をもつ構造化された状態で貯蔵されていると考えられている。これをセルフ・スキーマ（self-schema）という（図5.3）。つまり，セルフ・スキーマはこれまで自己概念といわれてきたものに，情報処理論的見地から構造的な特徴を加味してとらえ直したものである（スキーマについては第2章参照）。人は，自己理解上重要な次元については，高度に発達したスキーマをもっている。たとえば，社交的なことが自分の中核的特徴だと思っている人は，友人が多い，誰とでもすぐに仲良くなれる，人とうまく付き合えるなどと，高社会性に関連する表象を豊かにもっていることだろう。

5.3.2 セルフ・スキーマと自己関連情報の処理

　マーカス（Markus, 1977）は，セルフ・スキーマが自己に関する情報処理にどのような効果をもつかを検討した。まず，大学生に，独立–依存次元での自己評定と重要性評定を求めた。そして，それをもとに，自分を独立的だととらえている独立スキーマ群，依存的だととらえている依存スキーマ群，及び独立–依存次元では自分をとらえていない非スキーマ群の3群を選び出した。次に，特性語を1語ずつ呈示し，それが自分にあてはまる（me）か否（not me）かを，ボタン押しで答えてもらった。その結果，独立スキーマ群は「主張的」などの独立性関連語に対して，自分にあてはまると判断するときの反応が速く，依存スキーマ群は依存性関連語での判断が独立性関連語のときより速かった（図5.4）。そして，非スキーマ群では，2種類の語の間で判断時間に違いがみられなかった。このことから，自己定義に関わる情報は素早くアクセスされ，効率の良い判断を促進していることがわかる。

　セルフ・スキーマは関連情報の記憶促進効果をもつ。これによって，自分はこのような人間だという自己概念は，過去にこんなことをしたという記憶の裏づけを得て補強されることになる。独立性に関するセルフ・スキーマの持ち主

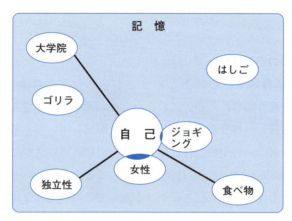

図5.3 セルフ・スキーマの構造 (Markus & Smith, 1981)

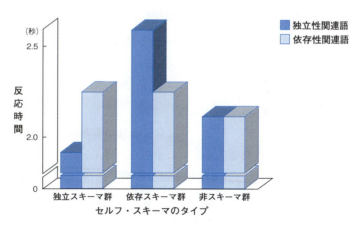

図5.4 セルフ・スキーマと自己関連情報の処理 (Markus, 1977より改変)

は，他者に頼らず独立的な行動をとったときのことを多く記憶しており，それを情報源として次の行動の指針として用いる。また，他者から「独立的でない」と指摘されたとしても，自分の中に「証拠」をもつがゆえにそれを認めない傾向にある。

5.3.3 抑うつの自己スキーマ

　抑うつを，情報の処理の仕方という点からとらえたのはベック（Beck, 1976）である。抑うつ者は，過去に起きた自己に関するたくさんの否定的な記憶を組織的に貯蔵し，抑うつの自己スキーマを形成していると考えられる。それゆえ，抑うつ者は，否定的な自己関連情報への接近可能性が高いという点が特徴である（Spielman & Bargh, 1990）。自分のことを考えようとすると，ネットワーク構造をもつ抑うつ自己スキーマを通じて他の否定的な出来事の記憶にも自動的に接近しやすくなり，結果として過度の否定的一般化が生じる。興味深いことに，このような否定的連鎖は他者関連情報では生じにくい。抑うつ自己スキーマが活性化しているときに，否定的な概念への容易な接近がみられるのである（図5.5）。それゆえ，他者はそうではないのに自分はだめだという否定的見方が修正されず，自己批判の循環が生じ，結果として抑うつが持続することにつながるのではないか，とバージらは論じている（Bargh & Tota, 1988）。

5.4　文化と自己

　自己には普遍性がある一方，社会・文化による違いもある。文化的自己観の研究グループはそのことを理論的実証的に示した（Markus & Kitayama, 1991；図5.6）。米国をはじめとする欧米文化では，行動や感情，動機づけなどさまざまな点で自己は他者から独立したユニークな主体として考えられている。思考，意思決定など，各自が自分の責任において単独自力で成すという基本原理で社会が営まれている。社会における主体的存在と言い換えてもよいだろう。これに対して日本を含む東アジア文化においては，調和や役割が優先され自己は他者との関係に位置づけられ，従って状況によって異なる様相を示す傾向がある。たとえば，職場では他者の意見に従い，退社後誘われて気の進まない宴

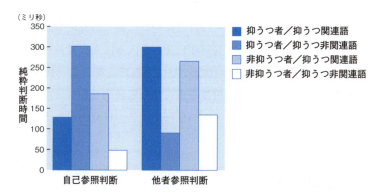

図5.5 抑うつ者と非抑うつ者の判断時間（Bargh & Tota, 1988より）
ここで表示している変数は，記憶負荷をかけた（判断課題とは別に，記憶課題も同時に課す）ときの判断時間から負荷がないときの判断時間を減算したものである。自己について，語があてはまるかどうかを判断する課題において（図左側），抑うつ者は抑うつ関連語について考えるとき，非関連語の場合よりも，負荷による反応時間の遅れは小さい。非抑うつ者はこれとは反対の傾向を示している。これは，抑うつ者が抑うつ関連情報をより自動的に処理していることを示唆している。他者について判断する課題（図右側）では，抑うつ者にそのような傾向は認められない。

図5.6 相互独立的自己観と相互協調的自己観（Markus & Kitayama, 1991）

会に参加する男性が，家庭では家族に対して自分の意見を強く押し出すといったように，社会的関係の中で変化したりする。

　文化的自己は国籍ではなく，社会のあり方によって方向づけられる。ケニアで行われた研究では，都会の大学生は自己について個人的特性や能力をあげるのに対して，マサイ族など地元の共同体に暮らす人々は血縁関係や社会的役割に重点を置いていることが明らかになった（図5.7）。都市化，個人化，西洋型教育などによって，つながりや役割を重んじる伝統的な暮らし方から徐々に個人の力量において生きる暮らし方への移行が生じ，自分のとらえ方にも変化が起きつつあることが読みとれる。

5.5 自尊感情

5.5.1 自尊感情の概念と測定

　自分自身は人間にとって知る対象であると同時に，愛情，賞賛，尊敬，嫌悪，軽べつ，憐憫などの評価感情の対象でもある。自尊感情（self-esteem）とは，自分は価値ある存在だと感じていることである。自尊感情は自己に対する全体的評価を言い，学業，外見など個別領域に関しては自己評価（self-evaluation）と呼んで区別することもある。自己概念が自分の特徴を認知的に把握したものであるのに対して，自尊感情は評価的にとらえたものと位置づけられることが多い。しかし，認知と評価を厳密に切り分けるのは難しい。自己に関連する概念・用語は研究者によってしばしば異なっており，混乱を避けるために学びや使用の際には十分注意を払う必要がある。

　自尊感情の測定方法の一つとして，ローゼンバーグの自尊感情尺度がある（表5.2）。簡便で実施や回答が比較的平易であることに加えて，これまでの多くの研究結果の蓄積があり，他との比較が可能だという利点がある。

　自尊感情に関する研究はきわめて多い。自尊感情が行動予測に役立つからというより，人々の心理的安寧に関わるからである（Rosenberg, 1986）。表5.3は，自尊感情の高さと安定性の次元に基づいて，その心理的特徴を表したものであるが，自尊感情が精神的健康や幸福と深いつながりをもっていることがわかるであろう。

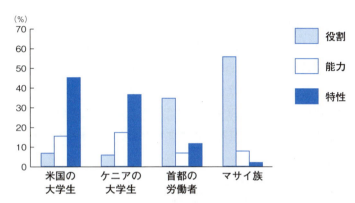

図5.7 自己のとらえ方と西洋化（Ma & Schoeneman, 1997）
ケニアの大学生，ケニア首都ナイロビの労働者，及びマサイ族に20答法を実施した。図は，役割，能力，特性について言及した割合を示している。大学生は米国の大学生と類似しているが，マサイ族では大きく異なり，自分の特性について言及することは少なく，共同体での役割が自己を規定していることが読みとれる。

表5.2 ローゼンバーグの自尊感情尺度
（Rosenberg, 1965；安藤訳, 1987より）

- 私は少なくとも他の人と同じ程度には価値のある人間だと思う
- 自分にはたくさんの長所があると思う
- 自分を失敗者だと感じることが多い（＊）
- 何をしてもたいていの人と同じ程度にはうまくできる
- 私には自慢できるようなものはほとんどない（＊）
- 自分を好ましい人間だと思っている
- 自分に大体満足している
- 自分をもっと尊敬できたらと思う（＊）
- 自分が役立たずな人間だと感じることがときどきある（＊）
- 自分はだめな人間だと思うことがときどきある（＊）

（＊）は逆転項目を示す。

5.5.2 状態自尊感情と特性自尊感情

自尊感情は通常，比較的永続的で安定的特性のようなものだと考えられている。しかし，うまく目標達成できたときは自分を誇らしく，また逆に途中で投げ出したり失敗に終わると「自分はダメだ」と思ったりする。時々の状況次第で変動し得る自己への評価は状態自尊感情（state self-esteem）と呼ばれる。これと区別するため，安定的な自尊感情の方を特性自尊感情（trait self-esteem）と称することもある。単に自尊感情という場合は，特性自尊感情を指すことが多い。状態自尊感情の測定にはそれに特化した尺度の他，「今」という語を加えて特性自尊感情用の質問項目をそのまま利用するという方法がある。

5.5.3 潜在的自尊感情

一般に自尊感情は当人が意識している自分自身の評価だと考えられている。しかし，心の活動における自動的心理過程が次第に明らかになるにつれ，当人には意識されにくい潜在的自尊感情（implicit self-esteem）にも関心が寄せられるようになった（Greenwald & Banaji, 1995）。潜在的自尊感情とは，自分に連なるものに対する潜在的な肯定的感情のことをいう（潜在的自尊感情と区別して，普通の自尊感情を顕在的自尊感情と呼ぶことがある）。たとえば，自分の名前の中の文字や誕生月日の数字は，無関係のものより好まれる。また，自己を望ましいものと結びつける傾向が強いが，本人はそれに気づいていないことが多い。潜在的自尊感情の測定にはこうした特徴を利用した巧妙な方法が用いられている。正面から「あなたは○○ですか」などと質問すると自己高揚や自己卑下動機などの影響が懸念されるが，潜在連合テスト（Implicit Association Test：IAT）などを用いた潜在的自尊感情測定法には印象操作的要素が入り込みにくいとされている（図5.8）（第3章コラム参照）。他方，顕在的自尊感情と潜在的自尊感情の間の相関，また潜在的自尊感情の各測度間の相関はあまり高くなく（Bosson et al., 2000），「潜在的自尊感情として測定されるものは一体何か」を巡って議論がかわされている。

自尊感情には文化差があるとされている。自尊感情はアジアでは欧米に比べて相対的に低い水準にあり，「アジア人は（顕在的）自尊感情を必要としない」などと指摘されてきた（たとえばHeine et al., 1999）。しかし，潜在的自尊感情では東アジアと欧米間で大きな違いが認められていない（たとえばYamaguchi

表5.3 **自尊感情地位と特徴** (Kernis, 1993)

自尊感情地位	心理的特徴
安 定／高	肯定的自己感情の安定。なかなか脅威を感じない。 肯定的であれ否定的であれ自分に対する評価に過敏に反応しない。
不安定／高	自己感情がもろい。容易に脅威を感じる。 否定的評価には抵抗を強く示す。肯定的評価には過度に喜ぶ。
不安定／低	安定／低自尊感情の人よりも快活。否定的な自己感情が持続するのを避けようとする。 否定的評価にそれほど強く抵抗反応を示さない。脅威的出来事の影響に抵抗しようとする方略を増大させる。自分に関連する肯定的出来事にとくに喜ぶということはない。
安 定／低	否定的自己感情が持続する。 否定的な自己関連出来事の影響にほとんど抵抗しようとしない。 肯定的自己関連出来事に同化しようとすることも少ない。

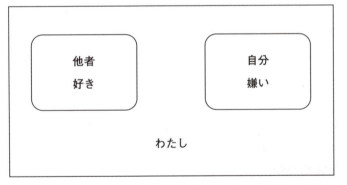

図5.8 **潜在連合テスト（IAT）による潜在的自尊感情の測定画面の例**
(Greenwald & Farnham, 2000を参考に作図)

このような画面がコンピュータのモニタ一画面に表示される。参加者は，「わたし」が上方左右どちらの語群にあてはまるか判断して，左右の対応キーを押す。上記の例では，私は自分であるから右のキーを押したいところだが，「嫌い」と自分とが結びつきにくい場合はキー押しに時間がかかる。左右の語のさまざまな組合せに対する反応時間を測定し，自分では意識していない潜在的自尊感情を測定しようとする手法である。

et al., 2007)。したがって，何らかの形で自己価値を信じることは，文化によらず人間の普遍的傾向なのではないかと考えられている。

5.5.4 自尊感情の功罪

　従来，高い自尊感情はその持ち主に種々の恩恵をもたらし，反対に低自尊感情は抑うつ性や攻撃性など，個人内，対人的側面のいずれにおいてもさまざまな問題と結びついている，と指摘されてきた。また，自尊感情を維持しようとする動機はきわめて健全で，適応創出の重要な機能を果たしていると考えられてきた。しかし近年，自尊感情の高さ（原因）が良い効果を生み出す（結果），つまり自尊感情を高めてやると人はよくなるという従来の考え方に対して，見直しを求める動きがある。自尊感情に関する多くの研究を基に，高い自尊感情は良い効果をもたらすと主張する研究者がいる一方，それとは逆の結果を示す研究を引いて，高いことが良いことだとは単純にはいえないとして，高自尊感情への「信仰」に警告を発する研究者もいる（例：Baumeister et al., 2003；コラム参照）。たとえば，自尊感情の高い人は自分を優れたひとかどの人物だと思っているが，他者によってそれが否定されたと感じると脅威に思い，他者を支配しようとして暴力的傾向が強まる（図 5.9）。

　自尊感情が脅かされることに対する反応は，差別的な他者評価となって表れることもある。ある研究では，参加者にとっての重要次元で失敗・成功を情報として与えた後に他者評価を求めたところ，自尊感情脅威（失敗）群は，外集団を駄目な人々だとしてその価値を低め，それによって自分の自尊感情を上昇させた（図 5.10）（11.2.3 項参照）。

5.5.5 社会的比較

　自分は親からそろそろ独立して一人暮らしをしたいと思っているが，親は強硬に反対する。自分の考えは間違っているのだろうか。

　この答は，どのようにして得られるだろう。自分一人で考えていてもなかなか答は出てこない。一番簡単な方法は，同じような年齢の他者と比較することである。自分と他者を比較することを，社会的比較（social comparison）という。フェスティンガー（Festinger, 1954）は，人は社会で適応的に生きていくために，自分の能力の程度や意見の妥当性を評価しようとし，そのために社会的比較を行うと主張した。彼のこの社会的比較理論（social comparison theory）

5.5 自尊感情

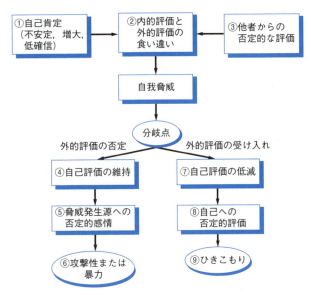

図5.9 　脅威と攻撃・暴力の関係（Baumeister et al., 1996より）

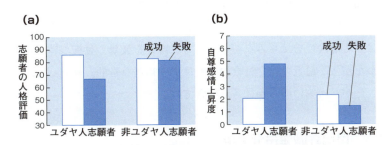

図5.10 　**自尊感情上昇の代価**（Fein & Spencer, 1997）
参加者の半分は，テストで悪い成績だった（失敗）と告げられ，他の半分は良い成績だったと告げられた（成功）。その後，自分と競合する仕事への志願者がユダヤ人，もしくは非ユダヤ人であることを示すビデオのいずれかを見せられた。志願者がユダヤ人であると思った失敗参加者は，ビデオ中の志願者をより否定的に評価し（a），その人たちだけが自分の自尊感情を，失敗後であるにもかかわらず，上昇させた（b）。外集団の人を貶めることが自尊感情の上昇を促進したと考えられる。

は 3 つの要点に集約できる（表 5.4）。

　自己高揚動機に導かれて，運や成功度において自分より下の人と比較することを下方比較（downward comparison）という。肯定的な自己知覚が脅かされたとき，より不幸で不遇な他者と比較することによって，自分はまだいい方だという確認をすることができる。事実，低自尊感情，否定的な気分，深刻な病など自己の脅威を経験している人は，そうでない人よりも下方比較を行いやすく，それによって不快な気分を幾分なりとも改善できるようである。

　しかし，下方比較は常に自分についての良い気分をもたらす，というわけではない。たとえば，他者を襲った不幸が自分にとっても他人事ではないと考える場合は，下方比較は脅威をもたらすに違いない。性活動が活発な人は，HIV患者に出会った後，HIV 検査を受けることに極度の緊張を経験するだろう。最近の研究によれば，脆弱性が高く自分も同じような不幸に見舞われる可能性があると考えたとき，すなわち，他者と自己を重ね合わせるとき，下方比較は自己評価の低下と予防的指向性の活性化をもたらし，他者のようなネガティブな経験を自分は回避しようとする動機づけが高まる（図 5.11）。

　自分より望ましい状態にある人と比較することを，上方比較（upward comparison）という。この場合，比較他者は成功のモデルとして機能することになる。上方比較は，一方で自己の不完全さをあらためて思い知らされ，意気消沈に至る危険性をはらみながら，他方で自分を鼓舞し動機づけを促進することにつながる。最近では，社会的比較はより複雑な目的，機能，帰結をもっていることが，次第に明らかにされてきている。

5.6　自己評価維持モデル

　テッサー（Tesser, 1984）による自己評価維持（Self-Evaluation Maintenance；SEM）理論の特徴は，自己評価を維持しようとする人間の動機を中心に据え，社会的行動までを含めた心的メカニズムを組織的に説明しようとしたことにある。つまり，自分自身に対する肯定的な印象を守ろうとして，自分に脅威を与える他者の遂行をどう処理し，自己の感覚をどのように高めるかを問題として，それへの解答のモデル化を試みたのである。

　SEM モデルは，他者と自己の心理的距離（closeness），課題や活動が自己

5.6 自己評価維持モデル

表5.4 フェスティンガー理論の要点

- 人には，自分の意見や能力を正しく評価しようという動因がある。
- 直接的物理的な基準がない場合，人は他者と比較することによって，自分を評価しようとする。
- 一般的に，人は類似した他者と比較することを好む。

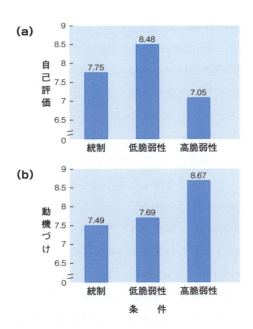

図5.11 統制条件，低脆弱性条件，高脆弱性条件での（a）参加者の自己評価，（b）参加者の動機づけ（Lockwood, 2002）

この実験では，大学1年生が，以下の3つの条件に割りあてられた。①統制条件：比較対象なし群，②低脆弱性条件：大学生活に適応できない大学1年生（架空人物）の話，③高脆弱性条件：大学卒業後社会人に移行する際の不適応卒業生の話。②を読んだ参加者は，自分はうまく適応しているので，②の人物のようにはならないと考え，したがって，自己評価は上がる。③を読んだ参加者は，自分もそうなるかもしれないと考え，自己評価は下がるが，そのような事態にならないように一生懸命努力しようと動機づけが高まる。つまり，自分も当該他者のようになるかもしれないと考えるときには，下方比較は脅威をもたらし得る。

定義に関連している度合いの自己関連性（relevance），それに他者の遂行レベル（performance）を3つの要因として構成されている（図 5.12）。心理的に自分に近い他者，課題が自分にとって重要なものは，そして他者の優れた遂行はそうでない場合よりも，自己評価により大きな影響を与える。ここでいう自己評価は，環境（状況）の変化に伴ってその時々に変動するものであって，慢性的安定的な個人差を扱う自尊感情とは異なる概念である。

さて，この3つの要因を織り込んだ SEM モデルにおいては，自己評価の変動を導く次の2つの過程があるとされている。

一つ目は，比較過程（comparison process）である。自己関連性の高い課題や活動において他者の遂行が自分より優れたものであるとき，その他者が心理的に近ければ近いほど，自己評価は脅威にさらされ，嫉妬やフラストレーションを味わうことになる。

もう一つは，反映過程（reflection process）である。自己関連性が低い課題活動において他者の遂行が自分より優れたものであるとき，その他者が心理的に近ければ近いほど，その成功を誇る気持が強くなり，他者の栄光をわが身に引き寄せて自己評価が引き上げられる。

つまり，他者の心理的近さと優れた遂行というまったく同一の要因が，関連性の違いによっては，正反対の効果を生み出すのである。

SEM モデルに対しては，3要因のうちの2つを固定操作し，第3の要因を変数として実証的な検討が数多くなされてきたが，概して，モデルの妥当性を裏づける結果が得られている。たとえば，小学校のさまざまな活動のうち，自己関連性が高いものでは自分の方が友人より，そして低いものでは友人の方が自分よりも優れていると認知していた（Tesser et al., 1984；図 5.13）。

5.6 自己評価維持モデル

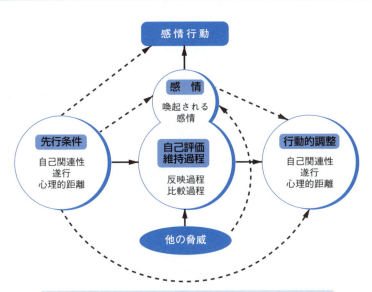

図5.12 **SEMモデルの模式図** (Tesser, 1988；Fiske & Taylor, 1991)

行動的調整内の記述:
- 親しい人の成功→課題の自己関連性を低下させる
- 自己関連性の高い事項で他者が成功→心理的距離を拡大
- 自己関連性の高い事項で親しい人が成功→自分の遂行への努力

感情内の記述:
- 自己関連性の高い事項で親しい人が成功→とくに不快
- 自己関連性の低い事項で親しい人が成功→わがことのように快

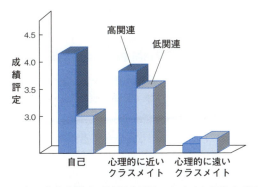

図5.13 **自己定義高関連／低関連項目における各対象の成績評定**
(Tesser et al., 1984)

コラム　自尊感情再考

　自尊感情は適応と結びついている。成績不良，抑うつ感情，業績不振，非行やいじめのような反社会的行動など，さまざまな望ましくないことの根底には自尊感情の低さがある。反対に，学習への努力や粘り強い取組み，対人関係や親密関係の良好さ，学業成績や業績の高さ，外見的魅力，精神的健康，幸福のような望ましい事項は，自尊感情の高い人々が享受する特権である。これまで膨大な量の研究が繰返し同じ方向の結果を示してきた。したがって，自尊感情は適応的に生きていく上で必要なものだ，というのが，現時点でのおおよその合意点である。こうした知見を基に，社会や個人のさまざまな問題解決・改善に役立てようと自尊感情を向上させるプログラムや組織的取組みが公的私的に行われてきた。日本も例外ではない。

　他方，この知見を巡って批判的検討を求める立場もある。まず，方法論的脆弱性があげられている。自尊感情及び関連属性はいずれも自己報告法でデータが収集されるのがほとんどであり（5.5.3 項参照），これらはどちらも本人の頭の中の主観的思考の反映である。高自尊感情群は自分に連なる多くの事項に「良好」などと高評価方向で回答するのではないか，と考えられている（Brown et al., 2001）。たとえば，「自分は望ましい人物だ」と答えるのも，「人付き合いがうまくできる」と答えるのも共に，自分について押し並べてポジティブに回答する傾向から生じている可能性がある。しかし主観的思考は往々にして現実とは異なる。実際，客観的指標を採用した研究では高自尊感情群が「良好」「できる」ことは証明されておらず（第 5 章 one point 参照），現実に「適応的」かどうかは明らかではない。客観的指標の利用が可能な学業成績に限って言えば，自尊感情との関連はほとんどないと報告されている（たとえばMarsh & O'Mara, 2008）。

　第 2 に，上記と関連するが，自尊感情関連研究はそのほとんどが相関研究である。しばしば指摘されるように，相関関係は因果関係については明らかにしない。自尊感情が高いから対人関係が良好なのか，対人関係が良好だから良い気分が維持され自己を肯定するのか，方向については不明である（図 5.14）。しかし，多くの場合自尊感情を暗黙のうちに原因として位置づけ，「高いとうまくいく」として向上プログラムなどが開発・実施されている。

　自尊感情については，特にローゼンバーグの自尊感情尺度を用いた研究の長年の蓄積がある。自尊感情の経年変化を調べた研究によれば，1988 ～ 2008 年の 20 年間に米国の中学生，高校生，大学生の自尊感情スコアは全体に上昇し続けた（図 5.15）。

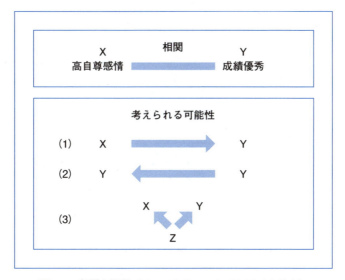

図5.14 相関と因果（Myers & Twenge, 2022 より改変）
自尊感情に関する研究は，自尊感情が何らかの特性・特徴と関連していることを示すものが多い。しかし，それは自尊感情が原因であることを必ずしも保証するものではない。ここにあげる相関に対する一般的な3つのパターンは，自尊感情研究の結果の解釈の可能性としてもあてはまる。

中には「満点」に達する者もいるという。ジェームズ以来の考え方に基づくなら，自尊感情は個人の成功や能力・達成の上に成り立つ自信のようなものである。従って，自尊感情の上昇という経年変化は，個々人がより成功を積みより強い自信をもつようになったこと，より多くの人が良い人間になり高い自信をもつようになったことと対応していると考えられる。そして高い自尊感情をもつことが数々の望ましい行動や能力をもたらすと考えられる。

ところが，その間社会全体でみれば学業や非行，精神的健康など自尊感情と結びついているとされるさまざまな側面の問題は，現実には「何一つ改善されていない」（Gentile et al., 2010）。青少年を対象にしたその後の調査は精神的健康や暴力・いじめなどにおいて，年を経て改善しているものは少なく，次第に悪化している項目が多いことを示唆している（CDC, 2023）。自尊感情の高さが個人や社会に恩恵をもたらすというこれまでの知見とは相容れない現実がある。

では，なぜ自尊感情は長年にわたり上昇してきたのだろうか。有力視されているの

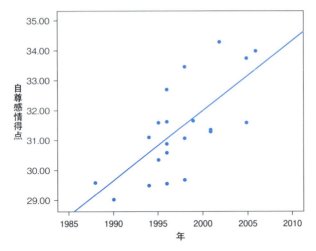

(a) 中学生の自尊感情の経年変化

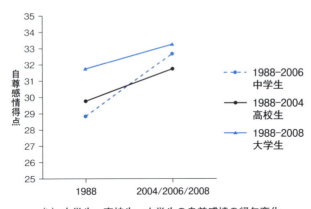

(b) 中学生, 高校生, 大学生の自尊感情の経年変化

図5.15　**自尊感情スコアの経年変化**（Gentile et al., 2010）
中学生, 高校生, 大学生においていずれも自尊感情スコアの上昇がみられる。大学生では上昇率がやや緩やかにみえるが, 実は天井効果の影響がある。ローゼンバーグ自尊感情尺度の理論的最高点が40点のところ, 2008年にある大学では35～40点の得点者が半数を超え, 全体平均はもうこれ以上上がりにくい限界点まで達している, と考えられている。

は，米国における「自己価値称揚文化」（culture of self-worth）である。自尊感情に社会・文化的な価値が与えられ，さまざまな社会的・組織的取組みや情報によって，「自尊感情が低いと不適応になる」「自己の価値を認めることが重要だ」という考えが広く知れ渡るようになった。また，為政者や教育者，養育者などを通じて子どもや若者のビリーフが社会的に形成され，関連質問項目にその方向で回答するようになったと考えられる。別の研究によれば，1970 〜 90 年代にすでに自尊感情の上昇傾向がみられるが，これは米国社会で自己価値の奨励や個人の強調が著しくなってきた時期と符号するという（Twenge, 2006）。自尊感情スコアが高い方に偏在する傾向は米国以外の社会でも報告されている。

なお，我が国では 1980 〜 2013 年に，自尊感情得点はむしろ下降傾向にあるとする報告がある（小塩ら，2016）。我が国では児童生徒の自尊感情を向上させようという教育方針が政策に組み込まれるようになったのはちょうど上記期間の終盤頃であり，公的教育方針が自尊感情称揚文化として定着し効果をもつかを評価するのはまだ時を待たなければならない。また，自己のとらえ方や評価の仕方に影響する社会的要因はまだ他にもあるかもしれない。それらもまた時代とともに変動する。いずれにせよ自尊感情を考えるには，短期的ミクロ的検討だけでなく，社会的時代的検討が必要であることを，これらの研究は示唆している。

自尊感情の実体は何か，自己報告法に寄らない方法はないか，社会文化の影響はいかなるものか。これまで多くのものを生み出してきたテーマであるが，未だ多くの謎と課題が残されている。

参 考 図 書

梶田 叡一（1988）．自己意識の心理学　第 2 版　東京大学出版会

ジェームズ，W.　今田 寛（訳）（1992）．心理学〈上〉　岩波書店

キーナン，J. P.・ギャラップ，J. G.・フォーク，D.　山下 篤子（訳）（2006）．うぬぼれる脳——「鏡のなかの顔」と自己意識——　日本放送出版協会

ウィルソン，T. D.　村田 光二（監訳）（2005）．自分を知り，自分を変える——適応的無意識の心理学——　新曜社

山竹 伸二（2006）．「本当の自分」の現象学　日本放送出版協会

one point

▲自己の研究法

　自己概念や自尊感情など自己に関する研究の大部分が，本人に尋ねる自己報告法を用いていると言って過言ではない。それは，「自己」が自分自身をとらえたものであるという定義上，必然あるいは不可避であるのかもしれない。そのような研究法に基づいた「自尊感情と自己概念との関係」についての報告は，自尊感情の高い人は肯定的な特徴を示すことを伝えている。ところが，行動や特性・能力の客観的指標を用いた研究では，両者の結びつきは格段に弱まる。たとえば，ある研究は，自尊感情と魅力度（どちらも自己報告）の相関を .59 と報告している。他方，自尊感情を測定した後全身写真や顔写真を撮影し他者にその身体的魅力を尋ねて客観的指標とした場合，両者の相関はほとんどゼロに近かった。しかし，上半身の写真の場合は，弱いながら相関が認められた。おそらく自分を魅力的だと思っている人は髪や服装を通した自己呈示をしているからであろう。自己研究の遂行においては方法論上の制約が大きく，必ずしも常に客観的指標を採用できるとは限らず，また何をもって客観的指標とするかも難しい問題である。いずれにしても自己報告法の限界は十分理解しておく必要があるだろう。

自己と他者

6

「自己」という語は「自」と「己」の組合せであるが，どちらも「おのれ」つまり当の個人を表している。確かに，自己は個人に属する。他方時々において，私たちは心理的には，他者を自分と区別せず同じような特徴や思考をもつ者とみなすこともあれば，重なり合うところが全くないとして間に大きな壁を築き上げたりすることもある。社会心理学では「自己（認知評価）」「他者（対人）（認知評価）」は独立したセクションで取り上げられるのが一般的であるが，本章では，両者にある結びつきを紐といてみることとする。

6.1 自己の可変性

6.1.1 個人的アイデンティティと社会的アイデンティティ

第5章では，自己概念を自分で自分のパーソナリティ特性や能力など内的属性の点から把握したものとしてきた。しかし，人は自己と所属集団を同一化し，所属集団の一員として自己をとらえることがある。これを社会的アイデンティティ（social identity）という。「私は日本人だ」「私は○○大生です」などは，その例である。これに対して，先の個人的特徴の理解は個人的アイデンティティ（personal identity）という（図6.1）。

グレートブリテン及び北アイルランド連合王国（通称英国）の一地方であるスコットランドは以前は独立した国家であった。そのような歴史を踏まえて，そこに暮らす人々は自分たちは今でも，「スコットランド人」だと称し独自の通貨を使用することが多い。そして内集団を外集団とは異なったものとして肯定的に評価し，それを自己に取り込むことによって誇りを感じ自己評価を高めている。つまり，社会的アイデンティティは所属集団の一員であることに対する単に認知的な理解にとどまらず，自分が属している内集団（ingroup）と自分が属していない外集団（outgroup）を峻別し，内集団に対して肯定的評価を与えるのである（Tajfel, 1982）（11.2.3項参照）。

6.1.2 自己カテゴリー化理論

ターナー（Turner, 1987）を中心とする一派は，人が自分をとらえる過程をダイナミックな社会的判断としてとらえ，個人的‐社会的アイデンティティを連続的にとらえる自己カテゴリー化理論（self-categorization theory）を提唱した。

人は，自分と他の人々との類似性を検討し，メタ・コントラスト比（p.146参照）に基づいて，自分を含むこちら側と，あちら側というカテゴリー化を行う。こちら側とされる人間が自分1人で，自己がユニークな個人であると認知するとき，それは個人的アイデンティティのレベルで自分を理解したことになる（図6.2）。そして，こちら側とされる人間が複数いるとき，つまり，こちら側の人間の間に何らかの共通性があることを見出し，「私たち」を同一グループだと認知したとき，自分を社会的アイデンティティのレベルで把握し理解

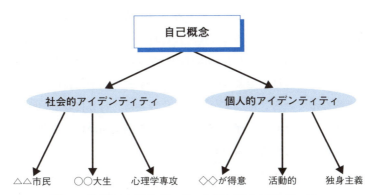

図6.1　社会的アイデンティティと個人的アイデンティティ

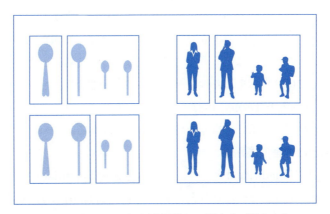

図6.2　自己カテゴリー化理論——「私」と「私たち」

自分をどのように理解するかは固定的ではない。私という他の誰とも異なる「自分」から全員類似しているときの「人類」まで，各状況において他との類似性や差異性などの布置によって変動する。
スプーン：上は持ち手の特徴による区分（デザイン化1：ストレート3）。
　　　　　下はサイズによる区分（大スプーン2：小スプーン2）。
人物：上は「私対他者」（個人的アイデンティティ）。
　　　下は「大人対子ども」発達段階による区分（社会的アイデンティティ）。

したことになる（図 6.3）。

　自己カテゴリー化理論によれば，人は環境・社会的文脈に即して自分をとらえ，他から屹立した個人であることと，ある包括的集団の構成要素の一つを成す者であることとの間を認知的にしなやかに行き交う。つまり，自己のとらえは参照枠との比較において行われる相対的で可変的なものであると示唆している。このような考え方は，他とは屹立した不変不動の固定的自己があるという考え方とは異なっている。自己カテゴリー化理論は，自分自身をどうとらえるかという問題だけでなく，心理的な集団の形成や内集団ひいきなど種々の集団現象をも射程とする広大な理論である。

　自己カテゴリー化理論は，さらに，社会的アイデンティティのレベルで自己を理解する際には，内集団を内集団たらしめている特徴を自分自身が強くもっていると知覚し，**自己ステレオタイプ化**（self-stereotyping）が起きることを示唆している。たとえば，同性同士で議論しているときには，意見の違いは個性の違いとして理解されるのに対して，異性間で意見対立が起き，しかも同性同士では意見が一致しているような場合，性カテゴリーが顕在化し，意見の違いは性によるもの（男性はそう考える，女性はこう考える）と認知される。そして，その後では，自らをより性ステレオタイプ的特徴をもったものとしてとらえていた（Hogg & Turner, 1987）。つまり，あるカテゴリーが顕著である場合には，その枠組みを用いて自分を理解する傾向がある。

6.1.3　自己と他者の境界線

　個人は英語では individual という。これは分割する（divide）に不可能を示す接頭辞（in）がついたものである。確かに身体的物理的には，個人はこれ以上分割できない最小単位であり，他から独立している。他方，心理的には私たちは時に他者と自分との境界線が薄れ溶け合うように感じることがある。アロンらは，人はさまざまなリソースを豊かにし効力感を高めるため自分を拡張したいと動機づけられているという，**自己拡張**（self-expansion）理論を唱えた（Aron & Aron, 2000）。自己拡張は主観的に他者を「自分」の中に取り込むことによって可能になる。主観的な自他の重なりの程度は IOS 尺度（図 6.4）によって測定され，多くの関連研究成果が発表されている。

　それによれば，親密関係にある人々は自分自身と他者が大きく重なり合って

6.1 自己の可変性　　　129

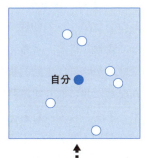

個人的アイデンティティ
（自己と内集団成員との間に知覚される差異が最大化したとき）

社会的アイデンティティ
（内集団成員の類似性が最大化し，外集団成員との差異性が最大化したとき）

図6.3　自己カテゴリー化（Turner, 1987より作成）

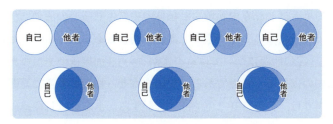

図6.4　IOS尺度（Aron et al., 1992）
あなた方の関係をもっともよく表している図を選ぶように，と教示した。自己と他者の重なりが大きくなるほど，報告される親密感や共行動が増大する。
(IOS 尺度：The Inclusion of Other in the Self Scale)

いる，あるいは心理的に融合していると感じる。たとえば，「そう言ったのは私だ」と発言や行動を巡って勘違いしたり，他者についての思考と自分についての思考を混同したりする（図6.5）。それは固定的ではなく状況によって変動し得る。他者とのつながりへの動機づけや情動を軸に，自己と他者の心理的境界線は時によって変動し得る，と考えるのである。たとえば，恋愛関係にある者でも倦怠期やけんか時には主観的重なりの程度が低減し「私は私」と感じ，他方音楽やゲームなどに共に取り組み熱中経験を共有したりする場合には，主観的重なりが増すと予測される（たとえばAron & Norman, 2000）。

個人だけでなく，集団もまた自己に取り込む対象となりうる。ある研究は，自分にあてはまる特性語を用いて内集団にあてはまるか否かの判断を求め，判断時間を分析した。そして，内集団への同一視が強い者は自分と内集団の切り分けが難しく混同が生じやすい，と報告している（図6.6）。

6.2 自己理解と他者理解

自己と他者との心理的境界が状況によっては流動的になり可変的であるとしても，他方事実として人は一人ひとり個体として存在している。個体として個別の身体的生物学的な制約条件を背負っているのである。その制約は，自分自身や他者の理解の仕方を方向づけ，そこから派生する諸現象を生み出す。

6.2.1 自己理解と他者理解の特徴

自分自身の場合は，思考や感情など個体の中で生じる心の活動について直接経験し意識でとらえることができる。無意識過程もあるからすべてというわけではないが，「○○問題については△△案がよい」「面接はいやだなあ」などと，自分の意識にのぼってくるのである。想いを寄せる他者に不意に遭遇したときの心臓の高鳴りは，自分自身は生で直接経験する。あるいは目標達成に向けての決意は自分自身で気づき得る。それは否定しがたいほどのリアリティ感を伴っているため，直感的に自己理解のために重用に値する情報とみなされる。他方，他者理解の情報となるその人の思考や感情などは，知覚者には直接感知したり経験することができないから，外から「読みとる」，すなわち現れ出た表情や行動などを手がかりに推論することになる（図6.7）。

プローニン（Pronin, 2009）は，自己理解と他者理解における思考や態度，

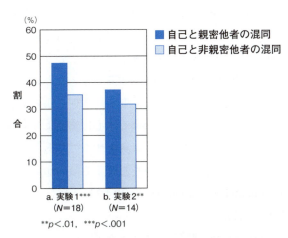

図6.5 **自他混同**（Mashek et al., 2003）
特性語に対して，「自分自身」「親密他者」などにあてはまる程度を判断する（学習期）。次に，先の特性語が呈示され，学習期に見たか否か回答し，「見た」場合には誰についての判断時かを答える。図は他者判断時に呈示された単語に対して，自己についての判断時だと回答するなどの自他混同が生じた割合を示している。

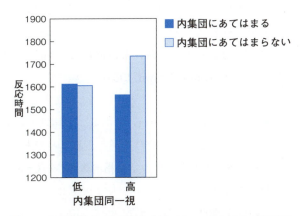

図6.6 **自己拡張――内集団と自己**（Tropp & Wright, 2001）
内集団を同一視する程度が高い者は，自分の特徴のうち内集団にはあてはまらない特徴をそのように判断するときに，判断が遅くなる。自分と内集団を厳密に切り分けて考えることの難しさの現れだと思われる。

感情，動機，意図など気づきを伴う心の中身すなわち内観（introspection）と行動の利用の仕方における特徴を4つに整理している（表6.1）。自分の内観重視は単に内観にアクセスしやすいというだけでなく，自分の心の中にあるものこそ「本当の自分」だという考え方を反映しているという。したがって，心の中にあるものと外に表出されたものが矛盾するとき，たとえば，「顔で笑って，心で泣いて」という場合，本当はつらく悲しいけど何らかの事情により仕方なく笑顔を作ったという意味であり，いわゆる本心は笑顔よりもつらい心情にあるとして，それに基づいて自分を理解しようとするのである。反対に，他者理解においては外からみえるその人の行動を重視する傾向があり，これは根本的帰属の過誤（fundamental attribution error）（2.4.2項参照）として知られている。

6.2.2 自己理解と内観

近年の研究は，自己の評価判断にさまざまな歪みが生じたり，他者評価判断とは異なるものとなりやすいことを示唆している。これは，自己理解の情報源として，内観に依拠する傾向と関わりがある。ここでは代表的なものをいくつか紹介しよう。

1. 平均以上効果と平均以下効果

人は自分を価値ある者と認めたいという動機（自己高揚動機）をもっている。鬱患者の自己は否定的であるが，多くの人々の自己概念は肯定的な方向に歪んでいる。むしろこの肯定的な歪み（positive illusion）こそ精神的健康の証であると考える研究者は多い（Taylor & Brown, 1988）。

非現実的なまでに好意的に歪んでいることの証拠としてしばしばあげられるのが，平均以上効果（above average effect）である。平均以上効果とは，自分を平均的な人より優れていると，大多数の人が考えることである。たとえば，運転スキル（Svenson, 1981），大学教員の学生指導スキル（Cross, 1977）について，自分のそれは平均より上だと回答する人は90％以上にのぼる。大多数が平均より上というのは論理的にはあり得ないから，これら自分を過大評価する傾向は自己高揚動機から生じる現象だと考えられてきた。

しかし，高揚傾向とは逆の，自分は平均より下だと考える平均以下効果（below average effect）の存在も確認されている。大半の人が「平均以下」というのは「平均以上」と同様に非論理的である。また，自分を悪く評価したが

6.2 自己理解と他者理解

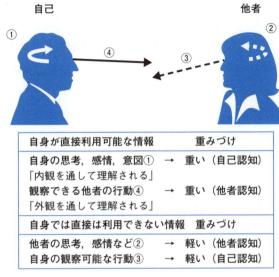

図6.7 **自分自身を見るとき，他者を見るとき**
(Pronin, 2009より改変)

表6.1 **内観イリュージョンの4つの要素**（Pronin, 2009を一部改変）

1. 自分のことを考えるときに，内観を利用する。
2. 自他非対象（他者のことを考えるときには，他者の内観にアクセスできない）。
3. 自分のことを考えるときには，行動を軽視する（他者について考えるときには，軽視しない）。
4. 自他の各内観がもつ重みに程度の違い（自分のそれは重んじられ，他者のそれは軽い）。

る動機というのは一般には考えにくい上，「高揚動機ゆえに平均以上効果を示す」人が他方で平均以下効果をも示すというのでは説明しがたい。

　では，自分は平均以上・平均以下だという回答を引き出す共通した要因の存在が何か考えられないだろうか。ある研究者は「困難／容易」「得意／苦手」という内観に注目した。「あなたは平均的な人に比べて」という問いに回答する際，前述のように自分の内なる情報を重視する傾向があるとするなら，平均以上と平均以下効果の双方に対して動機説によらない整合的説明を提供できる。すなわち，比較基準である平均的他者がどうであるかをあまり考慮せず，もっぱらこれは「難しい／簡単」という自分の感覚に基づいて反応するのである。ある研究は，容易なタスクでは平均以上効果，難しいタスクでは平均以下効果が同じ参加者から得られたと報告している（表6.2）。そしてスケールの中点を「平均的」とする直接法においては，回答者は他者を思考の外におき，自分はどうかについての内観に基づいて答えることも確認された（図6.8）。それゆえ，自分自身でこれは得意（苦手）だと思うときには，他者も得意か否かなどあまり考慮せずに「平均より上（下）」側の方を選択する傾向が生じる。

2. 自己理解と他者理解の違い

　ソクラテスをはじめ多くの賢人が自分を正しく理解することの重要性を説き，内面を見つめることを奨励してきた。内観を重用する自己理解の仕方は，「正確性」につながるだろうか。この問いは自己理解における「正確性」とは何かという深大な問題をはらんでおり，そう簡単には答えられない。

　仮に課題レポートを一度も提出せず，その度「生まれ変わったつもりで次回からきちんと取り組みます」という発言を真剣な顔で繰り返す学生がいたとしよう。この人物は「意欲的」だろうか，それとも「口先だけ」だろうか。私たちは他者を理解する際に，その人の行動をもとに判断する傾向がある。この人が強い決意（内観）の表明をしたとしても，行動と矛盾があれば内観表出の方を「信用ならない」情報と受け止め，実際にどう行動する（／しない）かこそ「正しい」本質的な姿の現れだとみなすだろう。

　ところが，自分自身の場合は逆に，行動よりも内観にウエイトをおく。今現在心の中にある思考や感情は疑う余地がないほど，自分にとってはリアリティ

6.2 自己理解と他者理解

表6.2 平均以上効果と平均以下効果 (Korbmacher et al., 2022)

能力	難易度	位置づけ	自己能力重み	他者能力重み
マウス操作	2.70 (2.63)	71.2*** (17.90)	0.29***	0.04
車の運転	5.19 (2.41)	65.2*** (22.08)	0.85***	−0.11**
自転車走行	4.14 (2.44)	61.0*** (20.48)	0.76***	−0.06
節約	6.63 (2.08)	62.9*** (21.10)	0.79***	−0.05
冗談	6.10 (2.06)	52.4 (22.63)	0.75***	0.04
チェス	7.74 (1.75)	41.0*** (27.00)	0.82***	−0.03
ジョグリング	7.64 (1.97)	32.0*** (27.67)	0.59***	0.18**
プログラミング	8.29 (1.74)	40.7*** (29.22)	0.83***	−0.06

位置づけ：パーセンタイル
自己能力重み：自分の位置づけ判断時に，自分の出来をどの程度考慮したか。
他者能力重み：自分の位置づけ判断時に，他者の出来をどの程度考慮したか。

難易度の高いものでは位置づけが低く平均以下効果，逆に低いものでは位置づけが高く平均以上効果が生じる。しかし，どちらも他者の出来はほとんど考慮されておらず，主に自分の出来の感覚に基づいて相対的位置づけを回答していることが読みとれる。

(a) 直接法
平均的大学生と比べて，あなたの数学能力をどう評価しますか。

1 2 3 4 ⑤ 6 7
平均より下　　　　平均　　　　平均より上

(b) 間接法
あなたの数学能力をどう評価しますか。

1 2 3 4 ⑤ 6 7
ひどい　　　　優れている

平均的大学生の数学能力をどう評価しますか。

1 2 3 ④ 5 6 7
ひどい　　　　優れている

(c) パーセンタイル法
私の数学能力は，大学生の中 ___58___ ％ くらいの位置かそれより上である。

図6.8 平均以上効果・平均以下効果の測定法

をもつものだからである。そして，「本当の自分」は心の中にあると考える。ある実験は，氷水に手をつけている時間（分）に応じてお金が慈善団体に寄付される，という状況設定の下行われた。参加者はできる限り多額の寄付ができるようにしたいと考えたが，実際には氷水につけている痛さに堪えきれずごく短時間で手を引き上げてしまった。それにもかかわらず，参加者（行為者）は「自分は慈善的だ」と内観に基づいた自己理解を示した。他方，傍らの観察者は短時間で中断してしまった行為者を「あまり慈善的でない」と評価（他者理解）した。自己理解と他者理解が食い違うのは，自己理解がアクセス可能な内観，ここでは「頑張ってたくさん寄付しよう」という善良な意図に重きをおいたものであったのに対して，観察者は行為者の実際の行為（浸水時間）に基づいて他者を理解したことが伺える（表 6.3）。

　内観に依拠し行動を軽視する自己理解傾向は，上記のように「意図の存在」と「行為の不在」とのズレがある場合だけでなく，反対に「意図の不在」と「行為の存在」とのズレの場合にも働くようである。内観を探っても（例：「揶揄する，差別する」）「意図」が自分の中に見当たらないとき，行為としては行っていても，自分は「いじめていない」「差別的ではない」などと理解・判断を下す傾向が生じる。いじめや差別の問題解決の難しさは，一つには加害者側が自分の行為を十分に考慮に入れた自己理解の難しさにあるのかもしれない（無論，悪意にみちた意図的行為としてのいじめや差別というものもあるだろう）。

　将来の自分や過去の自分など「今ここ」の自分自身と時間的心理的な距離がある場合，リアリティのある鮮明な内観は利用困難になりやすく，自分自身のことであっても他者について考えるときと大きな違いはない（図 6.9）（第 2 章コラム参照）。

6.3　ナイーブ・リアリズム

6.3.1　内観とナイーブ・リアリズム

　内観に強く依拠する傾向は狭義の人物査定だけでなく，広く物事の理解にもあてはまる。自分は物事をあるがままにとらえている，あるいは私がみているのは事実そのものだと信じることを，ナイーブ・リアリズム（naïve realism）という。

表6.3 善良意図と慈善 (Kruger & Gilovich, 2004)

評定者	浸水時間（行為）	愛他性（特性認知）	愛他意図（意図）
自 己	41	62	63
他 者	54	54	59

数値は，他者との直接比較を表す（50＝他の人と同じ）。

評定者	浸水時間（行為）	愛他意図（意図）
自 己	−.13	.85*
他 者	.59†	.09

†$p<.10$, *$p<.05$

行為者の慈善性（愛他性）評定は，行為者自身は愛他意図に，観察者は行為（実際に手をつけた時間の長さ）に重きをおいて判断した（重回帰分析）。

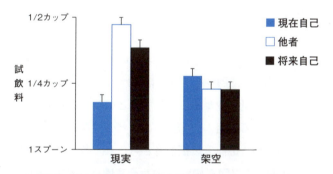

図6.9 現在の自己，将来の自己 (Pronin et al., 2008)
安全だが変な味の飲み物を摂取し気分の効果を検討するという名目のもと，異なる参加者群がそれぞれ自分，他者，将来（次学期）の自分が摂取する量を回答する。図の左側は実験室実験でリアリティをもたせたときの，右側は架空状況時の結果である。現在の自分は変な味の飲料を少ししか飲めないと考えるのに対して，将来自己と他者間には違いがなく，より多く試飲できるだろうと考えた。リアリティを欠く架空条件では対象間で違いは認められない。

ナイーブ・リアリズムは次の3つの公理を導く（表6.4参照）。

1. 私は客観的現実世界の物事をそのまま直に把握している。

　主観的理解把握を「真実」や「現実の世界そのまま」直にとらえていると信じる。実際は感情や期待，これまでの経験を織り込み感覚認知器官によって構成されたものである。

2. 他者も合理的な人であるなら，私と同様の理解をするはずである。

　なぜなら真実をありのまま歪みなくとらえると，同じ理解に至るはずだからである。

3. 物事に対して私とは異なる見方をする人／集団がいるとすれば，次のいずれかである。

①誤った情報をもとにしているか，情報が不足している。

②筋道を立てて思考する能力がないか，怠惰でそうする気がない。

③または，自己利益やイデオロギーなどのために歪んだ考え方をする人である。

6.3.2　公理1，公理2の実証的研究

1.　合意性バイアス

　大学生を対象とした次の実験は，公理1，公理2を示している。「食事するなら○○食堂」と書かれたボードを自分の身体の前後につけて，キャンパス内を歩き回るよう参加者に依頼する。「研究目的は，キャンパス内の学生から否定的あるいは肯定的な意見を収集すること」だと思わせる教示を与える。そして，①この依頼を受諾するか否か，②他の人はどのくらい応じると思うかを参加者に尋ねた。その結果，応諾者・拒否者どちらも，多くの人は自分と同じ選択をするだろうと予測した（図6.10）。これは合意性バイアス（false consensus）と呼ばれる現象である（2.5節参照）。

　これがナイーブ・リアリズムと関係があるとはどういうことか，ロスはこう説明する（Ross & Ward, 1996）。要請に応諾する人は，他の学生から「後でその店に行くよ」などの肯定的反応が得られ楽しい仕事だと考え，拒否する人は宣伝マン姿をからかわれたり無視されたりする忌まわしい仕事だと思い，実際そうなるはずだから他の人も同様の選択をするだろう，と推測する。すなわち，一つの仕事ながら一方は愉快な仕事，他方は嫌な仕事だと受け止め，個人的主観的にそう思ったのではなく現にその仕事それ自体がそうなのだととらえたこ

表6.4　ナイーブ・リアリズムの3つの公理（Pronin et al., 2004）

1. 私は客観的現実世界の物事をそのまま直に把握している。
2. 他者も合理的な人であるなら，私と同様の理解をするはずである。
3. 物事に対して異なる見方をする人／集団がいるとすれば，次のいずれかである。
   ①誤った情報をもとにしているか，情報が不足している。
   ②筋道を立てて思考する能力がないか，怠惰でそうする気がない。
   ③または，自己利益やイデオロギーなどのために歪んだ考え方をする人である。

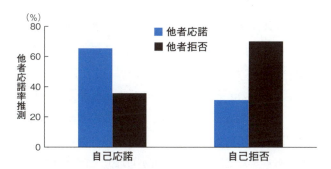

図6.10　合意性バイアス（Ross et al., 1977）

とになる。

2. タッピング研究

個人の主観的経験を「現実」だと受け止めるナイーブ・リアリズムを具体的に示すものとして，ロスは次のような実験を紹介している（Ross & Ward, 1996）。2名1組で1名はタッパー，他の1名はリスナー役になって，机をはさんで向かい合わせで着席する。タッパーは，誰もが知っている有名で単純な曲を声を出さずに指先で机をタッピングしながら奏でる。タッパーはリスナーがその曲名を言い当てる確率を，リスナーは曲名をそれぞれ回答する（図6.11）。その結果，タッパーは平均で約50％と回答したが，リスナー側は総計120回の試行中言い当てることができたのは3回つまりわずか2.5％であった（図6.12）。タッパーは指を動かしながら，頭の中では音楽が鳴り響いていたはずである。対するリスナーは，ジャンルもコードもメロディもわからずタップ音だけを聞く。このとき，対峙する2人の主観的世界は大きく隔たっているが，タッパーは曲によって喚起される情感を伴った自分の豊かな世界が，伝わるのは貧弱な刺激だけというリスナー側の世界とは異なっていることに気づきにくいのである。自分と異なる視点や感覚を推測するのは，とても難しいことがわかる。

6.3.3 公理3の実証研究

ナイーブ・リアリズム3番目の公理は，自己と他者の理解の違いに対する解釈の問題である。自分が把握しているのは「現実そのもの」であり，もしそれを否定する人がいるとすれば，それは「頭が悪い」「常識がない」「歪んだ」「偏った」「知ろうとしない」といった類いの人だとしか考えられない，これが公理3の示唆するところである。自己と他者のものの考えや見方が一致しないとき，相手の方が間違っている，あるいは理解が足りないと思うのは日常的に観察される現象である。ただ，これを正面から取り上げた研究は少ない。

ロスによる次の研究はその中の一つである。アラブ支持とイスラエル支持という対立的意見をもつ参加者に，どちらの立場にも立たない中立的なニュースを呈示し評価を求めたところ，双方ともそれを対立意見側に「偏っている」とみなした（図6.13，図6.14）。これは自分のスタンスにそぐわないものを歪んでいるとみる確信の現れといえるだろう。

自分と相手側の間に意見や態度の違いがあることが判明したとき，それがち

図6.11　タッピング実験の略図

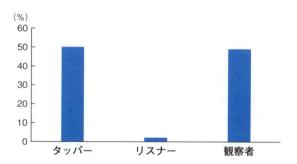

図6.12　タッピング実験の結果（Ross et al., 1996）

タッパーに与えられた課題は，誰でも知っている有名な曲のリストの中から任意の曲を選んで無言でタッピングすること，そしてタッピングを聞いた人が曲名を当てることができるかを推測する．リスナーは，タッパーがタッピングした曲の名前を回答する．タッパーは，平均して50％くらいはリスナーは分かるだろうと推測したが，リスナーが実際に曲名を正答できたのはわずか 2.5％であった．タッパーが楽観的な特性のせいで高めの予測をしたわけではないことの確認のため，曲名を知らされた観察者にリスナーの正解率を推測させたところ，平均50％となった．つまり，曲名を知っているタッパーと観察者は，タッピングをしたり聞いたりしながら頭の中ではその曲が鳴り響いた状態となる．そして，今進行中の経験を手がかりとして，タップ音しか判断材料がないリスナーの正解率を推測したと考えられる．

ょっとした勘違い，不注意などで生じている，だから相手の意見を簡単に変えることができる，と考えることはあまりない。たとえば，「あのように主張するのは，もともと自分の利益しか考えない人だからだ」というように，他者の態度や行動はその人固有の特質から発していると考える根本的帰属錯誤が生じるからである。また，自分に勘違いや不注意があり間違っている意見や態度を変える必要がある，と思うこともあまりない。自分は思考の中にあるいくつかの「根拠」「証拠」に立脚していると内観が語るからである。そうして，自分の偏向には気づかず専ら相手側に非があるからだと考えるに至る。

　特に利害が絡む重大な事案で1つの結論を得なければならないときには，相手の「偏向」は許しがたく感じ，両陣営とも相手が意見や態度を変えて譲歩すべきだと思い，変えようとしないことに怒りをおぼえる。そのため，引き返すことが困難な敵意や憎悪が生まれることになる。このように，個人，集団いずれの場合においても，誤解や対立，葛藤や紛争につながり得るのである。

コラム　あくび伝染と共感性

　たいていの人はあくびをする。あくびとは口を大きく開けて深く息を吸い，その後吐き出す6秒ほどの不随意的生理現象である。一般に，あくびは眠気や退屈と結びつけられてきた。会議中にあくびを繰り返す人がいたなら，「モチベーションが低い人」という評価を受けるかもしれない。しかし，演奏家が控え室で待つ間やアスリートが大事な競技会に出る前など，緊張時にもあくびが出やすくなることが知られるようになり，現在では眠気や退屈時に酸素を取り込むための行動という見方は否定されている。あくびが出る理由について有力視される説はいくつかあるものの，まだ完全には明らかになっていない。

　さて，ここではもう一つのあくびを取り上げてみよう。それはあくびの伝染（伝染性あくび：contagious yawning）である。自然発生的で自発的な生理現象としてのあくびとは異なり，こちらは他者のあくびという社会的刺激が引き金となって，あくびが生じるという現象である。ある研究によれば，あくびの映像を30回5分間にわたって見せた場合55％の人があくびをしたが，笑顔の映像では21％であった（Provine, 2005）。

　なぜ個人の生理的身体的現象が他者へと伝染するのだろうか。ここ数十年，あくび

コラム　あくび伝染と共感性

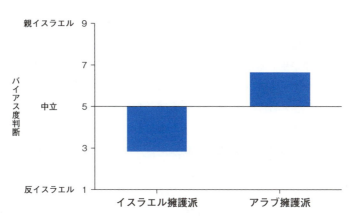

図6.13　ナイーブ・リアリズム（アラブ問題）（Ross et al., 1996）
中立となるように構成された記事に対して，アラブ擁護派はイスラエル寄りに，イスラエル擁護派はアラブ寄りに偏向していると評価した。

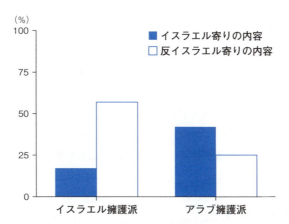

図6.14　立場によるニュース記事への見え方の違い（Ross et al., 1996）
ある1つのニュース記事を読んで，イスラエル擁護派はその記事の中にイスラエルに敵対的な視点に立つ部分が多いと受け止めた。これに対して，アラブ擁護派は反対にイスラエル側の視点に立つ部分が多いと受け止めた。双方とも，メディアは相手方の立場を支持しているとして偏向的だと評価することになる。これは，読む人の立場によって，1つの事項の理解の仕方が大きく異なることを示している。

伝染がなぜ起きるかについてさまざまな研究がなされてきた。主要な説は 2 つある。一つは感情バイアス説（Emotional Bias Hypothesis：EBH），もう一つは注意バイアス説（Attentional Bias Hypothesis：ABH）である。EBH では，他者の感情の共有を介してあくび伝染が生じると考える。ただし皆が必ず伝染するというわけではない。あくびの伝染しやすさに関わる要因の一つとして，共感性が注目されてきた。あくびをする人の心の状態を感じとり，自分の心も同じような状態になりやすいからではないか，というのである。実際，見知らぬ人や単なる知人よりも，家族や友人といった感情的結びつきの強い場合に，あくび伝染がより生起しやすいと報告されている（Preston & De Waal, 2002）。また，チンパンジーは外集団より内集団の個体の，飼い犬は飼い主のあくびが伝染しやすいという結果も EBH を支持する証拠とされている。さらに，自発的なあくびは胎児や乳児においてみられるものの，あくび伝染は他者の心を理解できる就学期近くになってから急速に生起するようになるという発達的知見も，EBH 説を支持する。

　他方 ABH は，あくび伝染は基本的に知覚―運動系反応であると考える。すなわち，ミミクリー（模倣）の一種で，感情ではなく行動の伝染だというのである。では，なぜ親密な方が伝染しやすいという違いが生じるのか。ABH 説に立つ研究者は，親しい対象には親しくない対象に比べてより注意が向きやすいからだという（Massen & Gallup, 2017）。多くの研究を概観した報告によれば，親しい場合にはより伝染しやすいという結果がある一方，ニュートラルや逆に親しくない方が伝染しやすいという結果もあり，一貫していない。あくび伝染に関しては，神経科学をも巻き込んで EBH と ABH 間の論争が現在も続いている。

　このような中，最近進化論的観点から表情全般の伝染を視野に入れて，2 つの説の間に架橋を試みる理論が登場した（図 6.15）。(a) ある外部の刺激に接したとき，各個人に同じような反応が生じることがある。たとえば，ヘビを見た人それぞれに嫌悪表情が生じる。(b) やがて進化の過程で，ある人 X の自発的表情が，それを知覚した人 Y にとって刺激となり，同じ表情動作を誘発するようになった。それは，行動や動作が個体間や集団内で同期しやすくなるという利点をもたらした。(c) X のある感情状態から生まれる顔の動きは，それを見た知覚者 Y の顔に同様の表情動作を作り出す（動作感染）。Y に生じたその表情動作は，対応する感情状態を Y にもたらす。たとえば，X は嫌悪を感じ，顔をしかめる。それを知覚した Y の顔に同じ表情が生じる。すると Y は嫌悪感情を感じ，結果として X と Y の間で「感情伝染」がおきたこ

コラム　あくび伝染と共感性

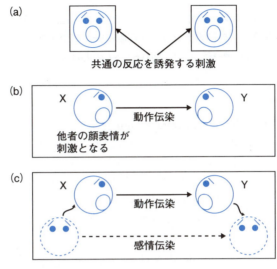

図6.15　あくび伝染（Palagi et al., 2020）
【感情伝染への進化論的説明】
(a) ある外的刺激に対して，各人が同じような反応を示す。
(b) ある人 X の自発的表情表出が，知覚者 Y の刺激となり同様の表情を誘発する（動作伝染，動きが動きとして伝染する）。
(c) 動作から感情伝染へ。Y において単に動作パターンが再現されるだけでなく，その動きによって対応した内的感情状態が再現され，結果として感情伝染が生じる。

とになる。

　嫌悪表情の動作パターンが別個体上で再現されただけでは，サバイバル上あまり意味がない。嫌悪表情が生じることにより危険を感知できれば，それは生存にとっての有用情報となり，生態学的な意味をもつに違いない。他者の内的状態が直接伝染するのではなく，動作パターンを経由して伝染するというこの説は，佐伯ら（1990）による「動きと心の連動」と重なり，謎が多いあくび伝染について，従来の感情か動作かの二分法的議論を統合できる可能性がある。同時に，心の身体性研究への新たな道を切り拓く契機となるかもしれない。

参考図書

ターナー，J. C.　蘭 千壽・磯崎 三喜年・内藤 哲雄・遠藤 由美（訳）（1995）．社会集団の再発見──自己カテゴリー化理論──　誠信書房

エプリー，N.　波多野 理彩子（訳）（2015）．人の心は読めるか？　早川書房

one point

▲メタ・コントラスト比（meta-contrast ratio）

　メタ・コントラスト比は，カテゴリーが形成される際の原理に関わるものであり，刺激の類似性認知を決定づけるものである。つまり，あるカテゴリーとして1つにくくられる「ひとまとまり」とされるものとそれ以外のものとの差異と，「まとまり」の中での差異との比率である（Turner, 1987）。「まとまり」内差異が，「まとまり」外差異に比べて小さいと認知されるとき初めて，それはリアリティのあるまとまりとしてカテゴリー化される（図5.3 参照）。ターナーのこのようなカテゴリー形成の考え方は，概念研究でロッシュ（Rosch & Lloyd, 1978）によって展開された家族的類似性（family resemblance）の影響を受けている。

人間関係 7

　私たちは，さまざまな他者と関係をもちながら日々の生活を送っている。他者と関わることは，私たちに多くの喜びや楽しみをもたらしてくれる。しかしながら，その一方で，友人関係や恋愛関係に悩んでいる人は多く，また，近年では，職場や地域社会における人付き合いの難しさを訴える声もしばしば聞かれる。人情の機微や人間関係のあやを知りたいというのは，多くの人の願望ではないだろうか。

　したがって，社会心理学も，人間関係の種々の局面について，これまで多くの知見を提供してきた。たとえば，友情や恋愛は何がきっかけとなって生まれるのか，他者との関係はどのようなプロセスを経て深まっていくのか，さらには，相手と良い関係を維持していくにはどうしたらよいのかなど，これまで取り上げられてきたテーマは多岐にわたる。

　本章では，これまでの研究成果に基づき，人間関係の成立とその維持，発展には，どのような要因が関与しているのか，また，その背後にはどのような原理が働いているのかという点を中心に，人間関係を巡る諸問題について解説する。

7.1 関係の成立

　長い人生の間に私たちは実に多くの人たちと知り合う。その中には，ある出会いがきっかけで，その後長く付き合うようになる人もいるだろう。そのような場合には，その相手に何らかの魅力を感じていることが多い。では，他者に対する魅力ないし好意が形成される条件とは何であろうか。

7.1.1　パーソナリティの特徴

　人物の魅力は，その人のパーソナリティの資質に負うところが大きい。万事に肯定的な態度を表明する人，人に好意的なしぐさ（微笑む，見つめる）をよくする人は，あたたかみを感じさせるため人に好かれやすいという知見がある（Folkes & Sears, 1977; Friedman et al., 1988）。また，完璧であるより少しは失敗する人の方が，人間味を感じさせ好かれることを示した研究もある（Aronson et al., 1966）。アンダーソン（Anderson, 1968）は，米国の大学生を対象にどのようなパーソナリティの人が好まれやすいかを調査したが，「誠実」で「正直」な人がもっとも好かれることが明らかにされている。同じ調査を齊藤（1985）が日本の大学生にも行っているが，日米の大学生の傾向は大筋においては一致していた。ただし，米国の大学生が知性の高さを重視していたのに対し，日本の大学生は「思いやり」や「やさしさ」に重きを置くという微妙な差異も見出されている（表 7.1）。対人魅力の基準が，社会や文化あるいは時代の影響を受けることがうかがえる。

7.1.2　身体的特徴

　一方，身体的特徴が魅力に関係することも，たびたび指摘されてきた。それは，好ましい外見が好ましい資質と結びつけられやすいからである（Dion et al., 1972; Feingold, 1992; Cummingham, 1986）。たとえば，ベビーフェイス効果（baby face effect）に関する研究では，幼児的特徴をもった顔は，「かわいい」という感情を引き起こしやすく，そのような顔の人は，あたたかくて，正直で，素直だとみられやすいことが示されている（Berry & McArthur, 1986）。他方，これと対照的な特徴をもつ成熟した顔の人は，「美しい」という感情を生起させ，異性としての牽引性が高いと考えられている（大坊，1996；図 7.1）。なお，身体的魅力の高い美男美女がデートの相手として選択されやすいことは，繰返

表7.1 好まれるパーソナリティと嫌われるパーソナリティ（齊藤，1985を一部改変）

順位	アメリカの大学生 好まれるパーソナリティ	アメリカの大学生 嫌われるパーソナリティ	日本の大学生 好まれるパーソナリティ	日本の大学生 嫌われるパーソナリティ
1	誠実な人	うそつき	思いやりのある人	ずるい人
2	正直な人	いかさま師	誠実な人	人をさげすむ人
3	理解のある人	下品な人	やさしい人	卑劣な人
4	忠実な人	残虐な人	気さくな人	ごう慢な人
5	真正直	正直でない人	寛容な人	うそつきの人
6	信用できる人	信用できない人	頼りになる人	ゴマをする人
7	知的な人	不快な人	たのしい人	意地悪な人
8	頼りになる人	意地悪な人	明るい人	自分勝手な人
9	心の広い人	卑劣な人	さっぱりした人	無責任な人
10	思慮深い人	だます人	すなおな人	強要的な人

米国の大学生は，アンダーソン（Anderson, 1968）が555のパーソナリティ形容詞を用意し，その好意度を評定させた結果に基づいている。日本の大学生は，類似の調査を齊藤（1985）が行った結果に基づいている。

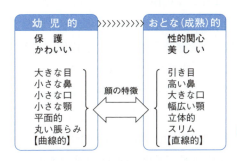

図7.1 顔の特徴と魅力
（大坊，1996を一部改変）

表7.2 交際相手の選択を規定する要因（松井・山本，1985）

群 (n)	相関係数 全体 (973)	標準偏回帰係数 全体 (973)	標準偏回帰係数 自尊心高群 (340)	標準偏回帰係数 自尊心低群 (355)
受容の可能性	.14**	.06†	.03	.07
P1 家庭的印象	.06	.06†	.12*	.03
P2 美しさ	.35**	.35**	.40**	.29**
P3 活発さ	.16**	−.01	−.11*	.07
P4 しっかりさ	.13**	−.00	−.03	.05
R^2		.13**	.14**	.14**

†$p<.10$, *$p<.05$, **$p<.01$, pは有意水準を示す。
R^2は上記5つの変数でデータの分散を説明できる割合を示す。
男子大学生に10人の女性の写真を呈示し，印象を評定させ，交際したい相手を1人選択させている。相関分析でも重回帰分析でも美しさの規定力が突出して高い。また，自尊心の高い男性ほどそれは顕著である。受容の可能性は自分の誘いを受け入れてくれそうかどうかを尋ねている。

し確認されている（Walster et al., 1966; Green et al., 1984; 松井・山本，1985；表7.2）。

7.1.3 類似性

「類は友を呼ぶ」といわれるように，類似性（similarity）が好意を引き起こすことはよく知られている（類似性-魅力仮説）。自分と同じ意見の人がいるとわかれば，自分の考えの妥当性を確認できるし（合意的妥当化；consensual validation），そのような相手とは快適な相互作用が予期できるからである。また，認知的均衡理論（第3章参照）に照らしても，好みや価値観の似ている相手とは快適な均衡状態を維持できる。バーンとネルソン（Byrne & Nelson, 1965）は，自他の態度（意見や考え方）の類似性の比率に比例して他者の魅力が高まることを示す証拠を提出した（図7.2）。なお，類似性と魅力の関係は，態度に限ったことではなく，他のさまざまな属性（人種，性別，学歴，パーソナリティなど）においても認められる。ただし，パーソナリティに関しては，自分と異なるパーソナリティの人に魅力を感じるという説（相補説；Winch et al., 1954; 長田，1987参照）や，類似性に関係なく社会的に望ましいパーソナリティの人が好かれるという説もある（中里ら，1975；図7.3）。しかし，結婚している夫婦や交際中のカップルは，さまざまな面で似ている（釣り合っている）ことが多いことから（釣り合い仮説；matching hypothesis），類似性の規定力はかなり強いと考えられる（Hill et al., 1976; Stevens et al., 1990）。

7.1.4 熟知性

繰返し相手に会う（相手を見る）だけでも好意は生ずる。以前会ったことのある人だという感覚（既知感）がある種の快感を引き起こすからである。これを単純接触効果という（mere exposure effect；Zajonc, 1968; Moreland & Beach, 1992；図7.4；第4章も参照）。ただし，この効果は，少なくとも会って（見て）不快でない人の場合にしか生じない（Perlman & Oskamp, 1971）。興味深いのは，主観レベルで既知感が伴わなくても，この効果が現れる点である（Bornstein, 1989）。これは，過去経験が意識下で直接対人魅力を規定し得ることを示唆している。

7.1.5 近接性

遠く離れた所にいる人よりは，近くにいる人の方が親しくなりやすい。それ

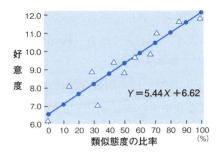

図7.2 態度の類似性と対人魅力
(Byrne & Nelson, 1965)
参加者は，まず態度質問紙に回答し，その後，他の人（架空）の記入済みの回答用紙を見て，その人に対する好意度を答えている。回答内容の類似度が人為的に操作されていたが，参加者の態度との類似率が高くなるほど魅力が増している。

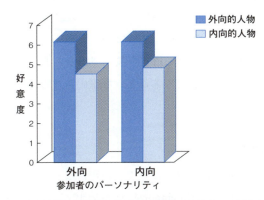

図7.3 パーソナリティの望ましさと対人魅力（中里ら，1975を一部改変）
パーソナリティ（外向性－内向性）を測定する質問紙に参加者自身が回答する。その後，同じ質問紙への2人の未知の人物（架空）の回答結果を見て，両人物に対する好意度を答える。2人のうち1人は外向的人物として，もう1人は内向的人物として構成されている。参加者自身のパーソナリティに関係なく，一般に社会的に望ましいと考えられている外向的パーソナリティの人物が好まれていることがわかる。

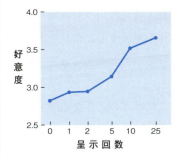

図7.4 顔写真の単純接触効果（Zajonc, 1968）
参加者はさまざまな人物の顔写真を繰返し見せられ，後で写真の人物に対する好意度を評定する。写真の呈示回数が多いほど好意度が増大している。

は，近くにいる人の方が顔を合わせる機会が多いため単純接触効果が生じやすいこともあるが，会うのにかかるコスト（時間，費用，労力）が少なくてすむというのが大きいと考えられている。フェスティンガーら（Festinger et al., 1963）は，アパートの住人が同じ階のすぐ隣の人と親しくなりやすいことを（図7.5，図7.6），また，シーガル（Segal, 1974）は，訓練学校の生徒が教室での座席や寮の部屋が近い相手と友人になりやすいことを実証している。

7.1.6　報　酬　性

　自分にさまざまな報酬をもたらす相手にはやはり好意を感じるものである。社会的是認や評価もその一つである。アロンソンとリンダー（Aronson & Linder, 1965）は，自分をけなす人よりはほめてくれる人に好意をもつこと，ウォルスター（Walster, 1965）は，自信を失っているときに好意を示してくれた相手に強い魅力を感じるようになること（好意の自尊理論）を実験的に明らかにしている（図7.7）。

7.2　関係の発展

　人と人の関係はどのように進展していく（親密になっていく）のであろうか。レヴィンジャーとスヌーク（Levinger & Snoek, 1972; 長田，1987より）は，対人関係は一方的で表面的なものから，次第に相互的で内面的なものに変化していき，最終的には一体感の確立が目指されると述べている。マーンスタイン（Murnstein, 1977）は，SVR理論を提案し，関係を3段階に分け，やはり一方的なものから相互的なものに変化することを示している（表7.3）。また，テイラーやアルトマンの提唱した社会的浸透理論（social penetration theory）によれば，関係初期においては，二者の間で行われる相互作用（会話等）はごく限られた領域の表面的なものにとどまるが，関係が進展するにつれ，次第にその領域が広がり，内容も内面的で深いものになっていくと考えられる（Taylor, 1968; Taylor & Altman, 1987；図7.8）。

　ところで，関係が親密になっていくとき，そこにはどのような心的メカニズムが働いているのだろうか。関係の進展（親密化）には自己開示（自分に関する事柄を相手に伝える行為）が重要な機能を果たしていることは従来より指摘されているが，ライスとシェイバー（Reis & Shaver, 1988）は，自己開示によ

7.2 関係の発展

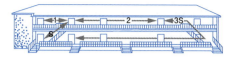

図7.5 アパートの見取り図（Festinger et al., 1963）
図中の1，2及びS，3Sは，物理的距離の単位（戸口の数）を表している。

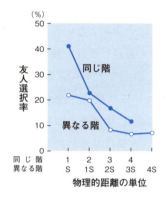

図7.6 部屋の近さと友人の選択率
（Festinger et al., 1963）

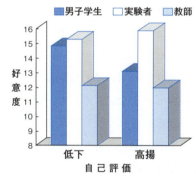

図7.7 好意の自尊理論（Walster, 1965）
女子学生にパーソナリティ検査を受けてもらい，その結果を知らせる。検査結果が良かった自己評価高揚群に比べ結果が悪かった自己評価低下群の方が，待ち時間にデートに誘ってくれたサクラの男子学生に対する好意度が高くなっている。

表7.3 SVR理論（Murnstein, 1977）

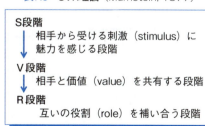

って二者関係の親密さが増していくさまを詳細に記述している（図7.9）。それをみると，開示を受けた側が共感的に反応することで，開示者の側に自分が相手に受容されているという感覚が生じ，それによってさらなる自己開示へと動機づけられ，関係が進展していくことがわかる。

7.3 関係の維持と崩壊

　友情や恋愛，そして幸福な結婚が長く続くことを願わない者はいない。しかし，そうした願いとは裏腹に，成立した関係の維持に失敗し崩壊してしまうケースも多い。関係の持続と崩壊に関しては，説明モデルもいくつか考案され，それらに基づく実証的研究も盛んになされている（飛田，1996）。それらの背景にある理論は，ホーマンズ（Homans, 1974）に源流をもつ社会的交換理論（p.170参照）である。社会的交換理論では，人間は基本的に利己的であるとの前提に立ち，人は他者との相互作用から生ずる利益を最大化しようと動機づけられていると考える（利得最大化原理：9.1.2項参照）。

7.3.1　投資モデル

　投資モデル（investment model）とは，主として恋愛関係を説明するために，ラズバルト（Rusbult, 1980）が考案したものである（図7.10）。これによると，関係を継続しようという意図（関与度）は，現在その関係にどれくらい満足しているか，それまでその関係にどれくらい投資してきたか，そして，他にどれくらい魅力的な代替関係が存在するかの3点が考慮されて決定される。満足度は，現在の関係から得られる報酬からコストを差し引いたもの，つまり利得の大きさによって決まり，利得が大きいほど満足度は高くなる。ただし，この満足度は，個人の過去経験に基づいて形成された基準（比較水準）に照らして算定される。また，投資には，これまで費やしたコストだけでなく，関係解消によって失う報酬も含まれる。人は，現在の満足度が低くても関係を解消するとは限らない。それまで注ぎ込んだ投資が大きかったり，代替関係から得られる利得が少ないと予想されるときは，現在の関係を継続しようとする。逆に，現在それほど不満がなくても，代替関係が非常に魅力的であれば関係継続の意図は低下する。

7.3 関係の維持と崩壊

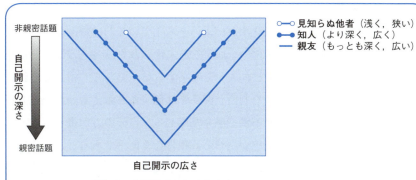

図7.8 自己開示の深さと広さ (Taylor et al., 1994)

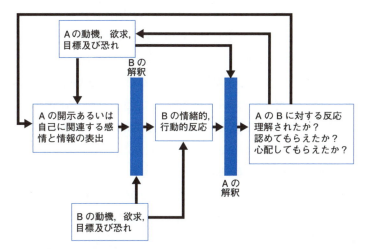

図7.9 自己開示による親密化過程 (Reis & Shaver, 1988)
Aによって開示された内容をBが自分なりに解釈し反応を示す。その反応を見たAは自分が共感してもらえたと感じ新たな自己開示へ動機づけられ、親密化が進行する。

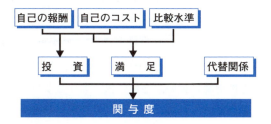

図7.10 投資モデル (Rusbult, 1980；奥田, 1996を一部改変)

7.3.2 衡平モデル

人は，単に自分の利益を最大化すればよいと考えているわけではない。ウォルスターら（Walster et al., 1976）によって定式化された衡平モデル（equity model）では，人は自己の報酬とコストを考慮するだけでなく，相手のそれと自分のとを比較して衡平か否かを判断し関係を評価すると考える。自分の方が損をしているとわかると，当然不満や怒りを感じる。自分の方が得をしている場合は，申し訳ないという罪責感が生じる。損得なく衡平であるとき，喜びと満足を感じることができる。したがって，衡平な関係がもっとも心理的苦痛が少なく安定する（図7.11）。そして，関係が不衡平であるとき，人は衡平状態を回復しようと試みるが，それが困難だとわかると関係自体を解消しようとする。このモデルは，友人関係や恋愛関係を中心に多くの実証的データが蓄積されている（諸井，1996）。それらによると，関係満足度や情動状態と衡平性との関係は概ね理論に一致する結果が得られているが（Sprecher, 1992），関係の安定性については，不衡平性の認知が関係継続の意図を弱める傾向はあっても，実際の関係終結を予測することを示した証拠はあまり得られていない（Lujansky & Mikula, 1983; Cate et al., 1985）。むしろ，報酬水準の規定力が強く，利得最大化原理の方が衡平原理に勝ることが示されている（Cate et al., 1982）。また，恋愛関係を扱った井上（1985）では，結婚が不衡平解消の一方策ととらえられるときは，衡平であるより若干不衡平である方が結婚への意思が強まるという興味深い知見も得られている。

7.3.3 互恵モデル

人間社会には，報酬を受け取った人は与えた人に対してお返しをしなければならないという社会規範が存在する（9.1.1節参照）。これによって，人々が相互に報酬を与え合う互恵性（reciprocity）が生じる（Gouldner, 1960）。奥田（1994）は，対人関係過程もこの互恵性によって説明可能であるとした（表7.4）。自分がコストを払って相手に報酬を与えれば，相手には喜びや満足が生じる。相手は，互恵性規範に従い，それに報いようと多少のコストはかかっても必ず自分に報酬を与えてくれる。そして，自分も喜びと満足を得ることができる。このような相互循環過程が維持されている限り関係は持続するが，これに支障が生じると関係は崩壊する。この互恵モデルでは，互恵性を信じ相手に

7.3 関係の維持と崩壊

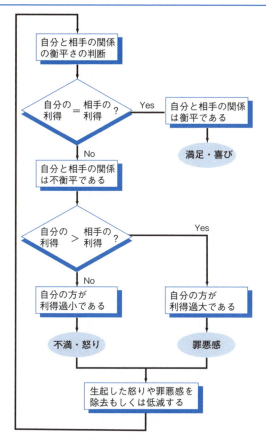

図7.11 衡平モデル

表7.4 恋愛関係における互恵性 (奥田, 1994)

男 性	女 性					
	報酬	コスト	コミットメント	満足	怒り	罪悪感
報 酬	.45**	.28**	.46**	.35**	−.09	.09
コスト	.33**	.35**	.31**	.31**	−.11	−.10
コミットメント	.31**	.12	.64**	.29*	−.08	.01
満 足	.36**	.20*	.37**	.39**	−.13	−.09
怒 り	−.07	.04	−.23*	−.09	.41**	.20*
罪悪感	−.10	.01	−.09	−.16	.07	.22*

$^*p<.05, ^{**}p<.01$　pは有意水準を示す。
交際中の男女のカップルそれぞれに，報酬（関係から得ているもの），コスト（注ぎ込んでいるもの），関係関与度（関係の安定度と継続期待），関係満足度，怒り，罪悪感について回答してもらい，相関分析した結果である。対角線上の相関係数がもっとも高く互恵性の存在が示唆された。

158　　　第 7 章　人間関係

どれだけ報酬を与え続けられるかが，持続性を規定することになる。

7.3.4　共同的関係

　しかし，クラークとミルズ（Clark & Mills, 1979）は，相手からの見返りを期待しない関係のあることを指摘し，これを共同的関係（communal relationship）と呼んだ。共同的関係においては，ひたすら相手の要求に応えることに関心を払うようになる（Clark et al., 1986）。このような関係は，家族や親友，恋人といったきわめて親密な相手との間に生じやすいが，それは相手との一体感（we-ness）から，相手に尽くすことが，とりもなおさず自分に尽くすことを意味するからだと考えられる。このような関係においては，社会的交換の原理は適用できなくなる。なお，一体感を測定する尺度も開発されている（Aron et al., 1992；6.1.3 項参照）。

7.4　対人的葛藤

　人間関係にもめごとはつきものである。既婚，未婚の男女のカップルを対象とした調査でも，実に多様な葛藤が生起している実態が確認されている（飛田，1996 参照）。ブレイカーとケリー（Braiker & Kelley, 1979）は，対人的葛藤（interpersonal conflict）を表 7.5 のように 3 つに分類しているが，葛藤は第 3 の個人的傾性のレベルに及ぶときもっとも深刻になると考えられる。関係が親密になるほど，対立や葛藤が生じる可能性は増大するが，こうした対人的葛藤にどう対処するかが関係の行方を左右する。ラズバルト（Rusbult et al., 1982, 1986）は，葛藤や不満が生じたときにとられる対処行動には，退去，無視といった破壊的行動と，対話，待機といった建設的行動があることを示し（表 7.6），破壊的行動をとらないようにすることが関係の維持には重要であると指摘した。また，相手の破壊的行動に対し応報的に自分も破壊的行動をとると，関係は急速に悪化することも明らかにしている。

　不満や葛藤を生じさせている出来事の解釈の仕方も関係に大きく影響する（Bradbury & Fincham, 1992）。悪い出来事（例：相手が自分の誕生日を忘れる）があっても，その原因を状況の変化といった外的で不安定な要因に帰属できれば（例：何か急用ができたからだろう），関係は悪化しないが，相手の個人的傾性のような内的で安定的な要因に帰属されると（例：自分に対する思いやり

表7.5 対人的葛藤の3つの水準

行動の水準
　相手の特定の行動に焦点が当てられている。酒を飲み過ぎて酔っぱらったとか，大きな音で音楽を聴いたなど，一方が他方に損失を与える行為をしたような場合に生じる葛藤。

規範と役割の水準
　互いの権利と義務に関わる問題に焦点が当てられている。家事の分担に関する夫婦間の取り決めを守らなかったとか，父親としての責任を果たさなかったというような場合に生じる葛藤。

個人的傾性の水準
　行為それ自体を問題にするのではなく，その背後にある相手の動機やパーソナリティ特性に焦点が当てられている。ある行動の原因が，思いやりのなさとか自制心の欠如といった相手の持続的な傾性に帰属された場合に生じる葛藤。

表7.6 対人的葛藤への対処行動

対話（voice）
　問題について話し合う，妥協を図る，第三者の助けを求める，自分や相手を変えようと努力するなど，積極的で建設的な対処の仕方。関係満足度が高いとき，それまでの投資が大きいとき生起しやすい。

待機（loyalty）
　事態が改善することをひたすら信じて待つ。建設的だが消極的な対処の仕方。問題がそれほど深刻ではないとき，他に良い選択肢がないとき，それまでかなり投資しているとき生起しやすい。

無視（neglect）
　相手を無視する，一緒に過ごす時間を減らす，問題について話し合うのを拒否するなど，事態が悪化するのを放置する消極的で破壊的な対処の仕方。関係満足度が低く，それまでの投資も少ないとき生起しやすい。

退去（exit）
　別れる，同棲をやめる，離婚するなど，関係を積極的に破壊する対処の仕方。関係満足度が低く，ほとんど投資していないとき，他に適当な選択肢があるとき生起しやすい。

がない），関係はさらに悪化する。

　また，葛藤そのもののとらえ方も重要である。クロハン（Crohan, 1992）は，葛藤は関係の存続にとって脅威であるため極力避けるべきであると信じている夫婦より，不可避なことだと考えている夫婦の方が，良好な関係を維持していることを見出している。葛藤は，2人の意見や感情の食い違いを明らかにし，関係をよりよくするような努力を促す機会を与える。葛藤回避の信念が強いとそうした機会を逸することになるため，表面上は関係が維持されていても，抑圧された不満がつのると突然関係崩壊の危機が訪れることになる。

7.5　人間関係の諸相

7.5.1　恋愛関係

　古今東西を問わず，恋愛は多くの人々の関心事である。社会心理学においても，恋愛関係はもっとも研究が盛んなテーマの一つである。

1. 恋愛の特質

　ルビン（Rubin, 1970）は，「好きになること（like）」と「愛すること（love）」は概念的に区別すべきであると主張し，両者を弁別的に測定するために好意尺度と恋愛尺度を開発した（表7.7）。以来，友情にはない恋愛の特質について活発な議論が展開されている（Bersheid & Walster, 1974）。彼は，好意の構成要素として「好意的評価」「尊敬と信頼」「類似性の認知」を，恋愛の構成要素として「親和欲求」「援助傾向」「独占欲」をあげている。一方，デイヴィス（Davis, 1985）は，好意も恋愛の一部と考え，恋愛は「友情」的要素に「情熱」と「世話」の2要素が加わったものとしてとらえようとした（図7.12）。長田（1987, 1990）は，愛に特有の成分として「世話」と「コミットメント（関係維持への決意）」をあげ，「コミットメント」を内包するがゆえに，相手に好意を感じなくなっても関係に執着するようなことが起こるのだと説明している。いずれにせよ，これらの諸要素は内容的に重複しているものも多く，相互の関係を明確にし，真に本質的な要素は何か，さらなる検討が必要である。

　恋愛には，この他にも特異な性質が認められる。たとえば，恋愛感情は生理的興奮の錯誤帰属（misattribution）によって生起したり高まったりする。ダットンとアロンの実験（Dutton & Aron, 1974）では吊り橋を渡り興奮状態にあ

7.5 人間関係の諸相

表7.7 ルビンの好意尺度と恋愛尺度 (Rubin, 1970；藤原ら, 1983より)

好意尺度	恋愛尺度
1. ○○さんは私の知りあいの中でもっとも好ましい人物だと思う。	1. ○○さんと一緒にいられなければ，私はひどく寂しくなる。
2. 私は○○さんをとても適応力のある人だと思う。	2. 私は一人でいると，いつも○○さんに会いたいと思う。
3. ○○さんは責任ある仕事に推薦できる人物だと思う。	3. もし○○さんが元気がなさそうだったら，私は真っ先に励ましてあげたい。
4. 私は○○さんのような人物になりたいと思う。	4. ○○さんのためなら，ほとんど何でもしてあげるつもりだ。
5. ○○さんと私はお互いにとてもよく似ていると思う。	5. ○○さんと一緒にいると，相手の顔を見つめていることが多い。
6. 私は○○さんと一緒にいるとき，ほとんど同じ気分になる。	6. ○○さんを独り占めにしたいと思う。

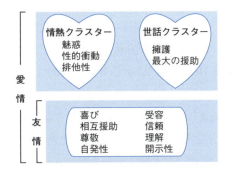

図7.12 デイヴィスの愛情・友情モデル (Davis, 1985)

表7.8 吊り橋実験の結果 (Dutton & Aron, 1974)

橋の種類	メモを受け取った人数	電話をしてきた人数	物語の性的得点
吊り橋	18/23	9/18 (50.0%)	2.47
石 橋	16/22	2/16 (12.5%)	1.41

橋を渡ってきた男性に女性の実験者が絵を見て物語をつくる心理テストをやってほしいと依頼し，詳しい結果が聞きたければ後日電話するようにと電話番号を書いたメモを渡す。吊り橋条件の方が電話してきた人数も多く，物語に投影されている性的欲求も強いことがわかる。

る男性が，ホワイトらの実験（White et al., 1981）ではランニングにより覚醒水準の高まった男性が，直後に会った（見た）女性により強い魅力を感じていたことが確認されている（表7.8）。これは，生理的興奮の原因が眼前の異性の魅力のためだと錯覚するために起こると解釈されている。親の妨害がかえって2人の熱愛度を高めるというロミオとジュリエット効果も，妨害による覚醒水準の上昇が関係しているともいえる（Driscoll et al., 1972）。

2. 恋愛の類型

　恋愛はさまざまな様相を呈する。これらはどのように類型化できるであろうか。多様な愛の形を先述した要素の組合せによって記述する研究者もいる。スタンバーグ（Sternberg, 1986）は，「親密性」「情熱」「コミットメント」の3要素の組合せにより8種類の愛の類型を説明する愛の三角理論を提唱した（図7.13）。一方，リー（Lee, 1977）は，文芸作品などから恋愛に関する記述を集め，恋愛を6つのスタイルに分類している（表7.9）。彼がこれら6類型相互の関係を色相環になぞらえたことから，これは恋愛の色彩理論とも呼ばれている。各類型を測定するための尺度も開発されており，実証的な研究も数多くなされている（Hendrick & Hendrick, 1986; 松井ら，1990）。

7.5.2　友人関係

　ラ・ガイパ（La Gaipa, 1977）は，友情を構成する要因として，「自己開示」「信頼性」「援助行動」「受容」「肯定的関心」「向上性」「類似性」「共感的理解」の8つをあげている。人は，友人関係から共有の喜びや情緒的援助を得ることができる。しかし，これらは必ずしも友人関係に特有の機能ではない。友人関係は，「対等性」が特徴であることから，むしろ精神発達との関わりでその役割が議論されてきた（遠矢，1996参照）。永田（1989）は，友人関係の本当の意義は，意見や欲求の対立を通じ，子どもが自分の思い通りにならない世界のあることを知り，自己の欲求をコントロールし相手との関係を調整する術を学ぶことにあると述べている。

　また，青年期の友人関係には，親や大人から与えられた規範や庇護から青年を脱却させ自立を促す働きがある（Furman & Buhrmester, 1992）。精神分析学者のサリヴァンは，発達段階によって出現する親密性欲求（社会的ニード）とそれを満たす鍵となる対人関係が変化することを示したが，それによると前青

7.5 人間関係の諸相

好意：親密性のみ
熱愛：情熱のみ
空虚な愛：コミットメントのみ
ロマンチックな愛：親密性＋情熱
愚かな愛：情熱＋コミットメント
友愛：親密性＋コミットメント
完全な愛：親密性＋情熱＋コミットメント
愛なし：すべてなし

親密性：つながりや絆を求める穏やかな感情
情熱：性的願望の達成を動機づける強い感情
コミットメント：短期的／長期的関係関与への意志

図7.13 愛の三角理論（Sternberg, 1986；Taylor et al., 1997より）

表7.9 リーの6つの恋愛スタイルの特徴（Lee, 1977より作成）

	特　　徴
エロス型 （美への愛）	恋愛の本質をロマンスと考える。身体的結びつきを重視し、自分の理想とする外見美を備えた相手を求める。一目惚れを起こしやすい。
ルダス型 （遊びの愛）	恋愛をゲームのようにとらえ、楽しむことを重視する。相手にあまり深入りしない。同時に複数の相手と恋愛するが、いずれも長続きしない。
ストルゲ型 （友愛的な愛）	ゆっくり時間をかけて愛を育む。強い感情は伴わず友情のように穏やかだが関係は長く続く。
マニア型 （狂気的な愛）	情熱的で相手に強迫的にのめり込む。独占欲が強く嫉妬深い。相手の愛情を何度も確かめたがる。
アガペ型 （愛他的な愛）	見返りを求めず相手のために尽くす愛他的な愛。理性により相手にやさしさや思いやりを示す。
プラグマ型 （実利的な愛）	恋愛を自分の利益を得る手段と考えている。相手の選択においては、学歴、職業、年齢などが自分にふさわしいかどうかを重視する。

色彩理論によれば、6つの愛は円環上に並び、対角線上に位置するルダスとアガペ、マニアとストルゲ、エロスとプラグマは正反対の性質をもつとされる。

年期頃から友人関係の比重が増している（Buhrmester & Furman, 1986）。自己開示に関する研究でも，青年（大学生）がもっとも自己開示する相手は，同性の友人であり，それは自我同一性の達成水準が高い者（将来の目標や生き方に悩んだ末確信を得た者）ほど顕著であることが示されている（榎本，1992 参照）。

このように，友人との深い情緒的絆は精神発達に欠かすことのできないものであるが，近年，深い関わりを回避し形式的で表面的な関係にとどまろうとする青年が増加している。彼らは，互いに傷つかないように，自他の内面に立ち入ることを避け，無理に明るく振る舞おうとする。このような兆候はふれ合い恐怖と呼ばれているが（山田，1992），青年に限らず，現代社会では全般に友人関係が希薄化，表面化しつつある（岡田，1992）。

7.5.3　勢力関係

権力や影響力に格差のある中で営まれる人間関係もある。フレンチとレヴィンは，このような関係における影響力の基盤を表 7.10 のように 5 つに分類した（French & Raven, 1959; 鈴木，1987 参照）。各影響源を測定する尺度も開発され，企業内における上司−部下関係の査定に適用されている（Rahim, 1988; Ragins & Sundstrom, 1990）。もちろん，現実の人間関係では，これらの影響源は複合的に機能していることが多い。

7.5.4　インターネットと人間関係

近年，インターネットのめざましい普及により，多くの人が公私を問わず電子メールや SNS を利用し，チャットやコミュニティサイトなどコンピュータを介して人との繋がりをもつようになった。識者の中には，インターネットは直接相手と対面しないことから，表面的な関係しか築くことができないのではないか，あるいは現実の人間関係からの逃避を助長するのではないかと危惧する者が多い。しかし，最近の調査によれば，ほとんどの子どもたちは，日常的にインターネットを利用しているが，それが生活全体に占める割合はそれほど大きいわけではなく，友達とおしゃべりをしたり，クラブ活動に参加している時間の方がずっと長いことが示されている。また，子どもたちの孤独感や不安はインターネットの利用頻度とは関係がなかったとの報告もある（Gross et al., 2002）。

7.5 人間関係の諸相

表7.10 対人関係における影響力の基盤 (French & Raven, 1959より作成)

報　酬	OがPに働きかけたとき，Pがそれを受け入れるかどうかは，OがPに対しどのくらい報酬を与えられるかに関するPの認知に規定される。 【例】親が子どもに「お留守番をしたら，おもちゃを買ってあげる」といって言うことをきかせる。
罰	OがPに働きかけたとき，Pがそれを受け入れるかどうかは，OがPに対しどのくらい罰を与え得るかに関するPの認知に規定される。 【例】教師が生徒に「遅刻したら掃除当番をさせる」といって言うことに従わせる。
正当性	OがPに働きかけたとき，Pがそれを受け入れるかどうかは，Oの働きかけが社会的規範に照らしてどのくらい正当であるかに関するPの認知に規定される。 【例】兄が弟に「僕の方が年上だから」といって，見たいテレビ番組をゆずらせる。
専門性	OがPに働きかけたとき，Pがそれを受け入れるかどうかは，Oの働きかけがどのくらい専門的知識に基づいたものであるかに関するPの認知に規定される。 【例】医者が患者に病状の悪化を防ぐために手術を勧める。
準拠性	OがPに働きかけたとき，Pがそれを受け入れるかどうかは，PがOをどのくらい尊敬し，かつ自分の行動の準拠枠（手本）としているかに規定される。 【例】日頃より尊敬している人物から事業拡大のための資金援助を頼まれる。

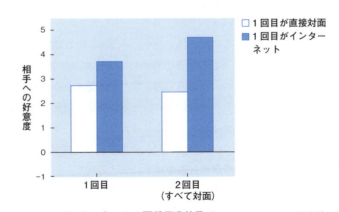

図7.14 インターネットの関係促進効果 (McKenna et al., 2002)
実験参加者は相手と2回会話をするが，半数は1回目の会話をインターネット上で行い，2回目は直接対面する。残り半数は，1回目も2回目も相手と直接対面する。

マッケンナらの実験では，見知らぬ他者と初めから顔を合わせて相互作用するより，まずインターネット上で相互作用した後対面する方が，相手への好意度が高くなることが見出されている（McKenna et al., 2002：図 7.14）。これは，直接顔を合わせない方が外見的特徴によって相手にネガティブな印象をもつ可能性が減じられる，あるいは相手に本当の自分を表現しやすいからという理由が考えられる（Bargh et al., 2002 も参照）。

インターネットには，危惧されているような悪い影響よりむしろ人間関係の形成を促進する機能のあることがうかがえる。ただ，SNS で知り合った相手と直接会った結果，トラブルに巻き込まれる事案も多く聞かれることから，そこには警戒心が薄れることによる落とし穴があることも忘れてはならない。

コラム　恋愛のダークサイド——片思い，失恋，ストーキング

一般に恋愛は，生きる目的や喜びが得られる価値のある体験であり，皆が憧れるものとみなされている。もっとも，昨今では恋愛や結婚に関心のない若者が増えているという声も聞かれるが，それでも恋愛や結婚の対象となる相手を探す「婚活」という言葉が登場し，その市場が拡大傾向にある（杉浦，2020 等）ことを鑑みると，恋愛の価値はけっして下がっていないといえる。

ただし，恋愛にはポジティブな側面だけでなく，ネガティブな側面もある。恋愛関係にある 2 人は，相手との親密な結びつきを強めていき至福の時間を共有できるが，このような理想的な展開になるのは両思いであることが前提となる。現実には片思いに終わる恋愛をしばしばみかける。片思いでは，一方が恋愛感情を抱いても，もう一方がそれを受け入れられず拒絶する立場になる。前者を求愛者，後者を拒絶者という。バウマイスターら（Baumeister et al., 1993）は，両者の心情を詳細に分析している。当然，求愛者にとっては，自分の求愛行為が相手に受け入れてもらえないことは大きな打撃となり痛みや苦しみを体験することになる。一方，拒絶者は，望んでいないとはいえ，好意を持たれることはある種の快感をもたらすかに思われるが，実際はそれとは異なり，相手の思いを拒絶し，相手を傷つけてしまうことへの罪悪感に苛まれるという。片思いは双方ともに不満と苦痛をもたらすといえる。

また，相思相愛の関係が成立し，順調に進展している場合でも，ネガティブな感情

コラム　恋愛のダークサイド——片思い，失恋，ストーキング　　167

は生起する（相羽，2017, 2023 参照）。相手に嫌われないかといった関係持続への不安，関係を脅かすライバルへの嫉妬，相手をうまく支援できないことへの焦り，相手の価値観とのズレによる苛立ち，相手に束縛されることへの不満など，悩みはつきないものである。そのような負の経験が積もり積もって，最悪，破局を迎えることもある。恋愛関係の終結（**別れ・失恋**）がもたらす痛みは大きい。別れにまつわる双方の経験については，ウェーバー（Weber, 1992）による分析が参考になる。別れは，どちらか一方から切り出されるが，別れを切り出す側は，相手を傷つけないようにするにはどうしたらよいか，別れた後に相手と気まずくならないようにするにはどうしたらよいかなどと思い悩む。別れを告げられた側は，衝撃を受け落胆するが，同時に関係を修復できないかもがき苦しむ。それが叶わないと悟るとあきらめ，その後は，深い喪失感と悲しみから回復するための難問に向き合わなければならない。このとき，別れを切り出す側が相手に遠慮して逡巡していた時間が長いほど，別れを切り出された側に与える衝撃は大きくなるようである。不満をもっていない側は，相手の不満に気づきにくく，相手が真の気持ちを隠蔽している期間が長いほど，突如として死の宣告を受けるような感覚に陥りやすいからである。

　なお，恋愛関係が終結しても，その後も災いが続くことがある。別れた交際相手が，別れた後もメールや電話で頻繁に連絡してくる，突然，家や職場に会いに来るといったことで困っているという話はよく耳にする。これらは，いわゆるストーキング行為に該当するが，金政ら（2018）は，関係が破綻した後のストーキング行為の心理的要因を明らかにしている。それによると，**ストーキング**行為を行う者は，交際時の関係性に次のような特徴がある。一つは，元恋人には自分しかいないと思い込む「唯一性」，2つ目は，何かにつけ相手のことを優先しようとする「相手優先」，3つ目が，相手に過度の受容を期待する「甘え的受容期待」である。また，別れた後の感情について，相手に憎悪や怒り，失望を感じる（「怒り・失望」），相手のことを思い出し別れに納得がいかないという思いに取り付かれる（「反芻・拘泥思考」），相手への独りよがりの執着心が強い（「独善的執着」），といった特徴を見出している。そして，交際中に抱いていた相手には自分しかいないという「唯一性」の信念が，別れた後の独善的な執着心を生み出し，ストーキング行為を引き起こすという過程が男女共通にみられることを示している。また，女性では，交際中の「唯一性」の信念が，「反芻・拘泥思考」につながり，ストーカー行為を引き起こす過程や，交際中の「甘え的受容期待」が直接ストーカー行為に結びつく過程も認められている。ところで，ストーカー被害に遭

表7.11　関係段階別にみた恋愛がもたらす負の帰結

(相羽, 2023を参考に筆者が作成)

関 係 初 期	関 係 中 期	関 係 終 期
片思いがもたらす負の感情 【求愛者】 不満　苦痛 【拒絶者】 罪悪感	両思いがもたらす負の感情 関係持続への不安 ライバルへの嫉妬 相手を支援できない焦り 価値観の違いへの苛立ち 束縛への不満	別れがもたらす負の感情 【別れを切り出す側】 逡巡　罪悪感 【別れを切り出された側】 傷心　喪失感　悲嘆 未練　執着 怒り　憎しみ

った女性を対象とした調査では，交際中に相手から監視されたり性的暴力を振るわれた経験が多いほど，別れた後のストーカー被害に遭うリスクが高いことも見出されている（島田，2017）。古村（2023）が述べるように，失恋した者が相手への未練を断ち切れず，相手に近づこうとする行為自体は，誰にでもみられることかもしれない。しかし，それが度を越すようになり社会的にみて不適切な行為にいたる背景には，愛着形成の不全や個人のパーソナリティの歪みが関与している可能性がある。以上のような，恋愛がもたらす負の帰結を関係の段階別にまとめたのが表7.11である。

　ストーキング行為がエスカレートして，相手やその家族までが殺傷される事件が頻発したことから，2000年にストーカー規制法（ストーカー行為等の規制等に関する法律）が制定され，司直によって取り締まる仕組みが整備された。しかし，法による規制には限界があるため，心理的な介入と支援が求められるところであろう。

参考図書

ケリー，H. H.　黒川 正流・藤原 武弘（訳）（1989）．親密な二人についての社会心理学——パーソナル・リレーションシップ——　ナカニシヤ出版

松井 豊（1993）．恋ごころの科学　サイエンス社

松井 豊（編著）（2023）．恋の悩みの科学——データに基づく身近な心理の分析——　福村出版

大坊 郁夫・奥田 秀宇（編）（1996）．親密な対人関係の科学　誠信書房

大坊 郁夫（2022）．人を結ぶコミュニケーション——対人関係におけるウェル・ビーイングの心理学——　福村出版

奥田 秀宇（1997）．人をひきつける心——対人魅力の社会心理学——　サイエンス社

イックス，W.・ダック，S.（編）大坊 郁夫・和田 実（監訳）（2004）．パーソナルな関係の社会心理学　北大路書房

スピッツバーグ，B. H.・キューパック，W. R.　谷口 弘一・加藤 司（監訳）（2008）．親密な関係のダークサイド　北大路書房

one point

▲社会的交換理論 (social exchange theory)

　社会的交換理論とは，人と人の相互作用を，関係から得られる成果を最大化するための行動の交換過程とみなす諸理論の総称である（太田，1987参照）。ケリーやティボー (Kelley & Thibaut, 1978) の相互依存理論 (interdependence theory) では，相互作用から得られる成果を報酬とコストの差によってとらえる。成果の相互依存性は相手の成果に影響を及ぼす能力が相互に高いほど大きくなる。相互作用を継続するか否かは成果を一定の基準と比較することによって決定される。まず，成果が満足できるものかどうかが，個人に固有の基準である比較水準 (comparison level) に照らして判断される。基準を上回れば満足が得られ，その相互作用を継続しようとする。しかし，基準を下回り不満足であっても，それに代わる関係に移行したときに期待される成果が現在の水準を上回らなければ関係は継続される。代替関係の評価基準を選択的比較水準 (comparison level for alternatives) という。ラズバルトの投資モデルは，この理論を発展させたものである。アダムス (Adams, 1965) の公平（衡平）理論によれば，人は他者と比較して自分の投入と成果の比率が他者のそれと等しいとき公平だと考える。もし，自分の方が投入に見合った報酬を得ていないと不満を感じ，逆に自分の方が過分に報酬を得ていると罪悪感を感ずる。そして，このような不公平な状態が起こると，公平状態を回復しようと動機づけられ，自分の投入量や成果を増減させたり，それらに対する認知を変えると考えられている。ウォルスターの衡平モデルは，これをさまざまな対人関係に適用したものである。

集団と個人

8

　人は，集団の中に入ると，一人のときとは違った振る舞い方をする。それは，まわりにいる人たちからさまざまな影響を受けるからである。いったいどのような形で影響を受けるのであろうか。そしてそれは，なぜなのだろうか。

　また，私たちは皆，家族の一員として，学校のクラスやクラブの一員として，職場の組織の一員として，あるいは，友人仲間の一員として，多種多様な集団に所属しながら生きている。しかも，複数の集団に同時に所属し，それぞれの集団において異なる役割を果たしている。家庭にいるときと職場にいるときとでは，まったく違った顔をする人もいる。個人の思考や行動は，その時点で顕現化している集団に強く規定されるからである。集団は個人に対して多大な影響力をもつといえよう。

　一方，個人の振る舞いが，集団全体の有り様を左右することもある。優れたリーダーの出現がその集団を成功に導いたり，一人の無責任な行為が他の人たちの連鎖反応を引き起こし，集団を衰退させることもある。集団と個人の関係は，相互規定的なのである。

　以上のような点を踏まえ，本章では，集団と個人を巡る問題について解説する。

8.1 他者存在の影響

8.1.1 社会的促進と社会的抑制

　同じ仕事でも，一人で行うより皆と一緒に行う方がはかどることがある。オールポートは，単語連想課題や意見産出課題を単独で行う場合と集団で行う場合を比較し，後者の方が遂行量が多くなることを実証した（Allport, 1920）。しかしながら，これは課題の性質によって異なり，一般に単純な課題では，集団の方が遂行は促進されるが，課題が複雑になると，逆に遂行が阻害されるようである（Hunt & Hillery, 1973；図8.1）。前者を社会的促進（social facilitation），後者を社会的抑制（social inhibition）というが，このような現象は，傍らに他者が単に存在するだけでも生起する。

　ザイアンス（Zajonc, 1965）は，他者の存在はそれ自体が覚醒水準を上昇させ活動への動因を強めると考えた。そして，そのような状態では，個人において優勢な反応が惹起しやすくなるため，習熟した課題では正反応が，未習熟な課題では誤反応が多くなるのだと説明している（動因説；図8.2）。

　これに対し，他者が単に存在するだけでは覚醒水準は高まらず，その他者から評価されているという懸念（評価懸念；evaluation apprehension）が，自己呈示動機（自分をよくみせたい等といった動機）を喚起し覚醒水準を高めるのだとする研究者もいる（Cottrell et al., 1968; 宮本，1993）。しかし，近年の研究では，単に他者が存在するだけでも，評価される場合と同様に遂行が促進されたり阻害されたりすることが確認されている（Schmitt et al., 1986；図8.3）。これらの説は相互に矛盾するものではなく，状況によっていずれかのメカニズムが強く働くと考えられる。

8.1.2 社会的手抜きと社会的補償

　集団で課題を遂行する際，もし一人ひとりの成果が問われないならば，人は自分一人くらい手を抜いてもかまわないと考えるようになる。これを社会的手抜き（social loafing）という。リンゲルマンは綱引き課題において（Ingham et al., 1974），ラタネらは拍手課題や発声課題において（Latané et al., 1979），集団サイズが大きくなるほど1人あたりの努力量が減少することを実験によって確認している（図8.4）。さらに，このような手抜きは，認知的課題（来談

8.1 他者存在の影響

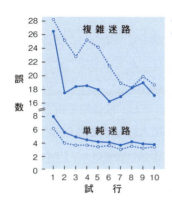

図8.1 迷路課題における社会的促進と社会的抑制(Hunt & Hillery, 1973)
参加者は，迷路課題を1人で（単独条件）あるいは3人一緒に（共行為条件）行う。単純迷路は分岐点が2つに分かれ正反応率は50％だが，複雑迷路は分岐点が4つに分かれ正反応率は25％になっている。単純迷路では，共行為条件の方が誤数が少ないが，複雑迷路では逆に単独条件の方が誤数が少ない。この傾向は，前半の試行で顕著である。

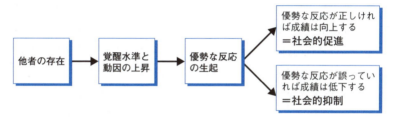

図8.2 ザイアンスの動因説（Zajonc, 1965；Taylor et al., 1997より）

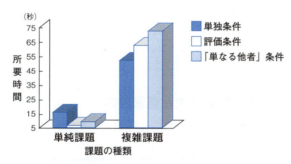

図8.3 「評価懸念」と「単なる他者の存在」の効果
(Schmitt et al., 1986より作成)
参加者は，自分の名前をキーボードに打ち込む単純課題か名前をコード化（文字の並びを逆にし数字を挿入）したものを打ち込む複雑課題を行う。1人で行う「単独条件」，実験者が肩越しに覗く「評価条件」，別の実験の参加者が目隠しし，ヘッドホンをつけて座っている「単なる他者条件」が設定され，課題遂行時間が測定された。

者と面接している心理療法者の行動を映したビデオを見てその良否を評価する課題）においても生ずる（Petty et al., 1980）。

ただし，集団の成果が個人にとって重要な意味をもつ場合に，他者に期待できないときは，人は，他者の不足分を補うように，かえって努力量を増大させることがある。これを社会的補償（social compensation）という（Shepperd & Wright, 1989; Williams & Karau, 1991：図 8.5）。なお，社会的手抜きには文化差のあることも指摘されており，個人主義の米国人の方が集団主義の中国人より社会手的抜きは顕著であるとの報告もある（Gabrenya et al., 1985; Karau & Williams, 1993）。

8.1.3　社会的インパクト理論

ラタネ（Latané, 1981）は，観察者の存在が個人の遂行に与える影響（impact）の強さは，観察者のもつ勢力（地位，能力等の高低），観察者の直接性（immediacy）ないし近接性（closeness），観察者（影響源）と被観察者の人数によって規定されるとする社会的インパクト理論（social impact theory）を提唱した（図 8.6）。これによれば，地位の高い重要な人物（教師，上司）から評価される方がそうでない場合（友人）よりインパクトは強くなる。また，間近に観察される方が，ビデオカメラを通じて別室から観察されるより，インパクトは強くなる。さらに，多数の観察者が 1 人を観察するとき，影響はその 1 人に集中するためインパクトは強くなるが，1 人の観察者が多数の人を観察するときは，影響が分散されインパクトは弱くなる。

8.2　集団による問題解決と意思決定

「三人寄れば文殊の知恵」といわれるように，一般に，個人が単独で考えるよりは集団で討議する方が，優れた解決法が得られると考えられている。しかし，これまでの研究は，このような見解に対し概して否定的である。

8.2.1　集団による問題解決

ショー（Shaw, 1932）は，正解の存在する課題において，正解の発見は単独個人より集団の方が勝ると仮定し，パズル課題（例：宣教師の河渡り問題）を個人で解かせた場合と 4 人集団で解かせた場合を比較した。すると，集団の方が時間はかかったが，正答率は高かった。これは，集団の方が誤答がチェック

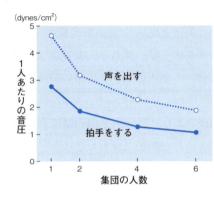

図8.4 社会的手抜きの実験結果
(Latané et al., 1979)
参加者は，防音のきいた部屋で実験者の合図により5秒間できるだけ大きな拍手をする，あるいは大きな声を出すよう言われる。図は，1人あたりの音の大きさ（音圧）を示しているが，集団の人数が増えるほど減少している。

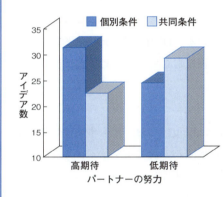

図8.5 社会的補償の実験結果
(Williams & Karau, 1991)
2人集団でナイフの用途をできるだけ多く考える課題を行う。課題は知能とおおいに関係すると告げられる。個別の成果が評価される条件と2人の共同の成果が評価される条件がある。パートナー（サクラ）の陳述から相手の努力に期待できる高期待条件と期待できない低期待条件がある。高期待条件では社会的手抜きが，低期待条件では社会的補償が生起している。

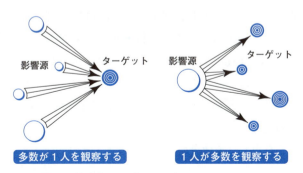

図8.6 社会的インパクト理論 (Latané, 1981)

される可能性が高いからだと解釈された。しかし，その後，「人数・時間あたり」の成績を比較すると，むしろ個人の方が優れていることが明らかになっている（Taylor & Faust, 1952）。ただし，集団と個人の成績を比較するときは，課題の構造に留意する必要がある。スタイナーは，接合型，非接合型，加算型の3種類の課題を区別し，それぞれにおける個人と集団の成績の関係を説明している（Steiner, 1966：表8.1）。

オズボーン（Osborn, 1957; 小窪，1987 より）は，創造的問題解決課題において集団は単独個人では考えつかないような独創的で優れたアイデアを生み出すと考え，許容的な雰囲気の中で自由に討論するブレーンストーミング（brainstorming）という手法を提唱した。しかし，その後の研究結果は，この手法が必ずしも有効ではないことを示している（Taylor et al., 1958; Dunnet et al., 1963：図8.7）。その原因は，他のメンバーの発言を聞くことにより，個人の思考が中断されるからだと考えられている（Diehl & Stroebe, 1991）。しかし，多くの人は個人より集団の方が勝ると素朴に信じているため，集団討議が選好される（Paulus et al., 1993）。

8.2.2　集団意思決定

集団による意思決定（group decision making）においても事情は類似している。有能で分別のあるメンバーからなる集団が，大惨事を招くような愚かな決定をしたという事例（たとえばピッグス湾上陸作戦の失敗，スペースシャトル・チャレンジャー号の打上げ失敗）は少なくない。ジャニス（Janis, 1971, 1982）は，これは，メンバーが集団思考（groupthink）に陥るからだと考え，その生起メカニズムを詳細に分析した（図8.8）。それをみると，集団凝集性（group cohesiveness：集団としてのまとまりのよさ）が高いとメンバーは結束を乱すまいとして発言を控えるようになり，それが有効な問題解決を妨げることがわかる。さらに，亀田と杉森（Kameda & Sugimori, 1993）は，全員一致のルールを採用し決定に費やした労力が大きいほど，人は決定の誤りを正そうとしないことを見出し，集団思考発生の要件として「コストを要した決定への固執」をあげている。

また，集団で意思決定を行うと単独の場合に比べ，決定内容がリスクの高いものになるか（リスキーシフト：risky shift），あるいは，より安全志向に傾く

表8.1 課題タイプ別にみた集団と個人の成績の関係 (Steiner, 1966)

接合型 (conjunctive task)	集団の全成員が正解に達したとき，集団は目標に到達できる。集団の成績は，もっとも能力の低い成員によって規定される。 【例】自動車工場における完全に分業化した流れ作業。
非接合型 (disjunctive task)	集団の中の誰か1人が正解に達すれば，集団は目標に到達できる。集団の成績は，もっとも有能な成員によって規定される。 【例】難解な数学方程式を一緒に考える研究グループ。
加算型 (additive task)	各成員の成果（努力）の総和が集団の最終成果となる。集団の成績は，常に個人を上回るが，成員間の協調性が成否を左右する。 【例】脱輪した車をみなで引っ張り上げる作業。

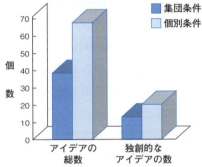

図8.7 ブレーンストーミングの効果に関する実験結果
(Taylor et al., 1958)

参加者は「どうすればヨーロッパからの観光客が米国にもっと来るようになるか」を考える。実験では5人集団で討議する条件と5人が個別に考える条件を比較している。個別条件の方が，アイデアの総数も独創的なアイデアの数も勝っている。

先 行 要 件	結果として生ずる事象

A．凝集性の高い集団である
＋
B-1．構造的欠陥
1. 当集団の隔絶
2. 不偏的リーダーシップ伝統の欠如
3. 方法論的手続きを要求する規範の欠如
4. メンバーのバックグラウンドイデオロギーの同質性

＋

B-2．促解的な状況的文脈
1. 外部のストレスが強く，リーダーの考える以上の解答が見つかる望みがない
2. 次の要因に引き起こされる一次的な自尊感情の低下（「おちこみ」感）がある
  a. メンバーとしての不適切さを目立たせる最近の失敗
  b. 各メンバーが「可能だ」と思えないような難しい決定事項の出現
  c. 道徳基準を破ることなしに実行可能な選択肢がないように見えるモラル・ジレンマの出現

⇒ **意見一致追求傾向 ＝集団思考の出現**

⇓

帰結
C．集団思考症候群
タイプⅠ：勢力・道徳性の過大評価
1. 不敵幻想・過度のオプティミズム
2. 決定の倫理的結末の無視

タイプⅡ：精神的閉鎖性
3. 集団的合理化
4. 外集団のステレオタイプ化

タイプⅢ：意見の斉一化への圧力
5. 発言の自己検閲
6. 意見一致の幻想
7. 不同意メンバーへのプレッシャー
8. 自己指名の用心棒出現

⇒ **D．欠点ある意思決定の兆候**
1. 選択可能な選択肢を不完全にしか探索・検討しない
2. 目標を不完全にしか検討・考慮しない
3. 選んだ選択肢のもつリスクの十分な検討に失敗する
4. 手に入れた情報の情報処理に選択的なバイアスがかかる
5. 不十分な情報収集しか行わない
6. 当初不十分な選択肢としてとりあえず考慮外とした選択肢を，再評価し損なう
7. 状況に即応した選択肢の実行プランが不十分である

⇓

E．低い成功率

図8.8 集団思考の発生過程 (Janis, 1982；池田, 1993より)

（コーシャスシフト；cautious shift）ことが知られている（Wallach et al., 1962; McCauley et al., 1973）。これは集団討議を経ると，当初の意見が一層強められることを表しており，集団極性化（group polarization）と呼ばれている（表8.2）。なぜ集団極性化が起きるのかについてはいくつか説があるが，一つは，集団討議の場では多数派の意見がより多く聞かれることになり，結局，当初の立場を互いに支持，補強し合うことになるからだと考えられている（Stasser & Titus, 1985）。ステイサーらは，情報採取モデル（information sampling model）を提案し，集団討議においては，すべての情報が均等に言及され考慮されるわけではなく，討議前に参加者がすでに共通に保有している情報ほどその確率が高くなる共有知識効果（common knowledge effect）が表れることを示している（Stasser et al., 1989；図8.9）。一般に，異なる意見や情報をもつ人たちが集まれば互いの認識不足を補い合えるため優れた選択肢（隠れたプロフィール；hidden profile）を発見できると思われるが，実際にはそうならないことがうかがえる。このように集団討議は必ずしも妥当で公正な結論を導くわけではないが，集団討議それ自体が民主的価値を実現するため，これが退けられることはないのである（亀田，1997 参照）。

8.3 集団ダイナミクス

8.3.1 集団規範と同調

　同じ集団に所属している人たちは，服装や言葉づかい，考え方や行動パターンが似通っていることが多い。これは，集団内に成員の行動や思考の準拠枠となる集団規範（group norm）が形成され，集団秩序を維持するためにこれに従わせるような圧力がかかるからである。集団内に存在する規範を計量的に測定，表示する方法として，ジャクソン（Jackson, 1960）のリターン・ポテンシャル・モデル（return potential model）が知られている（図8.10）。

　では，集団規範はどのように形成されるのであろうか。シェリフ（Sherif, 1935）は，知覚の自動運動現象（暗室内で光点を凝視していると，実際には静止しているにもかかわらず動いているように見える現象）を利用した実験を行い，人々が自分の判断（見え方）に確信がもてないとき，周囲の人の判断をよりどころとするために，次第に皆が同じような判断値に収斂することを見出し，

8.3 集団ダイナミクス

表8.2 リスキーシフトに関する実験の結果
(Wallach et al., 1962；岡本, 1986より一部抜粋)

	討議前の個別回答	討議による集団決定	討議直後の個別回答
男性回答者	55.8	47.9	47.1
女性回答者	54.7	46.8	47.8

参加者は「ある心臓病患者が成功すれば完治するが，失敗すれば命を失うかもしれない手術を受けるかどうか決めなければならない。あなたなら成功確率が何%であれば手術を受けるか」といった質問に答える。まず個別に回答し，その後6人集団により討議して決める。数値は各条件の平均確率を示す。集団で討議すると回答がリスキーになっている。

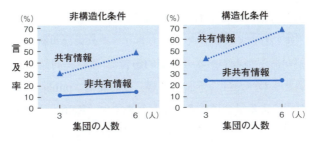

図8.9 共有情報と非共有情報の言及率 (Stasser et al., 1989)
非構造化条件では最初から最後まで自由に討論させる。構造化条件では最初は意見を述べずにみなですべての情報を吟味させ，その後自由に討論させる。

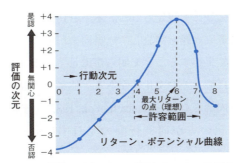

図8.10 規範のリターン・ポテンシャル・モデル
(Jackson, 1960；狩野, 1986より)

横軸は行動を示す次元で，縦軸は各行動水準に対する集団成員からの是認・否認の評価を表す。ある職場で有給休暇を年間何日取るかに関する規範が存在する場合，図では，6日のとき最大の是認が得られ，それより多くても少なくても評価は低下する。曲線が最大値をとる行動水準を最大リターン点という。曲線の形状から行動の許容範囲，規範の強度（各水準の行動に対する是認，否認の強さ）等を読みとることができる。

これが規範発生の原型であるとした（図8.11）。しかし，周囲への同調
（conformity）は，個人が自己の判断に確信をもち得る状況でも生起する。ア
ッシュ（Asch, 1955）は，線分の長さを比較判断するというきわめて単純な課
題において，まわりの人が皆自分とは違う判断を示したとき，それが誤りであ
ることが明白であっても，人は周囲の判断に引きずられることを実証した（図
8.12）。

ドイチェとジェラルド（Deutsch & Gerard, 1955）は，同調行動が起きる理
由を2つあげている。一つは，人は正しく反応したいと思っており，それには
他者からの情報が有用だからである（情報的影響）。もう一つは，人は他者か
ら好かれたい（嫌われたくない）と思っており，それには規範から逸脱しない
ようにする必要があるからである（規範的影響）。また，同調には私的受容を
伴う内面的同調とうわべだけの外面的同調（公的屈従；public compliance）が
あり，規範的影響による場合は後者が生起しやすい（Kelman, 1961）。

同調圧の強さは，自分と異なる反応をする者の人数に規定されるが（Asch,
1963; Milgram et al., 1969），重要なのは周囲の人たちの反応が全員一致してい
ることである。1人でも異議を唱える者がいれば，情報の信憑性が低下し同調
率は激減する（Asch, 1963; Morris & Miller, 1975）。また，同調は個人とその
集団との結びつきの強さにも規定される。木下（1964）は，高校生を対象に社
会問題に対する態度形成課題を実施し，成員同士が仲の良い凝集性の高い集団
の方が同調行動が多く生起することを明らかにしている（図8.13）。

なお，同調行動には個人差や文化差がある。他者と一線を画そうとする傾向
の強い個人はあまり同調しない（Maslach et al., 1987）。また，個人主義より集
団主義が優勢な文化の方が同調行動の生起率は高くなる（Berry, 1967;
Matsuda, 1985）。

8.3.2　少数者の影響と革新

集団は一般に多数派に支配されることが多い。しかし，少数派が時として集
団全体に重大な影響を及ぼすことがある。映画『十二人の怒れる男』（1957年
米国）の主人公は，他の陪審員の誰もが有罪を主張する中で，ただ1人それに
反論し，全員の意見を覆すことに成功している。少数者の影響（minority
influence）に関するモスコビッチら（Moscovici et al., 1969）の先駆的実験では，

8.3 集団ダイナミクス

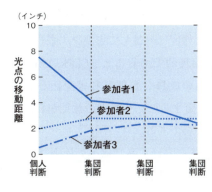

図8.11 シェリフの実験結果の一例 (Sherif, 1935)
参加者はまず1人で暗室に入り光点の移動距離を報告し（個人判断），その後3人1組で暗室に入り移動距離を報告する（集団判断）。参加者の判断値は，最初ばらばらだが回を重ねるにつれ似通ってくる。

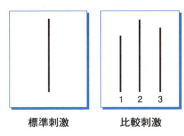

図8.12 アッシュの実験に用いられた刺激図版 (Asch, 1955)
標準刺激と長さの等しい線分を比較刺激から選ぶ課題を7人1組で行う。2番が正解であることは明白であるが，真の参加者を除く残り6人全員（サクラ）が違う答えをすると，参加者のほとんどがこれに引きずられて誤った答えをした。

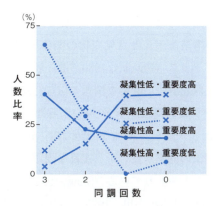

図8.13 集団凝集性が同調行動に及ぼす効果 (木下, 1964)
参加者は4人1組で課題を行う。集団凝集性は仲の良い者同士を組み合わせるか否かで操作している。まず，重要度の異なる種々の社会問題に対する賛否を反応スイッチを押して答える。直後に，他の成員の回答（実験者が人為的に操作）をランプにより知らされ，再度自分の意見を表明する。図は，全試行中で同調した回数を調べ，回数別の人数比率を示したものである。

6人集団のうち2人が実際には「青」のスライドを一貫して「緑」と答えると，他の成員の約32%がこれに引きずられた回答をした。一般に，少数者が影響力をもち得る条件として，確信に満ちた態度で一貫して自説を主張し続けること（Nemeth et al., 1974），主張内容が論理的であること（Clark, 1990），少数者の社会的属性（人種，性別等）が他の成員と類似し利害関係がないこと（Maass & Clark, 1984）があげられる。要するに，少数者の意見が真に信ずるに足るものだと知覚されることが重要なのである。

　したがって，少数者の影響による意見変容は，多数派への同調（8.3.1項参照）にみられるうわべの同調は少なく，私的受容を伴ったものであることが多い（Maass & Clark, 1983）。さらに，近年では，少数派の斬新な意見が集団に好ましい影響（革新；innovation）をもたらすことを示唆する研究も行われている（Nemeth, 1992）。

8.3.3　集団の中の人間関係

　集団には内部の人間関係を反映する種々のネットワークが存在する。これらは，どのような視点から分析されているのだろうか。

　フレンチ（French, 1956）は，成員間の勢力関係によって集団構造を把握，分析した。勢力構造のあり方は，集団の意思決定やその安定度と深く関係するが，彼は，5つの勢力構造モデルと意見変化の関係を図8.14のように図解して見せている。バーヴェラス（Bavelas, 1950）は，成員間で交わされるコミュニケーションの経路（課題解決に必要な情報の伝達経路）によって集団構造をとらえ（コミュニケーション構造），その違いが課題の解決過程等に及ぼす影響を検討した（表8.3）。一般に，単純な課題では，情報が1人の成員に集中する構造の方が課題解決の効率が良いが，複雑な課題では，情報が均等に分散される構造の方が有利だといわれている（Shaw, 1964）。

　また，モレノ（Moreno, 1934; 小川，1979より）は，成員相互の感情的結合（魅力と排斥）に基づくソシオメトリック構造（sociometric structure）に着目し，これを測定するためのソシオメトリック・テストを開発している。これにより，集団内にどのような下位集団（仲良しグループ）が存在するか，いずれの下位集団にも属さない孤立児や排斥児はどのくらいいるか，そして，もっとも人気のある成員は誰かなどを明らかにすることができる。ソシオメトリック

8.3 集団ダイナミクス

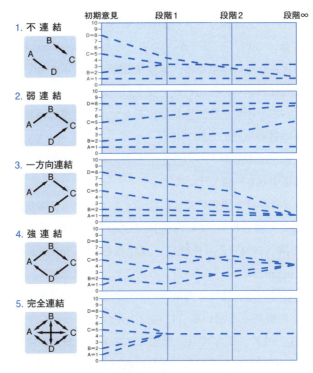

図8.14 勢力構造と意見変化（French, 1956）
A→BはAがBに勢力をもつことを表す。

表8.3 コミュニケーション構造と集団過程（Bavelas, 1950；安藤ら, 1995より）

	鎖型	コムコン型	車軸型
構造	○-○-○-○-○	⬠	○-○-○ (＋)
課題解決	速い，正確	遅い，不正確	速い，もっとも正確
組織化	遅い，安定	生じ難い，不安定	速い，安定
リーダー	決まりやすい	なかなか決まらない	明瞭
モラール	低	高	最低
作業変化への対応	よくない	もっともよい	もっともよくない
成員の満足度	低	高	最低

構造も類型化が可能であるが，図 8.15 にその一例を示した。

8.3.4 リーダーシップ

　集団には，公式，非公式のリーダーが存在する。集団が活動を維持し，発展していくためには，このリーダーがどのようなリーダーシップ（leadership）行動をとるかが重要な決め手になる。レヴィンがホワイトやリピットと行った古典的研究では，リーダーの行動様式を民主型，専制型，放任型の 3 つに類型化し，比較している。その結果，生産量に関しては民主型は専制型と変わらなかったが，成果の質や集団の雰囲気は民主型がもっとも秀でていた（Lewin et al., 1939）。これより民主型が一つの理想型と考えられるようになったが，その後の研究結果は必ずしも一貫していない。

　リーダーシップ行動は，課題の達成に関係するものと人間関係の維持に関係するものの 2 種に大別される（Cartwright & Zander, 1960; 狩野，1986 より）。わが国では，三隅（1984）が「P 機能（課題遂行；performance）」と「M 機能（集団維持；maintenance）」というようにこれらを概念化し，各機能を測定する尺度を開発している。彼は，両機能の高低の組合せにより 4 つの類型を考え（PM 理論），両機能とも高い場合に集団生産性がもっとも上がることを実証した（図 8.16）。また，近年では，米国のケネディ大統領やキング牧師のように，皆に将来のビジョンを呈示し，それに挑戦するよう鼓舞する，カリスマ的（charismatic）で変革的（transformational）なリーダーシップへの関心も高まっている（Hause & Shamir, 1993）。さらに，これと対照をなす，リーダーはメンバーを下から支え奉仕する姿勢を貫くべきであるとするサーバント・リーダーシップ（servant leadership）という考え方も登場する（Graham, 1991）。

　一方，特定のリーダーシップ様式が常に効果的というわけではなく，それは状況に依存するとの認識が広がり，リーダーシップの状況理論がいくつか提起された（松原，1990 参照）。よく知られているのがフィードラーの条件即応モデル（contingency model）である（Fiedler, 1978, 1981）。このモデルでは，集団を取り巻く状況の統制しやすさに応じて，効果的なリーダーシップスタイルが変わると考えられている。リーダーによる統制がきわめて容易あるいは非常に困難なときは，課題志向型が効果的で，中間のときは関係志向型が効果的で

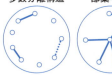

──：結合的関係が成立　　……：結合的関係が成立しつつある

多数分離構造：結合関係がほとんどなく，みなが孤立している。
一部集中構造：特定の成員に結合が集中している。
分団分離構造：複数の下位集団（仲良しグループ）が存在するが，それらの関係は離反的である。
分団結合構造：下位集団相互の間に友好的結合が見られる。
統一結合構造：複数のリーダー的人物を中心にすべての成員に結合関係がある。

図8.15　ソシオメトリック構造の類型（田中，1975；高橋，1980より）

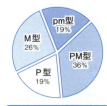 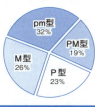

PM：両機能とも高い
P：P機能のみ高い
M：M機能のみ高い
pm：両機能とも低い

高生産性集団（31班）　　低生産性集団（31班）

図8.16　PM理論の4類型と集団生産性（三隅，1984より作成）
某製造会社の従業員を対象に調査。62の作業班の各監督者のリーダーシップ・スタイルをPM理論の基準により類型化している。生産性の高低は部課長による業績評価に基づく。高生産性集団にはPM型が多く，低生産性集団にはpm型が多い。

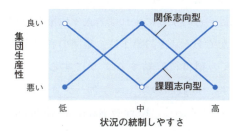

図8.17　フィードラーの条件即応モデル（Fiedler, 1981）
集団状況の統制度はリーダーとメンバーの関係の良否，課題の遂行手順が明確か否か，リーダーの権限の強さの3次元の組合せにより決まる。統制度が中ぐらいのときは，良好な人間関係の形成が課題の遂行に有利だが，統制が非常に容易ならその必要はないので課題に集中した方が効果的である。統制が非常に困難なときは，強力な指導力を発揮し，集団目標を明確にすることが急務となる。

あるとされている（図8.17）。

8.4 社会的ジレンマ

　集団の成員間には種々の相互依存関係が発生する。とりわけ，競争（competition）と協力（cooperation）は，集団全体の有り様（繁栄と衰退）に深く関わるため古くから関心がもたれてきた。これまでの研究からいえることは，人間は，互いに協力した方が得策である場合にも，競い合う傾向があるということである。それは，トラッキング・ゲーム（Deutsch & Krauss, 1960；図8.18）や囚人のジレンマ・ゲーム（図8.19）において，協力すれば共に得をする共栄状態がもたらされるのに，相手を信頼することができず，自分だけ損をすることがないように行動するため，結局共に損をする共貧状態に陥ってしまうことに端的に示されている。このような現象がマクロレベルで起こると，ハーディン（Hardin, 1968）の共有地の悲劇（農民が自分の利潤を上げるために限度を超えて羊を増やしたために，牧草地全体が荒廃し元も子もなくなること）に象徴されるような環境問題や資源問題に発展する（13.2節参照）。このように，個人が当面の自己利益を追求し合理的に振る舞った結果，その弊害が集団全体に拡散することを社会的ジレンマ（social dilemma）という。個人の行動の集積が集団全体に意図しなかった結果をもたらすという非常に興味深い問題であり，近年その重要性が再認識されている。

　そこでの中心命題は，どのようにすれば，人々に協力を選択させ，社会的ジレンマを解決できるかである。その第1は，集団の利得構造を変化させ，競争／協力の選択が個人の損得に直結するようにすることである（Messick & Brewer, 1983）。第2は，成員間のコミュニケーションを促進し，相互協力の重要性を認識させることである（Kerr & Kaufman-Gilliland, 1994）。また，各人の行動選択が，特定の行動をとっている他の人間の数や比率によって変わる場合は，初期の協力率が「限界質量」を超えるようにすることである（図8.20）。それには，「協力しても大丈夫」という安心の保証を与え，他人への信頼感を高める必要がある（山岸，1990）。

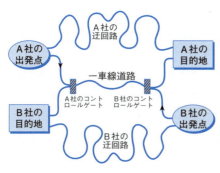

図8.18 トラッキング・ゲーム
(Deutsch & Krauss, 1960)
プレーヤー2人は，できるだけ速く自分の会社のトラックを各々の目的地に着かせればよい。双方にとってもっとも効率がよいのは，協力して一車線道路を交互に利用することだが，多くの場合，互いに譲らず共に時間を費やしてしまう。

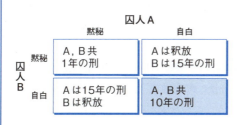

図8.19 囚人のジレンマ・ゲーム
共犯者の2人（囚人Aと囚人B）が別々に取り調べられる。もし，一方だけが自白すると，自白した方は釈放され，自白しなかった方は15年の刑を受ける。共に自白すれば両方共10年の刑になる。互いに相手を信頼し2人共黙秘すれば，共に1年の刑ですむ。しかし，2人は共に自白してしまう。

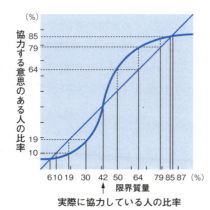

図8.20 限界質量の理論（山岸, 1990）
図は，ある集団における人々の協力傾向を表す累積分布曲線である。協力している人が50％いれば協力しようという人が64％おり，30％であればそれが19％になることを示す。「限界質量」とは，それを上回れば協力する人が次第に増え，下回れば次第に減少するようになる境界点をいう。図では42％がこれにあたる。

コラム　個人と集団の互恵性

　人間が集団の中で生きるように造られている存在であることは，誰もが認めるところであろう。親や家族の庇護がなければ子どもは成人まで生き延びることはできないし，成人してからも生計を立て自らの子孫を残すためにはさまざまな形で集団に所属していなければならない。集団は，人が生存のための資源を獲得するための重要な社会装置といえる。しかし，集団のもつ機能はそれだけではない。

　第6章及び第11章で紹介されている社会的アイデンティティ理論に基づけば，集団は私たち人間の自尊心の重要な源泉でもある。人は所属する集団に自己同一視する（帰属意識や愛着をもつ）ことによって，集団のもつ社会的価値を自己評価に反映させ自尊心の維持高揚を図る。それゆえ人々は社会的評価が高い集団に所属しようとする。また，所属する集団の他の集団に対する優位を確認しようとし，これが集団間差別を引き起こすことも事実である。ただし，現実には社会的に低い評価を受けている集団に自己同一視している人たちが存在し，そのような人たちも自尊心を一定程度維持している（Crocker & Major, 1989）。これは，自尊欲求以外の心理的欲求が関与していることを示唆する。

　ブリューアー（Brewer, 1991）は，最適弁別性理論（Optimal Distinctiveness Theory; ODT）を提起し，人が集団に所属する背景に同化欲求（need for assimilation）と差異化欲求（need for differentiation）という2つの欲求が存在すると主張した。人間には，他者との類似性を求める同化傾向と他者との違いを求める差異化傾向があり，これら相反する2つの欲求を同時に満たし得るような集団に自己同一視するというのがこの理論の要諦である。ある集団に帰属意識をもてば，その集団のメンバーは自分と同類であるので同化欲求は満たされるであろう。しかし，それは同時に脱個性化を引き起こすため，差異化欲求が脅かされる。そこで，自分の集団（内集団）を他の集団（外集団）と比較し集団間の差異性を見出し，自分は他とは異なるユニークな集団の一員であるという感覚を得ることによりそれを補おうとする。したがって，所属する集団のサイズがあまりに大きくなると（周りの他者は皆自分と同じであるため）同化欲求は満たされるが，集団自体のユニークさを確認することが困難になり差異化欲求が満たせないことになる。反対に集団サイズがあまりに小さいと集団の稀少性は確認できても自分と同類の他者がほとんど存在しないことになり同化欲求が脅かされる。2つの欲求を同時に満たすような集団サイズであるとき満足度は最大となる。したがって，私たちにとって最適な集団はこの満足度が最大となるサイズの集団であるとい

える。集団への所属は人と同じでありながら人とは違う自己をもたらすのである。

また，ノールズとガードナー（Knowles & Gardner, 2008）は，ある集団に自己同一視し社会的アイデンティティを獲得することは，人に所属の感覚をもたらし精神的健康に資すると述べている。人間には他者と良好な関係を形成，維持したいという所属欲求（need to belong）がある（Leary & Baumeister, 2000）。彼らの実験では，他者から拒絶された経験を想起し，所属欲求を脅かされた者は，自分が現在所属する集団の凝集性や重要度の評価を高めることによって，心理的安寧を取り戻そうとすることが示唆されている。加えて，田端と池上（2015）は，能力次元での自己評価が脅威に晒された者が，所属する集団（家族や学科）の集団実体性（凝集性，重要性，目標共有度，メンバー間の類似性等）の知覚を強めることを見出し，社会的アイデンティティが自我脅威の防護壁として機能することを伺わせる結果を得ている。

一方，社会的アイデンティティ理論の基本仮説である，人は所属集団の価値を自己評価に反映させることで自尊欲求を満たし心理的安寧を得るという心理機制が，すべての人に一様に働くわけではないことを主張する論者が登場する（Nakashima, 2014参照）。それによると，自己同一視する集団のとらえ方は人によって異なり，大きく「共通アイデンティティ集団（common identity group）」と「共通絆集団（common bond group）」に分類される（Prentice et al., 1994）。前者はメンバー相互の交流がなく，単に同一のカテゴリーに属しているという認識の共有に基づく集団であり，後者はメンバー同士の相互交流や心理的結びつきに基づく集団である。自己同一視を強めるためには，前者は外集団との比較によって所属集団の価値を確認する必要があるが，後者は外集団との比較は必要とせず，メンバーからの直接的な働きかけ（サポート等）が主要な要因となる。重要なことは，このような状況下では，所属集団内での互恵性が生じる可能性がある点である。

事実，タイラーとブレイダー（Tyler & Blader, 2001）は，人は，所属集団に誇りをもち，他のメンバーから自分が尊重されていると感じると，集団への自己同一視が強まり，集団への協力行動が増大すると論じている。早瀬ら（2011）は，病院組織に勤務する看護師が，同僚看護師から尊重されていると感じているほど，病院業務におけるさまざまな協力行動（本来業務だけでなく役割外業務を含む）に動機づけられることを確認している。これは医療現場における安全で質の高いサービスの提供を可能にするチームワークの向上につながることを意味している。なお，これは，社会的アイデンティティ理論が主張する，人は自分と同じ集団の人に他の集団の人より多くの報

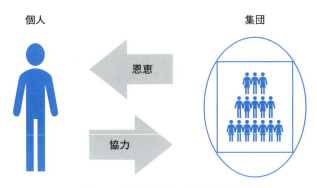

図8.21　個人と集団の互恵的関係

酬を分配するという意味での協力行動（身びいき）とは性質が異なるものである（第11章を参照）。

　集団に所属することによって，個人は物心両面にわたり恩恵を受けられるが，同時にそれへの返報として個人は集団への忠誠心から集団に協力的になり，結果，集団の維持と機能の強化に資するといえる。個人と集団が互恵的関係にあることが見てとれる（図8.21）。

参考図書

山岸 俊男（1990）．社会的ジレンマのしくみ──「自分1人ぐらいの心理」の招く
　もの──　サイエンス社

亀田 達也（1997）．合議の知を求めて──グループの意思決定──　共立出版

チェマーズ，M. M.　白樫 三四郎（訳編）（1999）．リーダーシップの統合理論　北
　大路書房

坂田 桐子（編）（2017）．社会心理学におけるリーダーシップ研究のパースペクテ
　ィブⅡ　ナカニシヤ出版

古川 久敬（2003）．新版 基軸づくり──創造と変革を生むリーダーシップ──　日
　本能率協会マネジメントセンター

山口 裕幸（2024）．新版 チームワークの心理学──持続可能性の高い集団づくり
　をめざして──　サイエンス社

本間 道子（2011）．集団行動の心理学──ダイナミックな社会関係のなかで──
　サイエンス社

ジャニス，I. L.　細江 達郎（訳）（2022）．集団浅慮──政策決定と大失敗の心理学
　的研究──　新曜社

one point

▲集団と集合

「集団」の概念的定義は必ずしも明確ではない。ただし，単なる人々の集まりを「集合」と呼ぶなら，少なくとも社会心理学ではそこに含まれる人々の間に何らかの相互依存関係ないし相互影響過程が存在するものを「集団」と称し研究の対象としてきたといえる。規模，存続期間，活動範囲，共有されている目標や価値の内容により多種多様な形態の集団があり得るが，それらを単なる集合から区別する基準としては，対面的な相互作用の存在，目標や価値規範の共有，地位・役割関係の分化，成員の所属意識（集団成員性に基づく自己規定）があげられる。従来の集団研究は，必然的に，対面的相互作用の可能な小集団を扱うことが多かった。しかし近年，これらの基準を必ずしも満たしていないものも集団研究の範疇に入ってきた。たとえば，社会的アイデンティティ理論や自己カテゴリー化理論（第6章及び第11章参照）で問題とされる集団は，同じ社会的カテゴリーに属する人々の集まりであり，そこでは，集団成員性の認識はあっても成員間の直接的な相互作用や明確な集団目標の存在は前提にされていない（Turner, 1982）。

▲集団主義と個人主義

本章に登場する集団主義と個人主義は，トリアンディスら（Triandis et al., 1990）によって定式化された個人と集団の関係性についての対照的な価値観を表す。個々人の目標（権利や利益）より集団全体の目標や調和を優先させるのが集団主義であり，反対に集団全体の利益より個々人の目標を優先させるのが個人主義である。集団主義の下では個人は集団のために犠牲を強いられることもあるが，個人主義の下では，集団の中にあっても個人の独立性を認め，集団と対決することも受け入れられる。

愛他性と援助

9

　社会心理学では，愛他的行動（altruistic behavior）と向社会的行動（prosocial behavior）という語がしばしば同義語のように用いられる。どちらも他者の得になるような行動という点で共通性がある。だが，2つは同じではないとする立場もある。たとえば，節税目的で慈善団体に多額の寄付をする場合は動機が自己優先であり愛他的ではないが，結果は慈善事業が促進され社会のためになっているので向社会行動だ，として両者を区別する。

　定義の曖昧さに加えて，具体的研究においては良い行動をとろうと考える程度を測定しようとするが，動機などは正確な把握が難しいという問題がある。そこで，ここでは愛他的行動と向社会的行動を厳密に区別しないことにする。どのようなときに愛他的援助行動がとられ，どのようなときにそうでないのか。そもそも他者のために自分の持てる何かを差し出すのはなぜか。本章では，愛他性に関する理解を深めることとする。

9.1 なぜ援助するのか

9.1.1 愛他性の進化心理学的説明

愛他的行動が本来自分のために使われるはずの大切な資源を他者に捧げることだとすれば，そのような行動が長い歴史の中で消失しなかったのは一体なぜだろうか。ここでは，血縁淘汰と互酬性からの説明を紹介しよう。

1. 血 縁 淘 汰

血縁淘汰（kin selection）説が示唆するところによれば，遺伝的に近い関係者をケアするように私たちはプログラムされており，遺伝子を共有する者の生存と繁殖を支えるような行動をとる傾向がある。それによってその血縁者が子どもを残すことができれば，自分と同じ性質をもつ遺伝子が継承されていくからである。確かに，苦境に立つ人に真っ先に手を差し伸べるのは親きょうだいなど血縁者であることが多い。場面想定法による実験結果はそれを支持している（図 9.1）。

2. 互 酬 性

病気の友を夜通し看病する。血縁関係がない他者へのこうした援助行動はどのように説明されるだろうか。愛他性に関する進化心理学的説明の 2 つ目は互酬性と協力である。互酬性（reciprocity）とは，他者から受けた好意に対して自分も同じような好意を返すことをいう。互酬性は，①特定の個体間の関係が長期にわたって安定しており，②相互に個体識別をして群れ成員間の関係を理解し，③過去のやりとりの経緯を記憶している，そのような条件下で成立する。他者への援助提供は，提供者に労力や時間など何らかの損失コストをもたらす。もし援助を受けた側から何らかの返報が将来あれば，そのときの損失は先行投資とみなせる。しかし将来というものは不確実である。そこで，自分を援助してくれるのは誰か，返報しないのは誰かなどを見極め記憶しておく能力をもっている生き物において互酬性が発達している。互酬性は相互扶助の保険のようなものであり，これによって厳しい環境の中を生き長らえてきたと考えられる。何かを受け取ったらそのままにせずお返しをするよう，互酬性ルールは多くの文化で社会化を通じて守り継がれている（図 9.2）。チンパンジーなど高等霊長類では，過去に世話になった相手には食料を分け与えその個体の子どもの世

9.1 なぜ援助するのか

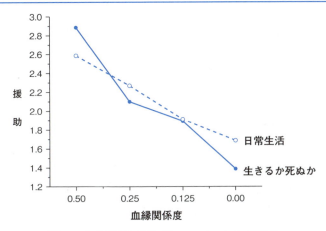

図9.1　血縁関係と援助（Burnstein et al., 1994）
参加者（成人女性）に与えられた課題は，命の危険がある場合とない場合それぞれの想像場面で，援助資源が十分にありかつ援助できるのは1名だけという条件下で，血縁程度が異なる各対象者に援助順位づけをすることである。横軸は血縁関係の強さ（0.5＝兄弟，0.25＝甥，0.125＝いとこ，0＝知人），縦軸は援助の程度を示す。遺伝的関係が強いほど援助しようとするが，それは特に生存に関わる場合に顕著にみられる。

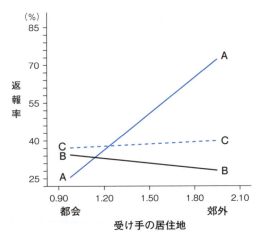

図9.2　クリスマスカードの返報（Kunts & Woolcott, 1976）
クリスマスカードを見知らぬ人に送ったときの返報性，つまり相手もクリスマスカードを送ることがどのくらいなされるかを調べた実験である。（A）高価なカード，（B）小さな市販のカード，（C）手作りの低品質カードの場合で比較している。（A）の場合，郊外に住む受け手は 70％以上の人がカード返報性を示した。都会の住民でも3～4割程度はお返しをした。

話をするなど，互酬性ルールが守られていることが知られている（de Waal, 1996）。

　他者から好意を受けたとき，感謝の意を伝達するのが一般的である。感謝は，好意を確かに受け取ったことを認識しているというメッセージであり，その後の援助や協力への動機づけを促し，結果的に互酬的やりとりが持続する（図9.3）。

9.1.2　社会的交換による説明

　人と人とのやりとりにおいて，何かを手放し代わりに何かを得ることを社会的交換（social exchange）という。恋人関係であれ取引関係であれ，人間関係では基本的にコストを最小に抑え利得を最大化しようとするように動機づけられている。それは，援助にもあてはまる，とこの立場の研究者は考える。援助提供には，確かに時間や労力，金銭，時には生命などのコストを伴う。その対価として得るものの一つは，社会的報酬つまり社会や他者からの評価や評判である。他者を援助する「良い人」という評判は，その後の社会的関係や交流の促進につながるだろう。高コストを払って援助したことが知られるほど，援助者の集団内地位は高くなる（図9.4）。高コストは，援助が本物かフェイクかを観察者が見分ける手がかりとなるのである。第2に，援助者側の苦痛低減があげられる。誰かが苦しむのを見るのは苦痛であり（図9.5），放置したりすると苦痛は長引き罪悪感や後ろめたさを抱え込むことになるかもしれない。大正時代の作家有島武郎は，領地の小作人たちが生活苦にあえいでいるのに，自分は不在地主としてその収益で贅沢な暮らしをしていることに罪悪感をおぼえ苦悩した末，農地を解放し資産を人々に無償で譲渡したとされている。

　援助者はさまざまな利得を得る。「良い行いをした」という一種の自己満足，自尊感情や気分の高揚，長期的には人生満足や幸福，孤独感の低減，健康，社会的スキルなど，まさに「与えよ，さらば与えられん」であることを，さまざまな研究が示している。お金は他者のために使う方がより大きな幸福が生まれる（Dunn et al., 2008）。しかし，これは北米文化の特徴であるかもしれない。そこで，ある研究は北米文化や公教育の影響をできるだけ最小限にして検討した。その結果，やはり与える方がより幸福感に結びつくことが確認されている（図9.6）。

　ボランティアについての研究は，「自分の成長」「自尊感情の向上」など自己

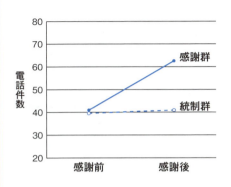

図9.3 感謝と向社会行動（Grant & Gino, 2010より作図）
電話で募金への協力を呼びかけてもらう。期間の途中でまとめ役から丁寧なお礼のことばを伝えられた感謝群は，その後電話勧誘件数が向上した。

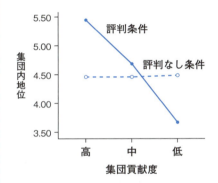

図9.4 向社会行動と評判
（Hardy & Van Vugt, 2006）
金銭をめぐる社会的葛藤場面，すなわち見知らぬ者同士で構成されるグループと自分の双方に好きな割合で分配できるゲームに参加する。評判条件では誰がどの程度グループのために貢献したかがグループ内で情報共有され，評判なし条件ではそれはなされない。結果は，評判条件でグループ貢献度が高い者（横軸）はグループ代表としてふさわしいと判断された。

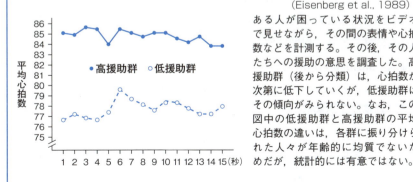

図9.5 援助者の苦痛
（Eisenberg et al., 1989）
ある人が困っている状況をビデオで見せながら，その間の表情や心拍数などを計測する。その後，その人たちへの援助の意思を調査した。高援助群（後から分類）は，心拍数が次第に低下していくが，低援助群はその傾向がみられない。なお，この図中の低援助群と高援助群の平均心拍数の違いは，各群に振り分けられた人々が年齢的に均質でいたためだが，統計的には有意ではない。

利益の目的をあげる人はより長期間活動に従事するが，「他者のため」や「地域のため」などの目的は活動の長さを説明しなかった（Snyder & Omoto, 2009）という。これは援助活動と自己利益の結びつきを示していると考えられる。ただ，「自分の成長」などが活動開始の動機なのか，活動継続の結果として生じた自覚なのかの判別は難しい。

社会的交換説は，人がその都度損得を意識的に厳密に計算してから援助を開始すると主張しているわけではない。ただ，思い浮かべた利得/コストによっては，援助したりしなかったりすることがあるだろうと考えている。

9.1.3　社会的責任による説明

社会にはさまざまな規範がある。前述した援助の互酬性や社会的交換は，授受に関する社会規範の一つに位置づけることができる。子どもや社会的弱者などが必要としている場合には，将来の返報や損得を考えることなく援助を提供するべきだという社会規範もある。それは社会の，そして社会の構成員である私たちの責任だという考え方である。

社会的責任による援助は古くから行われてきた。約 7,500 年前の古人骨を調べた考古学研究では，自力では生存できないほどの障がいのある人物が，最期の時を迎えるまで長期にわたり他者からの援助を受けていたことが報告されている（Spikins et al., 2018）。現代の私たちも，松葉杖の人が帽子を飛ばしてしまったら拾ってあげることだろう。また，地震など自然災害の被害者には，さまざまな援助が提供される。

しかし，助けを求める人に対して常に援助が差し出されるとは限らない。当該状況を作り出したのが本人である場合，たとえばギャンブルによる負債をかかえた人に対しては「援助に値しない」と考えて援助しない傾向がある。これは，帰属（attribution）が関わっていることを示している（図 9.7）。窮状の原因をどのように考えるかによって，その後の感情や行為が異なってくる。

9.1.4　共感による説明

共感（empathy）とは他者の感情を我が身で感じとり理解することである。この共感こそ援助を純粋に動機づけるという説があり，共感−愛他説と称されている（Batson et al., 1991）。褒められたいなどの自己中心的な動機で人助けをすることも確かにあるが，純粋に何とかしてあげたいと思う場合もある。こ

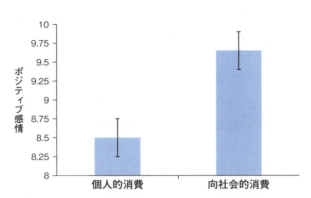

図9.6 与えることの幸福(Aknin et al., 2015)
南太平洋のバヌアツで行われた実験。参加者は支払われた金券で自分のために，あるいは他者のために，現地では貴重なキャンディを買うことができる。日頃入手困難なものを自分用に買う方がうれしいだろうと思われるが，実際は他者に与えるために購入した方がポジティブ感情は高かった。同様の結果が136カ国で確かめられている。また，金銭やギフトなどを受けとったときの幸福感は時が経つにつれ低下していくが，他者に与えたときの幸福感は高い水準で持続することも明らかになっている。

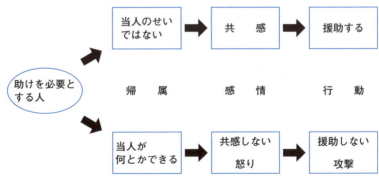

図9.7 帰属と援助(Rudolph et al., 2004 より改変)

のとき，援助行動の起点となるのが共感である。「我が身をつねって」他者が感じているであろう痛さを経験し理解する。そして，たとえ多少のコストを払うことになったとしても，援助することそれ自体をゴールとする。取り除きたいのは援助者自身の苦痛ではなく，他者の苦痛である。社会的交換説が主張するように利得が援助行動の分岐点となるのは，共感を欠く場合である（図9.8；図9.9）。バトソンは共感―援助の結びつきは強固であり，純粋な愛他性がここにあると主張している。

　しかし，一般に人間の行動はいくつかの原因が重なって生じることが多い。援助についても，共感か社会的交換かという二律背反的思考は現実的ではない。また，共感的かどうかは自己報告法で測定されることが多いが，その時点の共感度を正確に把握するのは難しい。さらに，共感的な人は実験者・研究者の心にも感度が高く，社会的報酬などの自己利益に敏感だという可能性も否定できない。このように，共感と援助の関係を巡っては議論が続いている。

　愛他的援助行動は，チンパンジーをはじめとする多くの動物で観察されている。そのことが示唆するのは，そうした動物には他者の心を読みとる生物学的基盤が備わっているということである。たとえば，人間の場合，他者が指をはさんでしまって感じている（はずの）「痛み」をその表情や身体の動きから読みとると，観察者自身の「痛み」を司る脳部位が反応する。こうした神経システムを通じて他者の感情や意図などが伝わり，観察者は別個体であるにもかかわらず，眼前の相手の苦境がどのようなものかを知ることができる。トマセロ（Tomasello, 2014）は，幼い子が他者に共感し援助しようとすることを報告し，人間は本質的に向社会性プログラムを搭載しており，「超」がつくほど社会的な動物であると論じている。

　共感が他者に手を差し伸べる道徳的な行動と結びついていることは確かである。しかし，その関係は必ずしも直線的ではない。一つには，誰かに共感を抱くと「その人のために」を優先することで，公正の基準・判断に歪みが生じる場合がある。緊急手術が必要な人への共感ゆえに，ウソや賄賂などを用いてまで手術の順番を早めてもらおうとする例をあげることができる。また，共感は当該対象に注意を焦点化するため，視野を狭めてしまう傾向がある。つまり特定の人に強く共感している場合，助けをより必要としている人がいてもそちら

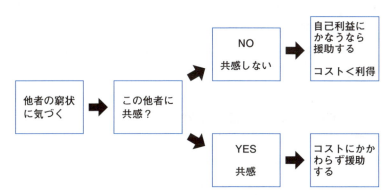

図9.8 共感−愛他説（Batson et al., 1991 より作成）

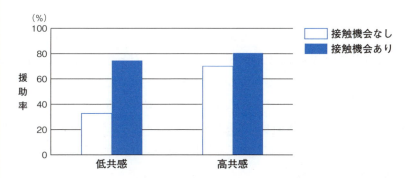

図9.9 共感−愛他説の実験（Toi & Batson, 1982）
女性が助けを必要としている状況下の援助を検討する実験。共感が高い場合（右側2本）には後でその女性と会う機会があるか否かに関わりなく援助する。共感が低い場合（左側2本）はこれから毎週会う機会があり援助しない場合の自分の罪の意識や苦痛を予測するときに限り援助するが，会う機会がない場合には援助行動の発生は低くなる。つまり，共感−愛他説が示唆するとおり，共感が低いときには社会的交換説のいう自己利益の思惑が援助を左右する。

に対する共感や援助行動は抑制される傾向がある（図9.10）。さらに，共感には相手を選択する性質がある。苦境にある人誰に対してもというのではなく，自分と何らかの点で似ている他者には共感が起きやすいが，類似性が低い他者に対する共感は抑制される傾向がある（遠藤，2015）。その結果，援助における意思決定の公正性が崩れるだけでなく，一方への援助が不和対立を刺激することさえ起こり得る。

9.2 どのようなときに助けるか

9.2.1 気分と援助行動

1. ポジティブ気分の効果

　友人の助けを借りようとして，気分が良さそうなときを見計らって用件を切り出したことはないだろうか。ある実験で，小銭を拾い良い気分の状態へと誘導された参加者は，「偶然」目の前に現れた人の窮地に援助の手を差し伸べる傾向がみられた（表9.1）。ポジティブ気分が援助行動を促進することは，さまざまな気分操作法において繰返し確認されている。

　これは一つには，ポジティブ気分は気分と一致する情報に目を向けさせ，結果として世界を肯定的側面からみることを促すからだと考えられる。援助行動に関していえば，援助を必要としている人を「良い人」だと知覚する傾向がある。第2に，他者への援助は自分の良い気分を持続させることにつながる。気分は変動しやすいが，援助した満足感など新たな良い気分が生まれ，「感謝」や善良な人としての評判などさまざまな形で良い気分が生じる機会が増える。

2. ネガティブ気分の効果

　ポジティブ気分が援助行動を促進するなら，ネガティブ気分は逆に抑制効果があると思うかもしれない。向社会的行動の研究によれば，他者への援助がなされるには，その他者が苦境にあると気づきそこに注意を向ける必要がある。援助者自身の悩みなどでネガティブな気分のときは，他者に向ける十分な注意とエネルギーを欠く上，自分の問題を解決し気分を改善させることが優先されるため，援助行動は減少する傾向がある。

　ただ，悲しいときや後ろめたいときに援助行動が促進されることもある。近年の研究は，援助対象が一般的で漠然としている場合か（例：「貧困で困って

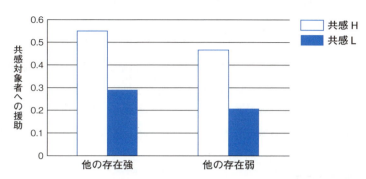

図9.10 共感の低柔軟性（Oceja, 2008 より作成）
ある人物に強く共感する（共感H）と，より助けを必要とする別人物について考えるように求められた場合（他の存在強）でもそうでなくても（他の存在弱），最初に共感を寄せた人物を助ける選択は変わらない。つまり，一度誰かに強く共感すると，より援助が必要な他者がいることを知っても，やはり当初の対象者を助けようと心をくだくことが示唆され，柔軟性を欠く傾向が確認された。

表9.1 ポジティブ気分と援助（Isen & Levin, 1972 より改変）

	援助	非援助
ポジティブ気分	14	2
統制条件	1	24

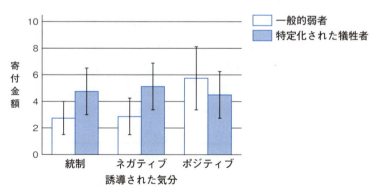

図9.11 気分と援助（Sabato & Kogut, 2021）
気分が良い場合，一般的な弱者に対して援助しようとするが，特定化された犠牲者に対する援助は相対的に弱くなる。気分がネガティブな場合，逆に一般的弱者より特定化された犠牲者に対してより援助しようとする。

いる人々」）一人の特定の人物の場合か（例：「移植手術を待っている○○ちゃん」）で，気分効果が異なることを報告している（図9.11）。一般に援助は特定化された個人に対してより向けられやすい（コラム参照）が，ポジティブな気分にある人は一般的弱者への募金には気前よく協力するものの，個人的苦境への援助は抑制される。つらい状況にある他者を見ると，自分のポジティブな気分が損なわれるように感じるからではないかと考えられている。反対に，ネガティブな気分の人は漠然とした対象には動かないが，具体的な個人に対しては援助を増大させる傾向がある。

9.2.2　他者の存在

援助提供に影響する要因の一つとして，当該場面における第三者の存在がある。緊急事態を複数人が目撃したと考えたときは，自分一人だけと思ったときに比べて，援助行動は抑制される（図9.12）。傍観者効果（bystander effect）と名づけられたこの現象には，多元的無知（pluralistic ignorance）と責任の分散（diffusion of responsibility）の関与があるとされている（0.1節参照）。つまり，誰も反応しないということはそれほど重大な緊急事態ではないと受け止め（多元的無知），また誰か他の人がこの状況に対処するだろうと相互に思い（責任の分散），結果として大勢の人間がその場にいるにもかかわらず誰も援助しないということが時に起き得る。

傍観者効果は多くの研究で繰返し確認され，複数傍観者の存在が援助行動を抑制する方向に作用するのは確かなようである。ただ，逆に複数人いることで援助行動が促進される傍観者効果の逆パターンも報告されている。社会的交換説（9.1.2項）で述べたように，複数の他者の眼前での援助行動は良い評判を得る機会となり得る。特にアイコンタクト，後で再度会う，名前を呼ぶなど潜在的援助者の匿名性を除去した場合には自覚状態が高まり，責任の分散は生じにくくなり援助行動が促進されるようになる（図9.13）。

9.2.3　都会と田舎

「田舎の人は親切だ」という話を聞いたことがあるだろう。都会と田舎の援助行動の違いを検討した研究によれば，実際田舎の方が援助行動の生起率が高く（図9.14），この傾向は複数の国々で確認されている。では「都会の人は本質的に冷たい」のだろうか。そうではなく，日々忙しく多くの刺激にさらされ

9.2 どのようなときに助けるか

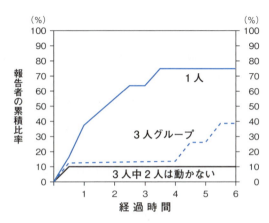

図9.12 傍観者効果 (Latané & Darley, 1968 より改変)

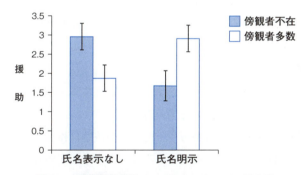

図9.13 逆傍観者効果 (van Bommel et al., 2012)
オンラインフォーラムと称する実験。参加者はコンピュータのスクリーンに1つずつ呈示される他者の悩み事メッセージ（総計5個）に対して，助言や慰めなどを書き込む（援助）。実験デザインは2（傍観者多数／傍観者なし）×2（参加者の氏名明示／氏名表示なし）の4群である。実際には4群とも参加者1名で参加する。他にも大勢の他者がいると考えた群で自分の氏名が表示されない場合は援助は低くなるが，氏名の明示によって自分が誰であるか大勢に知られることになったと考えた群ではより多くの援助がなされた。

ているために，いろいろな事から距離をとろうとしているのではないか（過負荷説）と考えられている。援助には人口密度が大きく影響することからも，この説の妥当性がうかがえる。

9.2.4　社会流動性

　現代では，進学就職などを機に居住地を変える人が多い。マクロ的にみたとき，それはメンバーが入れ替わりコミュニティが流動的になるということである。反対に，メンバーの入れ替わりが比較的少ない安定型の地域もある。このような環境は，援助行動にどのような影響を与えるだろうか。長年同じところに住み続けている人はコミュニティに愛着を感じ，貢献志向が強まる。たとえば，米国では自然保護の財源とするため，各州の特別ナンバープレートが販売されている。これには購入後も毎年 30 ドル課金されるが，その州に長く住んでいる人ほど購入率が高い（Oishi et al., 2007）。

　コミュニティの安定性と援助行動の関係を，実験で検討した研究がある。安定群は同じメンバーの小集団で，移動群はメンバーを毎回入れ替えた小集団で，問題に取り組む。その結果，移動群よりも安定群で援助行動がより多くみられた（図 9.15）。つまり，安定的コミュニティでは援助行動が促進される。都会での援助行動の少なさは，流動性の高さと関連しているのかもしれない。

9.2.5　社会階層と援助

　マイクロソフト創業者ビル・ゲイツは，自ら運営する慈善団体を通じた寄付が既に 7 兆円を超え，今後も続ける意向を表明している。これを一般化して，富裕層は経済的・精神的に余裕があり，他者への援助に積極的だといえるだろうか。これまでの研究は，むしろ逆であることを示唆している。すなわち，社会階層が低く相対的に低収入の人々の方が，他者を気にかけ援助すると報告されている（図 9.16）。持てる資源が乏しい中，相互に関心を払い他者の感情を読み取り，必要ならば援助し支え合うことが文化となっているためであろう。富裕層は，他者の好意的援助に頼らずともサービス購入など金銭で解決できることも多く，相対的に他者に関心を向けないのかもしれない。社会階層は単に所得金額に基づくカテゴリーであるだけでなく，金銭的なものが暮らし方の条件ないし制約となって文化を形成しており（Kraus et al., 2011），ケアや援助行動もそこに含まれる。

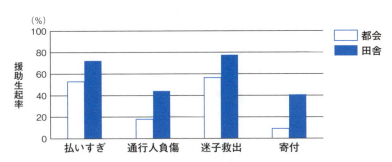

図9.14 都会と田舎の援助率（Stebley, 1987より作成）

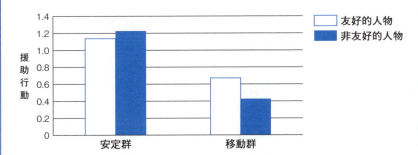

図9.15 社会流動性と援助（Oishi et al., 2007）
少人数グループのメンバー入れ替えなし（安定群）と入れ替えあり（移動群）の2条件を設け，課題のクイズ問題がわからず困っているサクラに対する援助を検討した。その結果，サクラが友好的人物であるか否かにかかわらず，移動群よりも安定群においてより多くの援助がなされた。

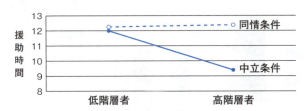

図9.16 社会階層と援助（Kraus et al., 2011）
プライミングによってあらかじめ同情を喚起しておく同情条件と中立条件を設定した。高階層者は同情条件では援助するが，そうでないときはそれほど援助しない。低階層者は同情条件，中立条件の双方で援助を提供する傾向がみられた。

コラム　慈善団体の広報——特定化された個人の効果

　街角や電車の中で，ユニセフや国際 NPO などのポスターを見たことがあるだろう。慈善団体は民間協力拡大，簡単に言えば募金額増大を目的として広報活動をする。そのようなポスターには，ある共通点がある。多くの場合，子ども1人が大きく写っている写真が用いられているのである。貧困，難民などいずれも何百万何千万の人々が援助を必要としている中で，たった1人の幼い子どもをクローズアップするのはなぜだろう。

　援助行動は，まず対象人物に注意を向け強く動く感情が起点となる。そのためには，実体としてのイメージを作りやすい個人で，どのような人か特定できる情報のあることが必要なのではないか，としてある実験が行われた。高価な投薬治療を待っている病児がいるという状況設定で情報の与え方を変え，募金額を記入させる。その結果，対象が集団の場合は特定化情報の有無にかかわりなく援助意思は低かった。対照的に，年齢や氏名と顔写真などで個人が特定できる場合は援助意思が強かった（図 9.17）。「この子を助けたい」「この子を見捨てることはできない」という具体的な個人に向けられる援助者の感情的反応が援助意思決定に影響するのである。単にどこかの誰かが「あなたの助け」を求めている，あるいは大勢が窮した状態にあるという情報提供では，対象に対して鮮明で具体的なイメージを持ちにくく，感情によって動機づけられる援助行動は生じにくいことが示唆される。これらの研究に基づけば，国際支援機関などの子ども1人の写真ポスターは，見た人の注意を引き募金という援助行動の一連

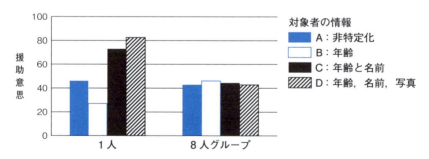

図9.17　特定化された個人への援助（Kogut & Ritov, 2005）
非特定化条件 A は，「病気治療・救命に高価な投薬を必要とする病児がいる」という情報だけを与える。条件 B から D はそこに上記の情報を付け加える。対象者が単独の場合は，十分特定化でき情報が増えると援助率が高くなる。他方，対象者が複数の場合，特定化情報の程度は影響しない。

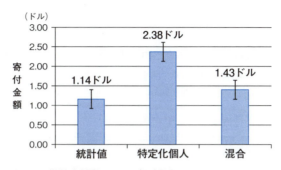

図9.18　犠牲者情報のタイプと援助（Small et al., 2007）
実験参加者に謝礼として5ドルを渡し，慈善団体へのいくらかの寄付を要請した。横軸左から「統計値：アフリカの何百万の子どもが飢餓」「特定化個人：アフリカの7歳のロキアという名の女児が飢餓」「混合：ロキア7歳女児が飢餓なるも，他に同様の子どもが何百万」と説明する。特定化個人条件で寄付額が大きく，混合条件では減少する。これは犠牲者個人への感情的つながりが統計値によって薄れるからではないかと考えられている。

のプロセスをスタートさせるのに効果的だということになる。

　地球上には，清潔な水や食糧，医療や教育など生きるために必要な資源に十分にアクセスできない人々が大勢いる。子ども1人を広報に採用し見る人の感情に働きかける方法は募金集めには効果的であっても，背後にある問題の重大さや深刻さを援助者が理解できず，問題解決につながらない可能性がある。もし特定化個人情報に加えて統計値という客観的情報が与えられ，それによって援助者が事の深刻さを論理的分析的思考に基づいて理解することができるなら，援助の増大や協力の持続性や拡大に資すると考えられる。しかし，実験ではそうはならなかった。募金額は特定化個人条件が一番多く，特定化個人と統計値を組み合わせた混合条件や統計値条件は，特定化個人条件とは有意な隔たりがあった（図9.18）。統計値によって少額の募金では効果がないと考えた，あるいは特定化個人への感情が分析的思考によって弱められた，などいくつかの解釈ができる。ともあれ，事実として特定化個人の呈示以外は募金額増大の目的に照らしてそれほど効果的ではないといえる。言い換えれば，問題を解決したいというより，具体的な特定の人を救いたいのかもしれない。国際支援機関のポスターはその方針を具現化しているのだろうか。

　「一人ひとりの命は大切」といわれており，理念的に異論をはさむ人はいないだろう。しかし，感情に基づく援助のあり方は，群衆内の無名の一個人の生命救済を，特

定化個人の生命救済よりも，価値的に小さいものとしてしまう危険性がある。窮状にある人が183人か185人かについて，感情はその違いを感じとらない。自然災害や貧困，紛争など大規模な問題に対する直感的援助のあり方は，数多くの被災者・犠牲者がいるときに私たちを間違った方向に進ませる可能性があるとスロビック（Slovic & Vastfjall, 2010）は指摘している。「人を助けることはいいことだ」で留まらずに，判断や行為の特徴を知り理解することが必要である。

参 考 図 書

シンガー，P.　関 美和（訳）（2015）．あなたが世界のためにできるたったひとつのこと──〈効果的な利他主義〉のすすめ──　NHK出版

バトソン，C. D.　菊池 章夫・二宮 克美（訳）（2012）．利他性の人間学──実験社会心理学からの回答──　新曜社

one point

▲インターネット時代の傍観者効果（bystander effect）

　傍観者効果は，多くの実験において繰返し確認されてきた。近年は，インターネットを介したやりとりにおいても報告されている。援助要請が他の多くの人のところへも届いていると考えたときには，自分だけに届いたと考えるときよりも援助が抑制される。インターネット上でのいじめや誹謗中傷では，ターゲットにされた犠牲者は大勢の人の前で傷つけられたことに加えて，それが拡散されたり，大勢の人たちが知りつつ止めてくれない，助けてくれないことで二重三重に傷つく。サイバーいじめへの介入がなされにくいのは，しかし，まさに傍観者が自分以外にもたくさんの傍観者がいることを知っているからではないかと考えられている（Kazerooni et al., 2018）。

攻撃性 10

　語感の激しさから，攻撃性は普通の人にはあまり関係のないことだと思うかもしれない。しかし，公共交通機関内で些細な事から暴力事件に発展するケースがあるのを思い起こすなら，攻撃性が日常の中にも潜んでいることがわかるだろう。蹴る，殴るなどによる身体への攻撃の他，罵倒する，仲間はずれにするといった相手の感情や関係性にダメージを与える社会的攻撃もある。また，殺人は攻撃の極端な形である。攻撃性とは何が原因で起こり，どのように表れどのようなときに高まり，どうすれば抑制できるだろうか。さらに，文化や個人による違いはどのようなものであろうか。本章では，攻撃性に対する理解を深めることとする。

10.1 攻撃性の理論

攻撃とは，危害を加え身体的・精神的苦痛を引き起こそうとする意図的行動である。一般に，攻撃行動は，攻撃性と呼ばれるパーソナリティ特性の持ち主が示すものとして理解されている。確かに，攻撃性は長期に渡って比較的安定した特徴として観察されることが多い。しかし，単にパーソナリティ特性というよりは，フラストレーションへの反応，動機づけや認知に由来する反応傾向であり，周囲から与えられた特殊な役割実現であるなど，多様な側面を含んだものとして理解されるようになってきている（図 10.1）。

10.1.1 生物学的説明

フロイトは，死の本能が転じて破壊衝動となり対象に向かうことが攻撃性だと考えた。「本能」は万人に備わっており，生得的で学習によらない。したがって「適切な」対象がみつかれば攻撃エネルギーの放出が起き，攻撃行動となる。しかし，攻撃性には生物学的要因のかかわりがあるとしても，本能説では性差や個人差，文化差を十分には説明できない。

一般に男性の方が女性より攻撃的であり，ギャングや強盗などは男性イメージとして描かれることが多い。実際多くの国では，暴力的犯罪率は男性の方が女性よりも高い。たとえば，我が国の刑法犯検挙率でみると，男性は女性の約 8.7 倍である（表 10.1）。

進化心理学によれば，攻撃性に性差があり男性の方が身体的に攻撃的であるのは利己的な遺伝プログラムの働きによる。つまり，遺伝子を子孫に引き渡すためにライバルを遠ざけ優位性を確保して，自分の性的パートナーを占有しようとするのである（図 10.2）。

男性ホルモンの一種テストステロンは，攻撃性と関連している。動物実験によれば，このホルモンを除去された個体は攻撃性の低下がみられる。人間ではテストステロンの高さは攻撃性と結びついている（表 10.2）。テストステロン高水準の少年・若い成人男性は非行に走りやすく，挑発に対して攻撃的に反応しやすい。25 歳あたりをピークにこのホルモン量と暴力犯罪率はどちらも減少に転じる。ただし，テストステロンと攻撃性の間には相関関係が認められているものの，因果関係についてはまだ解明されていない。サッカーなどでは，

10.1 攻撃性の理論

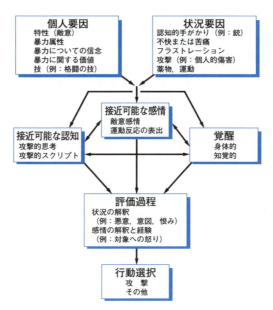

図10.1 攻撃の概要モデル（Linsay & Anderson, 2000より）

表10.1 男女別検挙人員（『令和元年版 犯罪白書』平成30年の統計値より作成）

罪名	総数	男性	女性	女性割合（%）
殺人	836	621	215	25.7
強盗	1,732	1,586	146	8.4
暴行	26,622	23,462	3,160	11.9
傷害	20,774	19,137	1,637	7.9

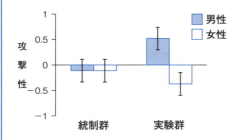

図10.2 攻撃性の性差（Ainsworth & Maner, 2014）
実験群はデート目的を喚起された後、同性ライバルとゲームで勝負し、負けた相手を大音量で攻撃できる。デート欲求下では男性間で攻撃性が高まる、と進化心理学的に解釈されている。

勝利チームのファンの方が試合後に問題行動を起こす傾向があり，またテストステロン値が高いとされていることから，攻撃的行動がテストステロンの上昇を引き起こす可能性も考えられる。

10.1.2　社会的学習説

攻撃性について生得説がある一方，社会的学習説もある。バンデューラは，次のような実験でそれを示した（Bandura et al., 1961）。まず大人が人形を蹴る殴るなど乱暴に扱う様子を子どもに見せた。その後，室内で1人になった子どもは，観察したとおり時にはそれ以上激しく人形に乱暴行為を行った。これは，対象への接し方を観察によって学習したと考えられる。現実においては，親から暴力的罰を与えられた子どもは暴力的な傾向があるが，その当の親は暴力的な家庭出身であることが多い。暴力的罰はエスカレートして虐待となりやすい。虐待されて育った子どもの約30％は，長じて子どもを虐待するとされている（Widom, 1989）。平手打ちなど「よりおだやかな」罰を受けた場合でも，後年攻撃的になる傾向がある。自分の親がパートナーに対して暴力的に接するのを家庭で見た大学生は，パートナーに攻撃的に接するようになる（表 10.3）。逆にロールモデルによる穏やかな態度・行動も学習される。他者からどう扱われてきたかという経験に基づいて，社会的相互作用の仕方を学ぶのである。

10.1.3　フラストレーション攻撃説

フラストレーション攻撃（frustration-aggression）説は攻撃性についての初期の理論の一つである。たとえば，スポーツカーで疾走しようと思っている人にとっては，法定速度で走る前方の車両は自分の目標や満足を阻んでいるように思われフラストレーションが生じる。その強さは，攻撃行動の強さに反映される。フラストレーションはさまざまな要因の影響を受けるが，ゴールへの近さはその一つである。ゴール間近で阻まれると，まだ遠い場合よりもフラストレーションが強まりより攻撃的になる（図 10.3）。

このように，フラストレーションは攻撃行動の原因となり得るが，研究結果は必ずしも一貫していない。フラストレーションが攻撃性を増強するときと，そうでないときがあるのである。状況が制御不能な場合や理解可能な場合は攻撃性が低い。たとえば，搭乗予定便が突然キャンセルになっても，それが誰かの搭乗規則違反行為によるときに比べて，悪天候による場合は攻撃的になりに

10.1 攻撃性の理論

表10.2　テストステロンと攻撃性 (Dabbs et al., 1995)

	テストステロン 低	中	高	低高比
暴力犯罪関与	46	54	66	1.4
刑務所内ルール違反	67	71	88	1.3

テストステロン量を基に3群に分け，暴力犯罪関与率（％）と刑務所内ルール違反率（％）を調べた。いずれもテストステロンが高い群ほど，攻撃的であった。

表10.3　親の暴力の目撃と攻撃性 (Testa et al., 2011 より改変)

目　撃	カップル内暴力なし	女性から男性へ暴力	双方的暴力
母親が父親に暴力	4.7	5.7	13.1
父親が母親に暴力	6.6	7.1	14.1

(％)

回答者は女子大学生。「自分だけが（女性から男性へ）」「双方的暴力（カップル男女が共に）」の2群を合わせると，親が暴力的な家庭出身者の約20％以上が暴力的だったということになる。

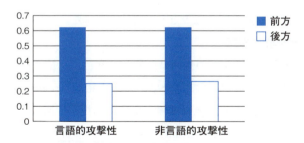

図10.3　フラストレーションと攻撃性 (Harris, 1974 より作図)

フィールド実験で，長い行列ができているところに，列の前方または後方に割り込む。割り込み位置の後の人々の様子から，「文句を言う」「押す」などの攻撃行動を記録した。その結果，あと少しの位置で順番が阻まれる前方条件では，後方条件時に比べて言語性・非言語性の攻撃性が高かった。

くい。バーコヴィッツ（Berkowitz, 1989）は，かつての理論は両者のストレートな結びつきを強調しすぎていたとして，モデルを再考した。怒りに加えて，事態が他者の不当な行動によってもたらされたという帰属判断を伴うとき，フラストレーションは攻撃的行動を生む。

10.2 攻撃性に影響を与える要因

10.2.1 集団対個人

集団と個人では攻撃性に違いがあるだろうか。この疑問について検討した研究がある。攻撃側と攻撃対象側それぞれに集団条件と個人条件を設定して攻撃の強さを比較したところ，集団が集団に対するときにもっとも攻撃的になり，個人が個人に対するときにもっとも攻撃性が低かった（図 10.4）。他の研究も示すとおり，集団間の攻撃性は個人間の攻撃性とは連続性に乏しく，攻撃側と攻撃対象側が集団か個人かで攻撃のありようは異なることが示唆される。

戦争や紛争は集団間の攻撃性の究極の形である。ホロコーストやルワンダ内戦などの大量虐殺は，むごい暴力行為が集団によってなされたことを示している。ルワンダでは，穏やかに共存していた人々がある時を境に「敵」同士となり，教師や聖職者，町長，警官などがかつて一緒に飲み交わした人々を自らの手で殺害した（Hatzfeld, 2000 ルワンダの学校を支援する会（服部欧右）訳 2013）。そうして短期間の間に数十万人が犠牲となった。

10.2.2 拒絶体験と敵意

人は家庭，学校，職場などの集団に所属し，幸福，福祉を得ている（第 12章参照）。しかし，時に「仲間ではない」として拒絶（rejection），追放（ostracism）されることがある。それは停学処分や無視，仲間はずれなどさまざまな形をとるが，いずれも社会心理的逆境や感情的虐待として受け止められ，敵意や怒りを生じさせる。妻に暴力を振るう夫は，妻から拒絶され，怒りや恐怖を感じていると報告されている（表 10.4）（第 7 章参照）。

10.2.3 アルコール

アルコールと攻撃行動の結びつきは，多くの研究によって指摘されてきた。アルコールは社会的潤滑油であるが，他方望ましくない行動の抑制のタガをはずし攻撃的行動に走らせることがある。世界レベルでは，殺人の約 50％はア

10.2 攻撃性に影響を与える要因

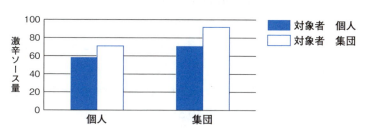

図10.4 集団と個人の攻撃性（Meier & Hinsz, 2003 より改変）
攻撃者は1人または3人1組で，実験に参加する。攻撃性は他者（1人または3人）に与える激辛ソース量によって測定される。試食の後，次の参加者のためにソース付きスナックを用意した。集団で参加し「次の集団」の1人あたり分を用意するときソース量はもっとも多かった。

表10.4 愛着スタイルと暴力（Dutton et al., 1994 より改変）

	暴力群	統制群	p
成人愛着スタイル			
安定	14.9	16.4	.006
恐怖	15.2	13.5	.01
とらわれ	12.1	10.6	.02
回避	15.8	16.1	n.s.
怒り	80.7	74.9	.05

暴力群の参加者は，妻への繰返しの暴力で治療を受けている男性。親密関係での愛着のとり方が非暴力的な人と違いがあり，恐怖や怒りを強く感じる傾向が認められる。

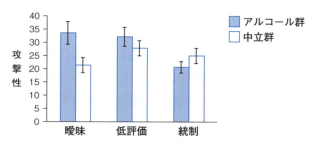

図10.5 アルコールと攻撃性（Pedersen et al., 2014）
アルコール群と中立群の参加者は，自分の書いたエッセイに対して「曖昧評価」「低評価」「統制（評価なし）」のいずれかを受けとる。その後に設けられた評価者に痛みを与える機会で攻撃性を検討した。アルコール群は意味が定かではない曖昧状況でも脅威と受け止めてしまう傾向を強めた。

ルコールが関係している（Kuhns et al., 2014）。アルコールは，通常の情報処理を妨害する。駅で前を歩いていた人が急に立ち止まったため，こちらが転びそうになった。素面のときであればそれは悪意ではないだろうと判断するところだが，もしあなたが酩酊状態にあるなら別の考えが浮かぶかもしれない。ある研究は，アルコールの影響下では，曖昧な状況を「挑発」として受け止める傾向があることを見出している（図 10.5）。

10.3 **文化と攻撃性**

攻撃性やその表出法には文化による違いがあるとされる。たとえば，アラスカのイヌイットは穏やかで平和を好み，怒りや攻撃行動を表すことはあまりない。他方，アマゾン奥地の先住民ヤノマミ族は好戦的で，子どものときから攻撃的であることを奨励され，部族内で槍や刃物を手に戦い傷つけ合うという。攻撃性の文化的なバリエーションは，価値観や人間関係の築き方に関する習慣，社会環境要因などが複雑に絡み合って生み出される。

米国においては暴力犯罪の発生率に地域差があり，南部において高い傾向がある。ニスベットら（Nisbett & Cohen, 1996）は，それを南部の「名誉の文化（culture of honor）」で説明する。南部の人々は入植後牧畜を主な生業としていた。当時公的機関がまだ十分に確立しておらず，家畜の盗難略奪を防ぐため，自分は「タフ」で「やられたらやりかえす」ことを知らしめ自衛するしかなかった。名誉侵害懸念や侮辱に対して猛々しく武器を携え威を振るうことを適切とする「名誉の文化」が発達したのには，そのような背景がある（図 10.6）。現代では公安・法治機関が整い産業構造も変化し，暴力に依存した自衛はもはや必要ではない。だが，引き継がれてきた「名誉の文化」が南部における攻撃性，暴力犯罪率の高さ，銃や暴力の使用に対する寛容さとして現れている，とニスベットらは指摘している（図 10.7，図 10.8）。

他方，南アジアから中東にかけては，「名誉殺人（honor killing）」という私刑がある。こちらは自分や一族の名誉や尊厳を守るため，西洋風に装う，あるいは恋愛をするなどの「不道徳者」を石打ちなどで殺害する風習である（11.2.3項参照）。加害者は父親や兄弟など親戚家族の男性で，犠牲者は主に女性である。背景には女性だけに「道徳」を厳しく求める性的ダブルスタンダード，カ

10.3 文化と攻撃性

```
経済的要因：牧畜を生業
・耕作できない，食料補給が不十分
・財（家畜）が略奪されやすい
                                    → 自衛，暴力への依存
社会環境要因：無政府状態              男らしさ，力強さの顕示
・安全を保障する公的組織が不十分        「なめんなよ！」
```

図10.6　名誉と暴力（石井，2017）

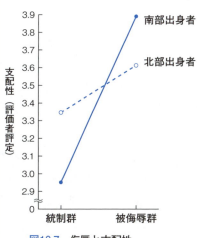

図10.7　侮辱と支配性
(Cohen et al., 1996)

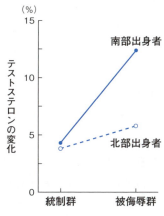

図10.8　侮辱とテストステロン
(Cohen et al., 1996)

220 第 10 章 攻 撃 性

ースト，部族の因習などがあるとされる（表 10.5）。法治が届かない地域では
名誉殺人は女性を含む住民によって正当化され支持され，全体の犠牲者数は年
間少なくとも数千人にのぼる。前述の「名誉の文化」とは地域や背景が異なる
ものの，どちらも「強い男」という評判や名誉を重んじる文化の下での攻撃性
である点が共通している。

　世界のさまざまな社会を調べた調査によれば（Nawata, 2020），勇敢な男ら
しさを重視する名誉文化が優勢な社会では，戦士に賞賛や特権などの社会的報
酬が与えられ結果として集団間紛争の頻度が高くなるという。つまり，「強く
立ち向かう」ことに社会が価値をおく名誉の文化は個人レベルの攻撃性だけで
なく，集団レベルの攻撃性にも影響を与えることが確認されている。

10.4 メディアと攻撃性

　今日，メディアには暴力シーンがあふれている。ニュース，TV ドラマ，映
画，コミック，ミュージックビデオ，ゲームなどにおいて，殺人，レイプ，闘
争などの暴力シーンがリアルに描かれ，残忍な悪者を滅ぼすために「正義側」
もまた激しい暴力を展開する。現代の子どもや若者は，そのような暴力的メデ
ィアにさらされている。その影響を心配する声がある一方，「それらはフィク
ションの世界だということを皆承知している」という意見もある。はたしてメ
ディアは攻撃性に影響を及ぼしているのだろうか。

10.4.1 メディアの影響

　暴力行動を目撃すると，子どもは観察学習により，たちまち同様に振る舞う
ようになることは先に述べた。では，多くの人が日常的に断続的に接している
メディアの暴力シーンも同様の効果があるのだろうか。実験は刺激として暴力
的なもの，暴力的でないものをそれぞれ別群の参加者に見せ，その後の行動や
認知を比較するのが基本形である。これまで多くの研究は，暴力シーンの視聴
がその後の攻撃的行動や思考を促進することを報告している（図 10.9）。

　ゲームはどうだろうか。能動的な関わりを求める暴力的ゲームは攻撃性に対
してより強い効果をもつとされている。これは，攻撃行動をとった後にポイン
ト獲得や次のステージに進むなどの報酬が与えられるからだと考えられる（た
とえば Anderson, 2010）。

表10.5　名誉の殺人（ユニセフHPより作成）

加害者	主に父親，兄，伯父，夫など家族親戚の男性。
被害者	主に若い女性。
理由	一家の名誉尊厳を傷つけた。
「原因」	見合い結婚を断った，自由恋愛，離婚しようとした，不倫が疑われる，西洋風の服装・行動をした等。
方法	撲殺，石打ち，自殺強要等。
周囲の反応	仕方ない，当然だ（法的に禁じられていても報告しない）。
犠牲者数	年間5,000人（報告されないケースが多いため，実際はより多数）。
発生地域	南アジア，中東に多い。移民の場合，欧米でも。

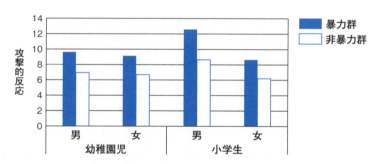

図10.9　**暴力的ビデオ視聴と攻撃性**（Liebert & Baron, 1972 より作成）
幼稚園児と小学生に，暴力的または非暴力的ビデオを見せた後，「隣室の子ども」の課題遂行を攻撃的に妨害するかどうかを検討した。その結果，暴力シーンの視聴の効果がみられ，特に男児で顕著であった。

長期的影響の検討には縦断的研究が必要になる。小学生時の暴力的 TV 視聴の長期的影響を調べた研究は，15 年後の 20 代前半時の攻撃性が高かったと報告している（図 10.10）。他の研究もほぼ同じ方向の結果を示しており，子ども期の暴力的番組長時間視聴群は攻撃性が高く，けんかや犯罪，虐待などに関わる程度が高かった（たとえば Coyne, 2016）。

ただ，喫煙者全員が肺ガンになるわけではないのと同様，暴力メディアによくふれている人は必ず攻撃的になり，犯罪に手を染めるというわけではない。だが，これまでの研究結果は，暴力メディアの視聴経験が攻撃行動に行き着く一つの原因であるという点で一致をみている。

10.4.2 影響過程

実験や縦断研究は共に，暴力メディアによくふれることが攻撃性の亢進リスクと結びついていることを示している。しかし，この問題について真の原因や影響過程を決定するのはなかなか難しい。もともと攻撃的な人が暴力シーンを好んで見る傾向があるせいかもしれない。また，たくさん見たことでこの世は悪人が多く危険だから，先に攻撃した方がよさそうだという考えを獲得したせいかもしれない。実験で一時的に見た暴力シーンは，攻撃行動をこのように表出してもよいのだという「行動許可」，あるいはこういう場合にはこう行動するのだという「行動スクリプト」として理解したのかもしれない。さまざまな要因の関与や過程が可能性として考えられる（図 10.11）。

最近注目されているのは，脱感作（desensitization）である。暴力シーンによくふれていると，いわゆる慣れや麻痺が生じ，現実の攻撃行動を「たいしたことではない」とみなしてしまう傾向がある。事実，暴力シーンを見ても感情や共感を司る脳部位の反応は鈍化傾向を示すことが知られている（Stockdale et al., 2017）。

10.5 性暴力

性暴力はいくつかの種類に分けられるが，いずれも同意や対等性がなく相手を支配し攻撃しようとする性的行為といえる。被害者の多くは女性であるが，男性の被害者も少なからずいる。性暴力には他の暴力とは異なる特徴があり，また誤解がある。

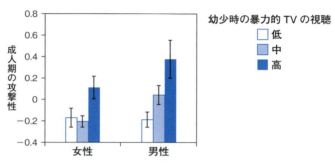

図10.10　暴力的 TV の長期的影響（Huesmann et al., 2003）

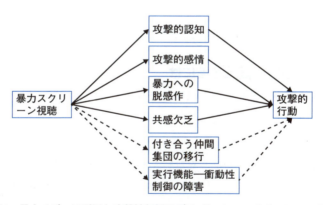

図10.11　暴力メディア利用と攻撃性包括モデル（Anderson & Bushman, 2018）
図中破線矢印に関してはさらなる実証研究の積み重ねが求められる。

第 1 に，男女間で仕草や表情などのサインの解釈が異なる傾向があるが，男女ともそれに気がついていないことが多い。たとえば，デート中の女性が友情のサインを示すとき，男性はそれを性的関心の表現として受けとってしまうことなどがあげられる。その後，男性が性的行為をとろうとするときも，女性の抵抗のサインに対して異なる解釈をし，自分の行為を正当化しがちである。こうして，相互に好意をもち親密な間柄においても，レイプが生じ得る。レイプは，まったく見知らぬ人が加害者という場合もあるが，多くは旧知の仲で起きており（図 10.12），この傾向は他国でもみられる。

第 2 に，性暴力特にレイプの被害者に対して「必死で抵抗すれば防げたはずだ」「隙があったからだ」など，周囲の人や無関係の人々から批難が向けられることがある（11.3.2 項参照）。被害者への直接的批難は他の犯罪ではあまりみられない。こうした風潮は，被害者を幾重にも苦しめることになりやすい。被害の対象となったことそれ自体が心身に長期的な影響をもたらす。その上こうした批難の的となる苦痛，あるいはそれを察知するがゆえに助けを求めることができない苦痛などが加わる（図 10.13）。そして，被害者が自分自身を責めることもなる。中には誰にも言えず自分の胸中にしまい込んでいる人がいることを考えると，実際の被害は公表された数よりも多い可能性がある。

10.6 暴力を低減するには

攻撃性や暴力行為を減らすことは可能だろうか。少なくともコントロールするにはどのような方法があるだろうか。

10.6.1 カタルシス

怒って皿をたたき割りテーブルをひっくり返したりする場面を，ドラマなどで目にしたことがあるだろう。米国や日本などには，客が思いの丈をぶつけ，まさにこうした破壊行為をすることができる専門店があるという。

怒りの表出は後の攻撃性を低減する，というカタルシス仮説がある。興奮状態にある感情は解放する必要があるという考えから，許容される形でそれを放出し，子どもには暴力的遊びで感情の緊張から解き放してやるよう保護者に助言を与える治療家がいる。暴力的メディア・ゲームはカタルシスになるとして擁護する立場も同じ方向にある。

10.6　暴力を低減するには

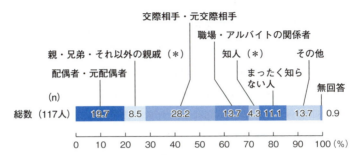

＊上記の図では，下記のように一部の選択肢を合算して表記している。
親・兄弟・それ以外の親戚：「親（養親・継親も含む）」「兄弟（義理の兄弟も含む）」「上記以外の親戚」の合算
知人：「通っていた（いる）学校・大学の関係者（教職員，先輩，同級生，クラブ活動の指導者など）」「地域活動や習い事の関係者（指導者，先輩，仲間など）」「生活していた（いる）施設の関係者（職員，先輩，仲間など）」の合算

また，下記の選択肢は，表記を省略している。
配偶者・元配偶者：配偶者（事実婚や別居中を含む）・元配偶者（事実婚を解消した者も含む）
職場・アルバイトの関係者：職場・アルバイトの関係者（上司，同僚，部下，取引先の相手など）

資料：内閣府「男女間における暴力に関する調査報告書」（平成27年3月）

図10.12　**レイプ被害者と加害者の関係**（警察庁『平成27年版　犯罪被害者白書（概要）』より）

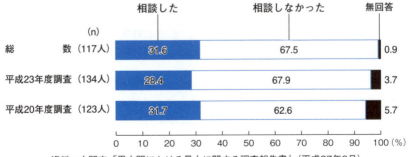

資料：内閣府「男女間における暴力に関する調査報告書」（平成27年3月）

図10.13　**性犯罪被害者からの相談**（警察庁『平成27年版　犯罪被害者白書（概要）』より）
誰にも相談しなかった者が約3分の2に上る。

しかし，カタルシス効果については，むしろ逆に攻撃性増大傾向を見出している研究も存在する。ある実験的研究は，怒りを行動で示した人ほど他者に対してより攻撃的になるという結果を示している（表10.6）。また，インターネット上で怒りを表出した人は直後はリラックスするが，やがて敵意や怒りが増大し自分自身の幸福度が低減した（Martin et al., 2013）。一度攻撃行動をとると，「相手が悪いから懲らしめただけ」「しつけのため」などと自己正当化が起き，さらに攻撃的になることへの抑制が外れると考えられる。

10.6.2　怒りのコントロール

怒りを暴力に転換させないようにすることは重要だが，なかなか難しい。人によって，あるいは怒りの原因などによってもコントロールに適した方法が異なるかもしれない。怒りは感情であり同時に身体的覚醒状態でもある。これを踏まえて，アメリカ心理学会（APA）は，自分の怒りへの対処法としてHP上で次のように提案をしている。

①リラックス：腹式呼吸や「ゆったりした経験」の記憶想起，ゆっくりした動作などで身体の緊張をゆるめる。

②認知的再構成：怒りの最中は激しい言葉が口を突いて飛び出してきやすいが，「怒っても事態は変わらない」などとより理性的な言葉に置き換えるようにする。

③問題解決：怒りの原因が人生の根深い問題にある場合，「必ず問題を解決すべし」という考えにとらわれると，解決できない場合のストレスが大きくなる。中には解決困難な問題もあることを理解し，怒りの管理を模索することも時には必要である。

④コミュニケーション：口論の最中などでは，頭の中にある最初の言葉を言わないようにするとともに，相手の言葉の後ろにある真の主張は何か（例：「無視されてつらい」）を考えるようにする。

⑤ユーモア：ユーモアは良くも悪くも作用する。相手を侮辱するようなユーモア（例：動物に例える）は避け，建設的になれるユーモアを用いる。

⑥環境：重い責任や加重負担をかかえているときに，そこから解放され一人でくつろぐ時間を短時間でも確保する。

他方，他者の怒りについてはどのような方策があるだろうか。相手が怒りそ

表10.6 カタルシスと攻撃性 (Bushman, 2002)

	統制群	妨害群	反芻群
ポジティブ気分	29.61 (7.34)	29.71 (7.86)	30.11 (8.23)
怒り	26.25 (10.98)	27.32 (10.88)	29.78 (11.56)
攻撃性	−0.21 (1.27)	0.01 (1.39)	0.21 (1.54)

参加者は自分が書いたものへの酷評により怒りを喚起される。反芻群ではその評価者を思い浮かべながら、妨害群は「筋トレ」目的で、サンドバッグ・パンチを行う。その後相手に与える大音量騒音課題で攻撃性を測定した。その結果、もっとも怒りの程度が高く攻撃的だったのは反芻群であった。すなわち、先にサンドバッグに怒りをぶつけ放出した人がもっとも攻撃的であったことになり、カタルシス仮説からの予想とは逆の結果になった。

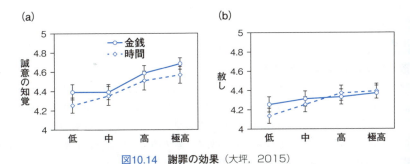

図10.14 謝罪の効果 (大坪, 2015)

コストの種類(金銭, 時間)とコストの大きさ(低, 中, 高, 極高)に応じた (a) 誠意の知覚, (b) 赦し(エラーバーは平均値の標準誤差)。

うだと予測するときあるいは実際に怒り出したとき，謝ることはよくある。しかし，「口先だけ」と思われては相手の怒りは一層加熱するに違いない。謝罪研究によれば，時間や金銭などの大切なものを支払ってまでも行う「コストをかけた謝罪」は誠意の証として受け取られ，赦しの程度が高くなる（図10.14）。

参考図書

ニスベット，R. E.・コーエン，D.　石井 敬子・結城 雅樹（編訳）（2009）．名誉と暴力——アメリカ南部の文化と心理——　北大路書房

ピンカー，S.　幾島 幸子・塩原 通緒（訳）（2015）．暴力の人類史（上・下）　青土社

山極 寿一（2007）．暴力はどこからきたか——人間性の起源を探る——　NHK出版

レイン，A.　高橋 洋（訳）（2015）．暴力の解剖学——神経犯罪学への招待——　紀伊國屋書店

大渕 憲一（2000）．攻撃と暴力——なぜ人は傷つけるのか——　丸善出版

縄田 健悟（2022）．暴力と紛争の"集団心理"——いがみ合う世界への社会心理学からのアプローチ——　ちとせプレス

one point

▲敵意的攻撃性と道具的攻撃性

　攻撃性について，敵意的攻撃性（hostile aggression）と道具的攻撃性（instrumental aggression）を区分する立場がある。敵意的攻撃性は怒りから出て，相手を痛めつけることをゴールとする。これに対して道具的攻撃性とは，相手を痛めつけるが，他の目的のための手段として攻撃することである。殺人の多くは敵意的攻撃であり，自国防衛のため敵地を攻撃する戦争・紛争の多くは道具的攻撃だとされる。しかし，異論もある。

コラム　暴力の減少

　テロや紛争，内紛，猟奇的殺人，家庭内暴力などのニュースが連日のように報じられている。大戦を直接経験していない人でも，語り伝えや映像などでかつてない規模の犠牲者が出たことは知識として知っている。そして多くの人々が，暴力は昔に比べて増えてきていると感じている。では，人類は攻撃性や凶暴性を増してきているのだろうか。

　心理学者ピンカー（Pinker, S.）は，『暴力の人類史（*The better angels of our nature: Why violence has declined*）』と題する大著を著し，人類は次第にやさしく穏やかになり，暴力は減少傾向にあると主張する。これまでも，人類は本質的に道徳的で友好的だと考える知識人がいなかったわけではない。だが，その多くは哲学的思弁から生み出されたものであった。これに対して，ピンカーは人類 7,000 年の歴史を俯瞰し諸科学の研究知見「データ」を駆使して，人類は今これまででもっとも平和の中にいることを立証したとして，世界を驚かせた。訳書では上下 2 巻 1,400 頁にものぼる大部でピンカーが主張していることを，ここでごく簡単に紹介したい。

　人類は昔協力し合い牧歌的に暮らしていたというのは，全くの誤解である。迷信的生け贄，資源を巡る襲撃や復讐，債務奴隷，魔女狩り，残虐刑，異端尋問，領土を巡る戦い，奴隷制，「野蛮」な植民地支配など残虐な暴力が時代や地域を越えごくありふれた光景としてあった。しかし，時代の進行とともに徐々にそのようなやり方から脱却していった。

　では，いくつもの時代，大陸，社会や組織を超えて，暴力の減少を少しずつ推し進めてきたものは何か。ピンカーは 5 つの点から論じている。第 1 に，国家の誕生や司法制度がある。国家の介入によって，襲撃と復讐の連鎖を収束させることができるようになった（図 10.15）。第 2 に，通商交易を通じて双方が欲しいものを得ることができるようになり，平和が可能になった。交易のためには，相手は屍であってはならないのである。第 3 には女性化があげられる。女性が自分の意向を表明できるようになり，力を誇示する男らしさの名誉文化が弱体化した。第 4 に，共感の対象が小さな輪からより広い輪へと拡大し，他者への共感に価値がおかれるようになった。そして最後に理性の向上がある。知識に基づいて合理的な思考判断ができるようになり，迷信や神託への依存から脱却できた。要するに，社会や人々が秩序を打ち立て文明化し理にかなった方法で目的を達成する仕組を築くとともに，他者を大切にすることが結果として自分の利得につながることを学習し，内なるダークサイドとしての攻撃性を抑制できるようになった，という主張である。

　20 世紀は大戦やテロなどの暴力により，これまでにない甚大な犠牲者数を記録した。ピンカーはそれでも過去より現代の方が平和だと言うのだろうか。それに対して

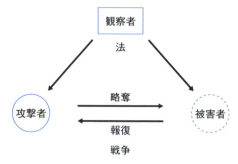

図10.15　暴力の三角形（Pinker, 2011 幾島・塩原訳 2015より改変）
ピンカーによれば，暴力には，攻撃する者，される者，それに観察者が存在する。攻撃者は被害者を餌食にし，被害者は攻撃者に報復し，観察者は巻き添えにならないようにする。観察者がもし国家のようなもので，攻撃者と被害者を処罰という暴力を含む法でコントロールできるなら，戦争は抑えられる。

はこう答えている。人は想起しやすい情報に基づいてイメージを作り上げる傾向がある。メディアでレポーターが「本日もここは平和でした」と実況中継することはない。常にニュース価値のあるもの，つまり犠牲者が出る紛争やテロ，暴動，殺人事件などを追いかけ報道する。それが材料となって「暴力に満ちあふれた現代」という私たちのイメージが織り上げられる。また，現代においてアブグレイブ刑務所での捕虜虐待事件やテロなどが強く批判されるのは，暴力を悪ととらえる良識派が増えたことで却って好戦的行動が目立つからだ。それは暴力性が増したのではなく，私たちの基準がより平和な方向へシフトしたことの表れである。事実，第2次世界大戦以降は戦争や内紛などによる死者数は急速に減少している。

『暴力の人類史』は，出版直後から研究者，知識人，メディアなど各界から高く評価され複数の賞を受賞した。評判と売上げはいったん落ち着いたが，ビル・ゲイツが本書を賞賛した後再びベストセラー上位にランクインし，多くの一般の人々に強い影響を与えた。他方，利用元資料の正確性の問題，背景も算出方法も概念も異なるさまざまな時代や暴力に関する資料を統合し1つのグラフを描くことの可否などについて，多くの批判が寄せられている。ある心理学者は，世界の人口は増大しておりまもなく90億人に達するが，そのとき戦争犠牲者が2億人であっても割合としては減少したとしてピンカーは満足するのかと述べ，犠牲者の絶対数ではなく割合で議論することの是非を問うている。果たして暴力や人命をどう考えるか，私たち一人ひとりが問うべき課題である。

偏見と差別

11

　私たちの社会には，性別や年齢，学歴や職業，人種や国籍など，さまざまな属性において異なる人々が暮らしている。近年，こうした社会における多様性を尊重し，属性の違いによって誰も差別されたり排除されることのない，すべての人が平等に社会に参画し共生できる世界の実現が謳われている。このような気運は現在とみに高まってきてはいるが，それとは裏腹に偏見・差別問題が一向に解消されない現実がある。本章では，それがなぜなのか，社会心理学はこの問題にどのように取り組んできたかを紹介する。

　偏見・差別問題は，当初，個人のパーソナリティの歪みに起因するととらえられたが，人間の認知機構の仕組みが明らかになるにつれ，環境への適応のために人が獲得した正常な認知機制に由来する面が大きいことが認識されるようになる。その一方で，偏見や差別は，複数の集団から成り立っている社会構造の中で発生する集団現象としてとらえる見方もあり，社会的存在である人間の本性にかかわるものであるという理解が進んでいく。いずれにしても，偏見や差別にはこれらさまざまな要因が複合的に関係することを知っておく必要があるだろう。

11.1 偏見，差別，ステレオタイプの定義

まず，本章に登場する「偏見（prejudice）」や「差別（discrimination）」，これらと密接に関係する「ステレオタイプ（stereotype）」という用語について，それぞれの定義と相互の関係を明確にしておきたい（Dovidio et al., 2010 参照）。「ステレオタイプ」とは，特定の社会集団に対して形成される集約的で固定的なイメージ（Lippman, 1922 掛川訳 1987）を指す。近年では，当該集団にみられる典型的な特性に関する知識や信念の集合体とみなし，他者に関する情報処理過程を方向づける認知的スキーマとして理解されている。「偏見」は，過度に一般化された否定的内容のステレオタイプにもとづき，対象集団に対して抱かれる否定的感情（嫌悪感，拒否感）を指す。「差別」は，偏見にもとづき，対象集団やその構成員に対して，公平さを欠く不当な扱いをする行為を指す。直接相手に危害を加える行為だけでなく，相手に不利益が及ぶようにする間接的な行為も含まれる。

11.2 偏見・差別の生起機序

偏見や差別はいつどのようにして生まれるのだろうか。以下に，この問いに答えようとした社会心理学における代表的な理論を紹介する。

11.2.1 欲求不満攻撃仮説と偏見

新型コロナウイルス感染症の流行時，アジア人に対するヘイトクライム（人種的憎しみに基づく犯罪）が頻発したことは記憶に新しい。また異論もあるが，米国では経済不況が続くと黒人や同性愛者に危害を加える事件が増えるという報告がある（Green et al., 1998）。最近日本でもなかなか減らないヘイトスピーチを規制する動きもみられる（表 11.1）。ダラードらは，人間は欲求不満状態になると，攻撃衝動が強まり，そのはけ口を求めるようになるとする「欲求不満攻撃仮説」を提唱した（Dollard et al., 1939）。その際，攻撃対象は，不満の源泉とは直接関係のない，攻撃しても報復される恐れが少なく，自分たちより力の弱い他の集団（外集団）のメンバーが選ばれやすい。精神分析学では，集団内部のフラストレーション（不況，社会不安）からくる攻撃衝動を外集団に向けることで内集団（所属集団）の統合と秩序が維持されているのだと解釈さ

表11.1 ヘイトスピーチに関する川崎市の罰則規定で禁じられている言動類型
(川崎市, 2023 に基づき作成)

類型	定　義	該　当　例
排斥	本邦外出身者を居住地域から退去させることを扇動し，告知するもの	○○人は日本から出て行け
危害	本邦外出身者の生命，身体，自由，名誉又は財産に危害を加えることを扇動し，告知するもの	○○人を皆殺しにしろ
侮辱	本邦外出身者を人以外のものに例えるなど，著しく侮辱するもの	ゴキブリ○○人

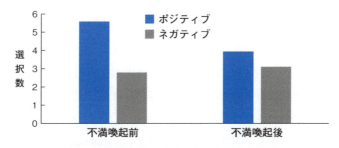

図11.1 欲求不満攻撃仮説と偏見に関する実験
(Miller & Bugelski, 1948 に基づき作成)

兵士は上官から困難で退屈な課題の遂行を命ぜられ，欲求不満が喚起される。課題の前後にメキシコ人と日本人のイメージについて当てはまる特性形容詞を選択しているが，不満喚起後はポジティブな形容詞の選択数が減り，全体にイメージが悪化している。

れている（フロイト，1970参照）。こうした考え方を検証するために米国人兵士を対象に行われた実験は有名である（Miller & Bugelski, 1948；図11.1）。

11.2.2　集団目標葛藤理論

　これに対し，実際に内集団の利益を脅かす集団が敵視されると考えるのが集団目標葛藤理論（goal conflict theory）である。ある集団にしばらく所属し活動していると，その集団に対する愛着や帰属意識が生まれるが，それとともに，自分の所属する集団（内集団）には好意的態度を示すが，他の集団（外集団）には非好意的態度をとるようになる。このような集団間差別はどのような場合に生ずるのであろうか。シェリフらがサマーキャンプに参加した少年たちを対象に行った古典的研究では，競争関係の導入が相手集団への敵意と集団間差別を生み出すこと，しかし対立する集団に共通する上位目標を設定し，競争関係を協同関係に転換すると，敵対感情が解消されることが示されている（Sherif, 1956；図11.2）。国や地域が領土や資源を巡って争い，互いに相手を誹謗中傷する事案は世界各地でみられるが，これらはまさに集団目標葛藤理論さながらの事態といえる。

11.2.3　社会的アイデンティティ理論

　集団目標葛藤理論は，領土や資源など現実に利害の対立がある場合が想定されているが，タジフェルらは，最小条件集団パラダイム（minimum group paradigm；図11.3）を用いた実験を行い，現実的な利害関係が存在しなくても集団間差別が生起することを実証した（Tajfel et al., 1971）。そこでは，恣意的な基準で集団が構成され成員間の相互交渉もほとんどない場面で，自分と同じ集団の人間をひいきする現象（内集団バイアス；ingroup bias）が確認されている。彼らは，これより社会的アイデンティティ理論（social identity theory）を提起した（6.1.1項参照）。人は，ある集団に所属するとその集団所属性が自己概念の一部に組み込まれ，社会的アイデンティティを獲得する。その結果，集団の価値が自己価値と連動するようになる。そして，内集団の外集団に対する優位性を確認することで，望ましい社会的アイデンティティを維持し自己評価を高めるのだと主張した。この理論に基づけば，集団間差別は自己高揚動機の所産ということになり（Tajfel & Turner, 1986），集団への自己同一視（帰属意識や愛着）が強いほど集団間差別は起きやすくなる（Hinkle et al., 1989;

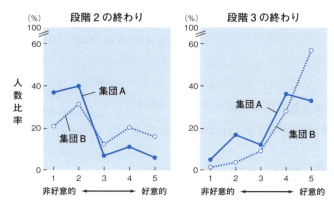

図11.2　サマーキャンプ実験の結果（Sherif et al., 1988を一部改変）

少年たちは2つの集団に分けられ，最初は別々に活動する（段階1）。各々が集団としてまとまってきた頃，両集団間でスポーツやゲームを競わせ対抗意識を煽る（段階2）。関係が険悪になったところで，集団間の対立や葛藤を解消するための方策がとられる（段階3）。まず，映画会や食事会といった友好的な集団間接触が試みられるが，効果がなかった。そこで，両集団が一致協力しなければならないような緊急事態（給水システムの故障）を引き起こし解決にあたらせる（上位目標の導入）。図は，段階2と段階3の終わりに相手集団の成員に対する好意度を5段階評定させた結果で，評定値別の人数比率が示されている。

成員番号○○（外集団）	25	23	21	19	17	15	13	11	9	7	5	3	1
成員番号△△（内集団）	19	18	17	16	15	14	13	12	11	10	9	8	7

図11.3　最小条件集団パラダイム（Tajfel et al., 1971より作成）

参加者は8人1組でスクリーンに呈示された黒点の数を推定する課題に参加し，数を過大評価したか過小評価したかという基準で2つの集団に割りふられる。その後，図のような報酬マトリックスを呈示され，実験に参加した人に与える報酬の分配基準を決めるための課題に参加する（報酬分配課題）。自分と同じ集団の人（内集団成員）と違う集団の人（外集団成員）がペアでかつ匿名で呈示され，それぞれに与える点数の組合せが何通りか示されている。参加者は，その中から1つを選択する。組合せの中には，内集団に有利なもの，外集団に有利なもの，双方に均等になっているものがあるが，多くの参加者が内集団に有利な組合せを選んだ。

Karasawa, 1991)。また，自尊心が脅かされている場合に集団間差別は助長される（5.5.4項参照）。ある実験では，米国人ボクサーがロシア人ボクサーに敗北する映像を見た米国の大学生が，傷ついた自尊心を修復するためロシア人一般に対する排斥的態度を増大させた（Branscomb & Wann, 1994）。なお，内集団の価値は外集団によってのみ脅かされるわけではない。内集団のメンバーが，失敗したり，規範にもとる行為をしたときは，内集団の価値を防衛するため当該メンバーを非難し排除しようとする「黒い羊効果（black sheep effect）」が生起する（Marques & Yzerbyt, 1988）（図11.4；10.3節参照）。

11.3 偏見・差別と個人内要因

偏見・差別と関係する個人の内的要因についても関心が向けられている。ここでは，それらを説明する研究について，紹介する。

11.3.1 権威主義的パーソナリティ

第2次世界大戦中に起きたナチス・ドイツによるユダヤ人大量虐殺（ホロコースト）を契機に，偏見や差別をパーソナリティの異常の問題としてみる動きも現れた。そして，残虐な行為と関係するパーソナリティ特性としてアドルノによる権威主義的パーソナリティ（Adorno et al., 1950）が注目された。これを測定する尺度も開発され，日本語版も作成されている（表11.2）。その特徴は，力ある者への追従と弱者に対する加虐性にある。専制的で懲罰的な養育環境下で形成されやすく，脆弱な自我を脅威から守るための心理機制が背後に働いているとみなされた。すなわち，上述の欲求不満攻撃仮説と同様に，偏見，差別は，精神分析学でいうところの自我防衛機制の一つである転移の一形態としてとらえられたといえる。

11.3.2 公正世界信念とヴィクティム・ブレイミング（犠牲者非難）

事故や事件の犠牲者が理不尽にも非難され排斥されることがある（10.5節参照）。これにはどのような心理が働いているのであろうか。ラーナーは，「人は皆，それぞれの価値に見合う結果が得られるようになっている」という公正世界信念（belief in a just world）が広く社会に共有されていることを指摘し，それゆえ，人々は，その信念が脅かされる事態に遭遇すると，納得がいかず，何か理由があるはずだと考えるのだと述べている（Lerner & Miller, 1978）。もし

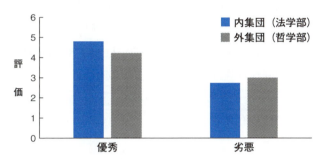

図11.4　**黒い羊効果**（Marques & Yzerbyt, 1988 に基づき作成）
実験に参加した大学生は，他の学生の出来の良い優れたスピーチと出来の悪い劣悪なスピーチを視聴し評価する．スピーチが優れているときは，他学部（哲学部）の学生より自分と同じ法学部の学生の方を高く評価するが，スピーチの出来が悪いときは，逆に自分と同じ法学部の学生に対する評価の方が厳しくなる．内集団のメンバーに対する評価は優劣による差が大きい．

表11.2　**日本語版右翼権威主義尺度の項目例**（高野ら，2021 より抜粋）

権威主義因子
- 日本が危機を乗り越える唯一の方法は，伝統的価値観に立ち戻り，力強いリーダーに権力を握らせ，悪事を働く連中を黙らせることである
- 先祖の行いを敬い，権威ある人間に従い，諸悪の根源を断つことで，日本はより優れた国になることができるだろう
- 権威に忠実でそれを敬うことは，子どもが学ぶべき重要な道徳である

因習主義因子
- ゲイもレズビアンも，そうでない人々と同じくらい性的に健全で，まっとうである（逆）
- 女性は自由な立場にあるべきだ．女性が夫や社会のしきたりに従順でなければならないというのは，もはや完全に過去のことである（逆）
- 昔に比べて現在の若者が，自分の望まないことには抵抗し，自分なりのルールを持つ自由を手にしていることは，素晴らしいことだ（逆）

（注）本尺度は権威主義と因習主義の2因子構造からなり，2つの下位尺度を含む．（逆）と付記されている項目は逆転項目であり，内容に同意しないほど，因習主義的であることを示す．

この世界が理由もなく不幸に見舞われるところであれば，いつ自分にも災いがふりかかるかわからないからである。人々はその不安を解消すべく，犠牲者の粗探しをするようになる。ラーナーとシモンズの古典的実験では，理由が曖昧な状況で苦痛（電気ショック）を与えられている女性に対して，その人格を貶めるような反応がみられたと報告されている（Lerner & Simons, 1966）。近年の研究では，交通事故の犠牲者に対して，日頃の不品行を事故の原因とみなす非論理的な推論を行うことが見出されているが，その背後に公正世界信念を維持しようという動機の存在が示唆されている（Callan et al., 2006, 2010）（図11.5）。

11.4 偏見・差別の認知的基礎

11.4.1 ステレオタイプ

　私たちは，他者がどのような人物かを考えるとき，性別や人種，職業や社会階層などから判断していることが多い。これは，「女性」だから「やさしい」，「教師」だから「まじめ」だろうというように，ある社会的カテゴリーに入る人たちに典型的に認められると考えている特徴を，特定の個人にもあてはめてみていることを表す。このように，あるカテゴリー集団について人々が抱いている固定化されたイメージである**ステレオタイプ**（stereotype）が偏見や差別の認知的基盤となる。人々はステレオタイプに一致する情報にもっぱら注意を向け，ステレオタイプに従った印象を形成する。

　ダーリーとグロス（Darley & Gross, 1983）は，小学生の女の子が先生から出された問題に答えている様子をビデオに撮り，大学生の参加者に見せてその子の学力を推定させる実験を行った。その際，女の子の家庭の社会経済的地位がわかるようなビデオをあらかじめ見せ，その影響を検討した。すると，家庭の社会経済的地位が高いと思われた参加者は，低いと思われた参加者に比べ，同じ学習場面を見ながら，女の子の学力を高く推定したのである（図11.6）。参加者は，最初のビデオを見たときに社会経済的階層に関わるステレオタイプに基づいて女の子の学力に予断をもち，後のビデオではそれに合う事象に選択的に注目し判断したといえる。また，サガーとショフィールド（Sagor & Shofield, 1980）は，小学生を対象に，人種ステレオタイプが行為の解釈に

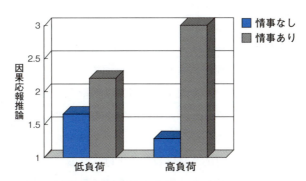

図11.5 交通事故の原因推論(Callan et al., 2010を一部改変)
実験の参加者は，旅行代理店に立ち寄った後交通事故に遭ったデイビッドに関するシナリオを読む。シナリオは2種類あり，彼が旅行代理店の女性と不倫をしている場合とそうでない場合がある。不倫のことを知らされた参加者は，交通事故の原因を不倫に求める傾向が増大した。それは判断時の処理負荷の大きい高負荷条件で顕著であった。

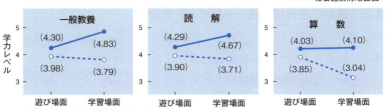

図11.6 社会階層に関するステレオタイプが学力の推定に及ぼす影響
(Darley & Gross, 1983)
最初に女の子の属する社会階層がわかるように自宅で遊んでいる様子を映したビデオを見せ，その後教室での学習場面を映したビデオを見せた。それぞれのビデオを見た直後に，女の子の学力が何年生レベルか推定させた結果が示されている。

及ぼす影響を調べている。参加者と同年齢の子どものいくぶん攻撃的な行為を描写した文章を挿し絵と一緒に呈示し，行為に対する評価を求めた。すると，行為をした子どもが白人であるより黒人である方が，その行為は質が悪く相手に与える危害が大きいとみなされやすかった。

11.4.2　社会的カテゴリー化

社会心理学では偏見・差別の認知的基礎をなすステレオタイプの形成過程についても関心が向けられた。なぜ人々は他者を性別や人種などによって分類し範疇化して認識するのであろうか。人間は外界から大量の情報を絶え間なく受けとり処理しなくてはならないが，処理容量には限界がある。情報を単純化し少数のカテゴリーに分けて対応すれば負荷を下げられる。他者についても同様である。ただし，他者を範疇化する行為（社会的カテゴリー化）は，同じ範疇に入る人たちを類同視し十把一絡げにみたり，異なる範疇に入る人たちの違いを過大視する傾向を生み出す（Tajfel, 1969）。前者を同化，後者を対比というが，これらが対象に対する過度の単純化と一般化を生み出すと考えられている（図11.7：第6章 one point 参照）。なお，人は自分の属する集団の人たちの違いはある程度識別するが，自分と異なる集団の人たちは均質にみる傾向がある（外集団均質化効果；Park & Rothbart, 1982）。そこには外集団に属する人たちの個性の多様性を軽視する心理が垣間みえる（図11.8）。

11.4.3　偏見の2過程理論——差別の非意識性

認知心理学の分野において，人間の情報処理過程は，意図や自覚を伴う統制的処理と，それらを伴わず無意識裡に進行する自動的処理が両輪となって担われているとする2過程理論が提起され，差別・偏見研究にもこの枠組みが適用されるようになる（偏見の2過程理論）。その代表がデヴァインによる偏見の分離モデルである（Devine, 1989）。それによると，人々が心の内部に保持しているステレオタイプや偏見が顕在化する過程には2通りあるとされる。一つは対象のカテゴリカルな属性情報に接触することにより，ステオレオタイプが自動的に活性化し，それに基づく態度や行動が意識の検閲を受けずに表出される場合である。黒人を見た瞬間，相手の暴力性を連想し，咄嗟に銃で撃ってしまう行動がこれにあたる。もう一つは，カテゴリカルな情報に接しても，ステレオタイプの影響を意識的に統制し社会的規範に則る形で態度や行動が表出さ

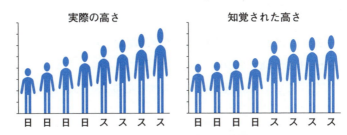

図11.7 **社会的カテゴリー化と知覚の強調（同化と対比）**
(久保田, 1999を一部改変)

日本人とスウェーデン人の身長の知覚において，社会的属性（国籍）によりカテゴリー化すると，同じ国の人同士のの身長が実際より類似しているようにみえ，日本人とスウェーデン人の身長差が過大視される。

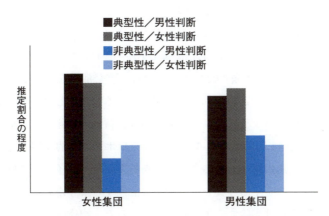

図11.8 **外集団均質化効果**（Park & Rothbart, 1982の結果に基づく模式図）
女性全般（女性集団）に占める典型的女性の割合は女性より男性の方が高く見積もり，男性全般（男性集団）に占める典型的男性の割合は男性より女性の方が高く見積もる傾向がある。男女双方とも同性集団（内集団）より異性集団（外集団）をより均質にみていることがわかる。

れる場合である。「黒人だから暴力を振るう」という連想を抑止し，相手の言動を慎重に見極め，冷静に対処する行動がこれにあたる。ただし，統制的処理には強い意志と多くの処理資源（心的労力）が必要となるため，たいていの場合，人は自動的処理にしたがった反応をする。とりわけ，指導的立場にあり，権力や権限を持つ者ほど，ステレオタイプ的認知を行いやすいことが指摘されている（Russel & Fiske, 2010）。指導的立場にある者は，多忙であるためステレオタイプ化することで処理負荷を軽減する必要があるからである。また，彼らは支配欲求が強く対象となる人たちを一定の枠にはめることは統制感覚を得るのに都合がよいからである。

　さらに，ステレオタイプ的知識自体は，幼少期より社会化を通して無自覚，無意図的に形成されるため，平等主義者（反差別主義者）であっても保持している可能性があり，その影響に気づかないうちに差別的言動を発してしまうこともある。

11.4.4　偏見の自己制御モデルとリバウンド効果

　偏見の2過程理論は，自動的処理の影響力の大きさを示唆するものであるが，デヴァインとモンティースは，これを人為的介入によって意識的に統制することは可能であると主張し，偏見の自己制御モデルを提起した（Devine & Montieth, 1993）。それによると，徹底した平等主義教育や啓発活動を行うことで人々の心の中に平等主義規範が定着すれば，規範にもとる行為をしたとき罰機能をもつ負の感情が生起するようになり，次第に差別的言動の生起頻度は低下するとみられている（図 11.9）。しかしながら，ステレオタイプ的な観念を意識的に抑止することが，逆効果をもたらすことがある。マックレイらの実験の参加者は，スキンヘッドの青年の写真を見て印象を記述するよう求められた。その際，固定観念をできるだけ排除するよう強く促されると，記述内容のステレオタイプ度（偏見度）は低減したが，青年との対面を予期させられた場面ではかえって回避的行動を強く示すという皮肉な結果が得られている（リバウンド効果；図 11.10）。ある考えが浮かばないように意図的に抑制すると，その思考内容が意識内に侵入しないように無意識レベルで監視する必要が生じ，結果的にその観念が常時活性化され表出されやすくなるのである（Wegner, 1994）。

11.4 偏見・差別の認知的基礎

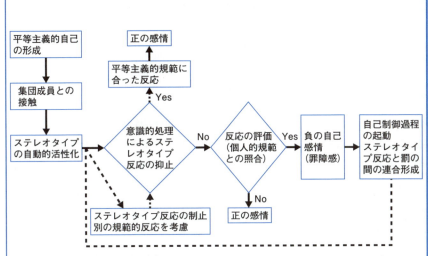

図11.9 偏見の自己制御モデル（Devine & Monteith, 1993; 池上, 1999）
規範の内面化の程度が低い間は実線矢印に沿った過程が働くが，内面化の程度が高くなると破線矢印に沿った過程が働くようになる。

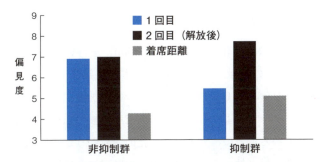

図11.10 リバウンド効果（Macrae et al., 1994に基づき作成）
実験の参加者はスキンヘッドの青年の写真を見て印象を記述するよう求められる。その際，固定観念にとらわれないよう強く指示された抑制群は，記述内容の偏見度は低下したが，2回目の印象記述において指示がなくなるとかえって偏見度が上昇した。また，対面を予期した場面では，抑制群の方が青年との着席距離を多くとる傾向がみられた。

11.5 偏見・差別の解消に向けて

11.5.1 集団カテゴリーの変容

さて，この領域の重要な研究課題の一つは，「偏見・差別はどのようにすれば解消されるのか」である。シェリフは，上述の研究において，対立する集団が一致協力しなければ達成できないような上位目標（superordinate goal）の導入が有効であることを示した。これは，集団間の関係性を競争から協力へ転換することを意味する。近年では，ブリューアーとミラーが，社会的アイデンティティ理論の見地から，内集団と外集団の区分の顕現性を低減すること（脱カテゴリー化：decategorization）が効果的であると論じ，その検証を試みている（Miller et al., 1985）。それによると，脱カテゴリー化を促進するには，集団間接触において，課題達成ではなく対人理解を目的とした相互作用を行うこと，地位や役割分担の決定や小集団の構成をカテゴリー属性ではなく個人属性に基づいて行うことなどが，重要な要件としてあげられる。

また，上述のように上位目標が設定されることにより，対立していた2つの集団がより上位の集団に包含されると，外集団の成員も皆内集団の成員として認識されるようになる。これを再カテゴリー化（recategorization）という。ただし，上位集団に包含されても当初の集団アイデンティティが完全に消失しない場合は，下位カテゴリー化（subcategorization）を行い，各集団が共通目標の達成において独自の貢献ができるような体制が望ましいといわれている（Brewer & Miller, 1996）。EU（ヨーロッパ連合）の加盟国が，ヨーロッパ市民としてのアイデンティティよりも，従来の国家や民族の伝統と慣習の維持に傾き，軋轢が生じていることに再カテゴリー化の限界がうかがえる。

さらに，集団間の対立軸となっている次元の顕現性を低下させるために，別の次元の顕現性を高めるという交差カテゴリー化という方略も提案された（Deschamps, 1977）。白人女性と黒人女性は，人種の違いはあっても，性別の点では共通しており，たとえばジェンダー格差の解決に向けて連帯することは可能である。ただし，カテゴリー次元の多様化は，当初の対立軸の顕現性を弱めることはできるかもしれないが，新たな対立軸（男女間の対立）を生み出す恐れもある。

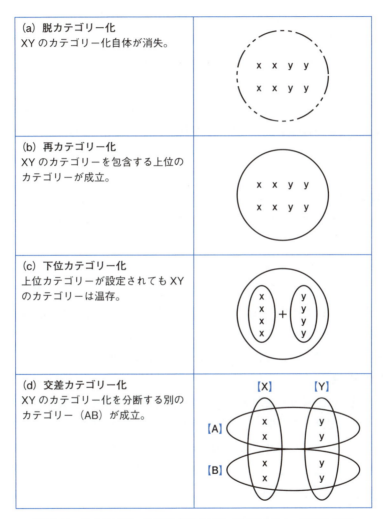

図11.11 **各カテゴリー化の模式図**（上瀬，2002；池上，2006より）

以上，脱カテゴリー化，再カテゴリー化，下位カテゴリー化，及び交差カテゴリー化の模式図を図 11.11 に示した。

11.5.2 接触理論の新展開

オールポートは，偏見は相手に関する知識の欠如が原因であると考え，相手と接触する機会を増やし，真の情報にふれれば，おのずと偏見は解消すると主張した（Allport, 1954）。この接触仮説は多くの研究によって検証され，その妥当性が確認された。ただし，接触が功を奏するには，対等な立場で共通の目標を協力しながら達成する交流形態であること，制度的に保障されている交流であること，何より目標が首尾よく達成される場合に限られることなど，いくつかの制約条件も明らかになった。それらを踏まえ，接触理論に新たな展開がみられるようになる。

1. 集団間友情

接触仮説については，当初は双方の集団所属性を意識せず，個人としての接触が望ましいと考えられていたが，むしろ集団所属性を意識しつつ接触するほうが効果的であることが明らかになった。特定個人との間に友情が成立しても，例外として認識されると集団全体の評価に般化しないからである。集団間友情とは，互いの集団所属性を意識しつつ親密な交流を行うことを指し，交流相手が当該集団の典型的なメンバーであると知覚されることが，偏見，差別の解消に功を奏すると考えられている（Brown & Hewston, 2005）。

2. 間接接触

接触仮説では，双方の集団メンバーが直接対面する状況が想定されていたが，そうした場面では不安や緊張が生じやすく，自分の言動が差別的と受けとられないか疑心暗鬼に陥り回避的になる可能性がある。これに対して，直接接触するのではなく，間接的な接触による効果を模索する研究が登場する。その一つに拡張接触（extended contact）という考え方がある（図 11.12）。これは，家族の誰かが国際結婚をする，同級生が性的マイノリティの支援活動を行っているなど，自分の所属する集団（内集団）のメンバーが，他の集団（外集団）のメンバーと親しい関係にあることを単に知ることで，当該外集団に対して好意的態度をもつようになるというものである（Wright et al., 1997）。そのような事例を描いた物語を読むことによっても同様の効果が期待されている（Came-

11.5 偏見・差別の解消に向けて

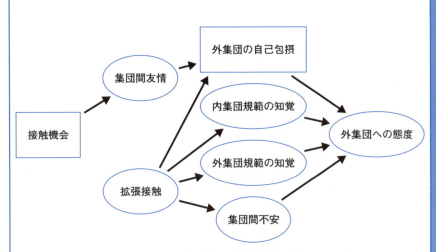

図11.12　接触理論の新展開——拡張接触の心理メカニズム
（Turner et al., 2008 に基づき作成）

接触機会が多いと直接接触による集団間友情が成立しやすく，外集団の自己への包摂が促され，外集団への態度が好転する。その一方で直接接触を伴わない拡張接触によっても外集団の自己への包摂が促され，さらに外集団に対する肯定的態度を許容する内集団の規範と内集団に対する肯定的態度を許容する外集団の規範が顕現化し，集団間不安が低減し外集団への態度が好転する。

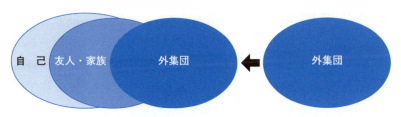

図11.13　拡張接触による外集団の自己への包摂

ron & Rutland, 2006）。一般に外集団のメンバーと直接親密な接触を繰り返すと，外集団が自己概念の一部に取り込まれ好意的感情を抱くようになるが，拡張接触においては，内集団の別のメンバーによる代理接触を通して同様の心理的変化が起こるとみられる（図 11.13 参照）。

　2 つ目として，仮想接触（imagined contact）という考え方も提起されている（Crisp & Turner, 2012）。これは，自分が外集団のメンバーと楽しく交流している場面を想像することによって，当該外集団に対して好意的態度が形成されるというものである。これにはメンタルトレーニングのような機能があると考えられ，実施が簡便であるため，学校教育でも取り入れられている。移民の子どもと楽しく遊んでいる光景を思い浮かべ，その内容を記述させる課題を 1 週間実施したところ，移民に対する小学生の態度が好転したことが報告されている（Vessali et al., 2012）。間接接触は，集団間の関係の改善に直接接触が必ずしも必要ないことを示唆するとともに，将来経験するかもしれない直接接触に向けてどのように相手に接するのがよいか，間接的に学習し準備することを可能にする。

11.5.3　潜在認知の変容可能性

　集団に対する態度は，意識化可能な顕在的態度と意識化が困難な潜在的態度がある。顕在的態度は，自覚し得るため強い意志をもって変容させることは可能であるが，潜在的態度は，さまざまな情報への接触を通して無自覚に形成される連合ネットワークのようなものであり，これを変容させることは容易でないとされてきた。

　これに対し，異論を唱える者が現れる。ダスグプタ（Dasgupta, 2013）は，潜在的態度が周囲の情報環境が本人の意志とは関係なくそのまま反映されたものであるなら，情報環境を変えれば，おのずと変容するであろうと主張したのである。彼は，このことを課題を遂行する参加者に呈示する写真を操作することによって確かめている。ある条件では皆から尊敬されている黒人の写真と軽蔑されている白人の写真を呈示し，別の条件では，逆に軽蔑されている黒人の写真と尊敬されている白人の写真を呈示した。すると黒人びいきの条件の参加者は，その後実施された潜在レベルの人種的態度を測定する潜在連合テストにおいて黒人への偏見が緩和されていることが示された（Dasgupta & Greenwald,

11.5 偏見・差別の解消に向けて 249

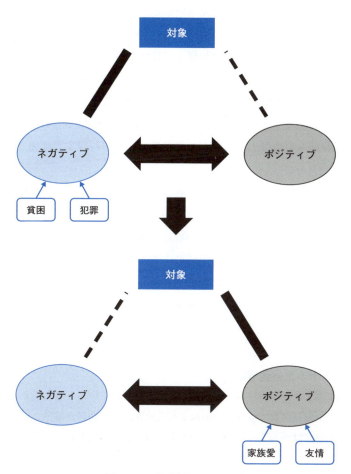

図11.14 脱活性化のイメージ
偏見の対象にポジティブなイメージが付加されると，ネガティブなイメージとの連合の活性化が抑制される。

2001）。

　別のある実験では，黒人が家族とバーベキューを楽しんでいる光景を呈示すると，黒人への態度が好転したことが報告されている（Wittenbrink et al., 2001）。他にもエイズ患者のもとに家族が見舞いにきている写真を呈示するだけで，エイズへの偏見（道徳的非難，感染恐怖）が低減することを示した研究もある（大澤と池上，2011）。これらは連想構造自体が変容したというより，ある観念とネガティブな評価との間に連合が形成されていても，それと相反するポジティブな評価との間の連合を強化すると，ネガティブな情動との連合の活性化が減衰することを意味する（Gawronski & Bodenhausen, 2006, 2011）。こうした脱活性化をもたらす情報への接触が偏見の低減に一定程度寄与することがうかがえる（図 11.14）。

　また，栗田と楠見（2010）は，障害者に対する態度調査を行う際，質問票において「障害者」を「障がい者」とひらがなで表記した方が，障害者へのイメージが部分的に好転したと報告している。障害＝害悪とみなす連想が弱められるからである。私たちは，日々の生活の中で，さまざまな情報を目にし，知らず知らずのうちにその影響を受け態度を形成している。これらの研究は，私たちが日々過ごす生活空間の情報環境を変えることが問題の解決に資することを示唆している。

コラム　システム正当化理論

　人権意識が高まり，平等主義的価値観が広く共有されていると考えられる現代においても，差別や偏見がなくならないのはなぜなのか，格差問題が解消されないのはなぜなのか，本章ではそのような問いへの答えにつながる知見をいくつか紹介してきた。近年，その原因を人間のもつ根源的欲求に求める議論が盛んになされるようになってきた。その代表例が，ジョストによって提起されたシステム正当化理論である（Jost, 2020 北村ら監訳 2022）。

　この理論によると，人間には，現に存在する社会の諸制度や体制，それが資本主義であれ共産主義であれ，また，民主国家であれ専制国家であれ，現体制を維持しようとする傾向があるとされている。それらが現に存在していること自体，それらに合理性があるからだとする信念がそれを支えている。背景には，秩序や安定を好む人間の

心性が関わっている。

　現状を変えることには，リスクが伴う。新しいシステムはうまく機能するとは限らず，大なり小なり混乱が起こり，社会は不安定化し不確実性が高まる。人々はそうした不安を招く事態を何よりも避けたいと願う。私たちは，今日と同じ明日が訪れると信じることによって心理的安寧が得られるからである。このような認識論的欲求が根源にあるために，現行の制度に問題があり，個人や所属する集団に不利益をもたらす場合であっても，それを容認し，社会全体の安定とその根幹をなす諸制度の正当性を確証しようとする。

　興味深いことに，システム正当化動機は，現行の制度の下で優位に立つ者だけでなく劣位に置かれている者にもみられ，場合によっては劣位に置かれている者の方に強くみられることがある。一般的には，階層の上位にいる者にとっては，現行のシステムは自己利益に一致するが，自分たちにその恩恵を受ける資格があることを内外に証明しなければ，階層の下位にある者から批判の眼差しを向けられ罪悪感を感じることになる。それを避けるためには現システムを正当化しなければならない。これに対して，階層の下位に置かれ虐げられている人たちが，現システムに不満や怒りを感じるのは明らかである。しかし，彼らが異議を申し立て現状を変えようとすることは少なく，むしろ現状に順応することによって，心理的安寧を得ようとする。劣位にある人たちは，人生や環境に対する統制感覚が脆弱なため，現状に抗うことはかえって苦痛をもたらすからである。システム正当化には苦痛緩和機能があり，劣位にある人も優位にある人と同様に，もしくはそれ以上にこれに依存しようとするのである。

　経済的格差の肯定を支えるイデオロギーは，能力主義や実績主義といったメリトクラティックな価値観である。ジョストらの行ったある調査では，経済格差の正当化を表す「所得格差は米国の繁栄のために必要である」といった項目に賛同する程度が，白人より黒人の方が強いことが見出されている（Jost et al., 2003）。また，別の調査では，貧困層のうち，貧困を社会制度の欠陥とみなす人たちより，自己責任ととらえている人たちの方が幸福感が高いという結果が得られている（Kluegel & Smith, 1986）。最近，日本で行われた調査においても，伝統的性別役割意識に起因するジェンダー格差を正当化する者ほど幸福感が高いという傾向が見出され，どちらかというとそれは男性より女性に顕現化しやすいという知見が得られている（森永ら，2022）。

　現行のシステムの正当性を信じることが心理的安寧をもたらすのであれば，現行のシステムを揺るがす事態が起きたときほど，人々のシステム正当化動機が強まること

になる。たとえば，テロの恐怖が人々を保守化させることを示す事例がある。その代表が2001年に米国で起きた9.11同時多発テロである。この事件は，米国の威信を傷つけ，当時のブッシュ政権の基盤を揺るがしかねない出来事であった。テロを未然に防げなかったという点で当該政権の責任は免れ得ないものでもあった。しかし，ブッシュ政権の支持率は，テロ事件の後，50%から90%に一気に上昇し，その後も70%を超える高い水準を維持し続けたのである（Jost et al., 2008）。米国国民は，現体制への脅威を目の当たりにして，かえって現体制の維持に躍起になったと考えられる。

　テロリズムのような重大な出来事に直面しなくても，架空のシナリオや虚偽の情報によって現システムへの脅威が知覚されると，人々がこれを防衛するために認知レベル，行動レベルで対処しようとすることを示した実験は多数存在する。たとえば，米国社会の安泰を謳う架空の記事を読んだ実験参加者より，米国社会が危機に直面しているとする架空の記事を読んだ実験参加者のほうが，米国の政治，経済システムを肯定する程度が強くなることを示した研究がある（Jost et al., 2010に依拠）。また，脅威にさらされている当該制度を直接肯定するのではなく，伝統的な価値観や思想・信条を肯定することによって間接的に不安を低減する方策がとられる場合がある。たとえば，カナダの大学生を対象に行った実験では，カナダ社会の危機を煽る架空の記事を読んだ男子学生が，伝統的な性役割規範に沿った女性に好意を示すようになった（Lau et al., 2008）。別の実験では，伝統的な結婚イデオロギー（結婚＝秩序・繁栄）を支持する（独身主義を否定する）態度をとるようになった（Day et al., 2011）という報告がある。伝統的な価値を重んじること自体に問題があるとはいえないかもしれないが，それが現行システムの正当化と結びつくと，非伝統的な生き方を望む人たちを生きにくくする可能性のあることに留意する必要がある。これらを図示したのが，図11.15である。

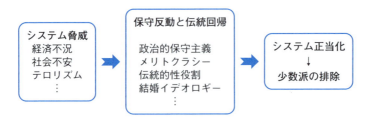

図11.15　**システム脅威とシステム正当化**（池上，2012を一部改変）

参考図書

ブラウン, R.　橋口 捷久・黒川 正流（編訳）(1999)．偏見の社会心理学　北大路書房

上瀬 由美子 (2002)．ステレオタイプの社会心理学——偏見の解消に向けて——サイエンス社

池上 知子 (2012)．格差と序列の心理学——平等主義のパラドクス——　ミネルヴァ書房

グッドマン, D. J.　出口 真紀子（監訳）田辺 希久子（訳）(2017)．真のダイバーシティをめざして——特権に無自覚なマジョリティのための社会的公正教育——上智大学出版

北村 英哉・唐沢 穣（編）(2018)．偏見や差別はなぜ起こる？——心理メカニズムの解明と現象の分析——　ちとせプレス

エバーハート, J.　山岡 希美（訳）(2020)．無意識のバイアス——人はなぜ人種差別をするのか——　明石書店

スー, D. W.　マイクロアグレッション研究会（訳）(2020)．日常生活に埋め込まれたマイクロアグレッション——人種，ジェンダー，性的指向：マイノリティに向けられる無意識の差別——　明石書店

ロス, H. J.　御舩 由美子（訳）(2021)．なぜあなたは自分の「偏見」に気づけないのか——逃れられないバイアスとの「共存」のために——　原書房

one point

▲ステレオタイプ内容モデル（stereotype contents model）

　偏見，差別の認知基盤となるステレオタイプとは，人種，性別，職業など，特定の社会的カテゴリーに付与される固定化されたイメージであり，その内容は多種多様であるように思われる。しかし，フィスクらは，ステレオタイプ内容モデルを提起し，ステレオタイプの内容は対象となる集団と知覚する側の集団の社会構造関係に応じて系統的に規定されると主張した（Fiske et al., 1999, 2002）。それによると，対象集団は，知覚者側からみて相対的に社会経済的地位が高い場合は「有能である」とみなされ，低い場合は「有能でない」とみなされる。また，対象集団が協力関係にある場合は，「あたたかい」とみなされ，競争関係にある場合は，「あたたかくない」とみなされる。集団は基本的に4つに類型化される。地位が高く協力関係にある集団は崇拝の対象とされ，地位が高く競争関係にある集団には嫉妬を感じ敵視する。地位が低く協力関係にある集団には温情的になり，地位が低く競争関係にある集団は軽蔑し排斥する。集団間の関係性は状況によって変動することから，同一の対象集団に対する見方もそれに伴って変化する。さらに，現代では，有能性とあたたかさの次元で評価が相反するアンビバレント・ステレオタイプが遍在すること，両価的評価を行うことで長所と短所が相殺されるため（例：女性は有能ではないが，社会情緒面では優れている），現行のシステムがもたらす格差が巧妙に正当化され得ることを指摘する。これはステレオタイプに現行の社会構造を維持，強化する機能があることを意味する。

健康と幸福 **12**

　人々の精神的健康や幸福といった問題に社会心理学者が関心を
もつようになったのは，比較的最近のことである。精神的に健康
でない人は異常で何らかのパーソナリティ上の問題がある特殊な
人であり，社会心理学の関心の対象である普通に暮らしている
人々において精神的健康が問題になることはないという理解であ
った。

　しかし，「行き過ぎた資本主義」の時代となり，経済的繁栄に
よって便利で快適な暮らしがもたらされた反面，多くの普通の
人々が息苦しさや漠然とした不安を抱えるようになった。そして，
社会構造下での暮らし方，生き方から苦楽が生じていること，何
を不適応と考えるか，何を苦痛と感じるか，逆に何を幸福と考え
るかは社会・文化と密接に結びついていること，さらに救済の糸
口も人々の間にあることなどが明らかにされるにつれ，こうした
問題が社会心理学マインドをとらえ始めたのである。近年は身体
的健康さえも，純粋に身体問題というだけでなく，心の社会性と
関連していると理解した方がより示唆的であると考えられている。

　本章では，幸福や健康上の問題が人々に発し，人々の間で経験
され，人々の間で救済されていく営みであることの一端を紐解い
てみよう。

12.1 幸　福

12.1.1　幸福とは何か

　誰しも「幸福になりたい」と思い，愛する人には「幸せになってもらいたい」と願う。だが一体，幸福とは何だろう。奇妙なことに，なりたいはずの「幸福」が何なのか，明快に答えられる人はほとんどいない。幸福の研究者たちの間でも意見は分かれ，確定した答えは得られていない。さらに幸福，主観的ウェルビーイング（subjective well-being），人生満足，抑うつ，ストレスなどさまざまな概念や用語が混在していて，系統的統合は未だなされていない。ただ，幸福は何かを所有することではなく，経験のあり方と密接に関連していることには異論がなさそうである。

1.　2種類の幸福

　カーネマン（Kahneman, 2011）は，幸福には2種類あるという（表12.1）。一つは，たとえば食事やリラックスなど，日々の出来事と結びつく喜びや快楽などの経験である感情的幸福（emotional well-being）で，遊びに熱中しているとき，湯上がりなどに感じるあの心地よい幸福感である。「至福のひととき」に浸るのは最高の気分であるが，まさに「ひととき」で持続性に乏しく，やがてベースラインに戻ってしまうという特徴がある。もう一つは，自分の人生や暮らしを省みて総合的に意味ある満足できるものであるかどうかを評価する人生満足（life satisfaction）ないし人生評価（life evaluation）（仕事など個別領域における評価を含む）である。こちらは高揚感や躍動感に欠けるものの，比較的長期にわたる安定性がある。これら2つは，幸福の感情的要素と認知的要素にほぼ対応すると考えて差し支えない（Nelson et al., 2014）。

　幸福の測定は，不規則にブザーをならしそのときの幸福度の回答を求めるなど巧妙な方法が開発されている。これは感情的幸福を主に反映している。他方，「自分の人生に満足している」などの質問に回答する方法は，認知的側面を反映するものである。研究や政策立案などの際には，どのような幸福を問題にするのかを見極め，目的に応じた適切な測定法が求められる。

12.1.2　お金と幸福の関係

　お金で幸福が買えるだろうか。お金がなければ，あきらめや我慢を強いられ

表12.1 **2種類の幸福** (Kahneman, 2011 村井訳 2014)

幸福の種類		例	特徴
感情的幸福	ウェルビーイング (emotional well-being)	遊び スポーツや音楽 湯上がりなど 感情気分の高揚	一時的 持続性に乏しい ベースラインに戻る
認知的幸福	人生満足 (life satisfaction)	生き方や生活，仕事，人間関係などへの満足	長期的 比較的安定的

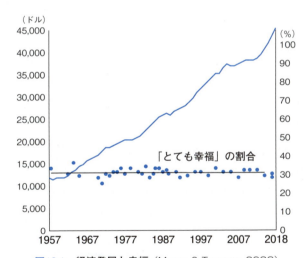

図12.1 **経済発展と幸福** (Myers & Twenge, 2022)
時代とともに，社会全体が豊かになり個人収入は大きく伸びた。しかし，「とても幸福」と答えた人はわずかながら逓減している。

ることもあるだろう。裕福であればさまざまな財やサービスを購入することができ，人生の扉を開くことができる。そこから直感的に，お金と幸福は大いに関係がある，と考える人が多い。だが，幸福の研究が明らかにしたのは，イエスでもありノーでもあるという少し複雑な答えである。

まず，イエス側からみていこう。貧困だと幸福から遠い状態に置かれる。貨幣経済で成り立つ現代社会では，暮らしにお金が必要である。暖かな衣服，滋養のある食料，安全で快適な住居は，収入に伴ってその質を向上させることができるだろう。貧困はそれら必需品を十分に賄えないだけでなく，そこから生じるストレス，不安や心配がよりひどく，そうしたネガティブ感情が幸福を感じられない事態を作り出す。また，医療や教育など文化的生活基盤を整えるためにはお金がかかる。気晴らしや交際費なども金銭的理由で制約され，孤独や離婚などによる影響は富裕層よりも大きい。人生満足・人生評価は収入とともに上昇し，富裕層において最も高くなることが知られている。お金と幸福との関係は社会レベルでも検討されており，最貧国は富裕国に比べて幸福度は低く国民平均所得の上昇とともに向上する。

では，ノーとはどういうことだろう。ある水準以上の富裕では，幸福のカーブは高原状態になりほとんど伸びなくなる。つまり裕福であればあるほどどこまでも幸福が高まるわけではない。これは，国を単位としたとき，時代的推移をみたとき（図 12.1），個人レベルで検討したとき（図 12.2），いずれにもあてはまる。これは一つにはより多くのお金をもつとささやかなものを手にしたときにそこから得られる喜びが小さくなるからではないか，と考えられている。幸福をもたらすような刺激価は慣れによって縮小し，飽和が起きやすい。高級チョコレートも毎日食べ続けていたら，初めて口にしたときほどの感動は得られないだろう。

1. お金の使い方

幸福には，お金の使い方が影響しているかもしれない。ある研究によれば，ブランドバッグなど非日用的贅沢品のモノ消費（material purchases）に比べて，旅行やコンサートなどモノとして形に残らない経験のためにお金を使うコト消費（experiential purchases）の方がより幸福をもたらす（図 12.3）。旅行や観劇はその典型例といえるだろう。コト消費は対人関係をより促進する場合に幸

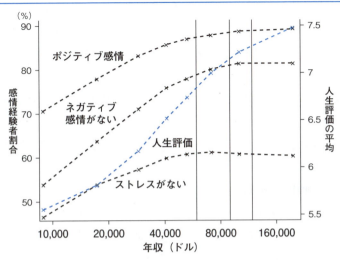

図12.2 収入と2種類の幸福（Kahneman & Deaton, 2010）
人生評価（青い線）は収入にほぼ比例して上昇する。しかし、「ポジティブ感情、ネガティブ感情がないこと、ストレスがないこと」の感情的幸福の3指標はいずれもある程度の段階からほとんど上昇しない。お金で幸福が買えるかという問いに関してこの研究が提供する回答は、一つは感情的幸福か認知的幸福かで異なること、もう一つは感情的幸福は収入に比例して上昇し続けることはない、ということである。

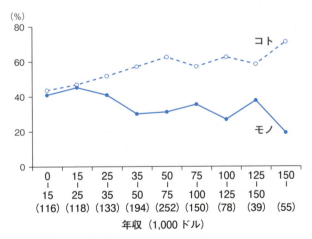

図12.3 コト消費・モノ消費がもたらす幸福（Van Boven & Gilovich, 2003）
より幸福になるためにこれまでに行ったコト消費・モノ消費について想起し、どちらが幸福をもたらしたかについての回答結果である。ある程度以上の生活基盤がある場合には、コト消費を選択する人が多い。

福感が高まり（図12.4），自己物語を紡ぐ素材となり，他者との比較なしに自分自身で経験を理解し，評価することにつながる。加えて，後々まで楽しかった記憶が持続し，その想起がプラスの効果をもつからではないかと考えられている。

ただ，図12.3からも示唆されるように，コト消費の方が幸福とより結びつくというのはモノをすでに十分所有している中流の文化を反映しており，貧困層ではむしろ選好が逆転しモノ消費の方が幸福につながるという指摘がある（Shavitte et al., 2016）。

12.1.3 人間関係と幸福

幸福に関わるファクターとして多くの人が思い浮かべるのは，人間関係であろう。研究者たちも，人とのつながりや良好な人間関係を幸福の主要な源泉とみなしている（例：Baumeister & Leary, 1995）。幸福な人とそうでない人の違いは，他者と共に過ごす時間の長さや濃さと人間関係への満足度にある（Diener et al., 2008）。結婚している人は伴侶との離別・死別者より，友人の多い人は少ない人より，社交的な人は非社交的な人より，いずれもより幸福だと感じている。

良好な人間関係はなぜ幸福につながるのか。まず，友人や家族，特に重要他者からサポートを得られる。自分1人では乗り越えられないような困難な問題が起きたときに，実際的・心理的なサポートは有用かつ貴重である。またそうでないときでも，見守られておりいつでも助けを求めることができるという潜在的安心感がある。第2に，他者から何かをして「もらう」だけでなく，他者に「与える」ことも，自分の存在意義や成長に気づく機会となり，幸福と関係することが明らかになっている。たとえば，ボランティア活動をしている人は「与える」以上に「もらっている」と考える傾向がある（図12.5）。さらに，良好な関係は，自分の価値を認めてくれる，自分との関係を大切に思ってくれる，会話や趣味などさまざまな楽しさを共有できる，といったコンパニオンとしての機能などもあり，大きな効用をもたらす（Diener & Diener, 2008）。

良好な親密関係の具体形としてあげられるのは，一般に夫婦関係や恋愛関係，友人関係などである。未婚，結婚，離婚，死別など各結婚地位（marital status）にある人の幸福を検討した研究は，結婚状態にある人は概して幸福であると報

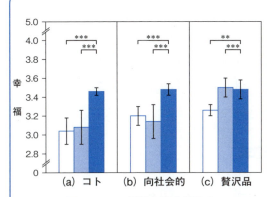

(a)コト消費，(b)向社会的（他者のため）出費，(c)贅沢品出費，を期間中にしたか否かを3群に問い，次にその出費が自分の対人関係を促進したか否かの回答を求めた。

図12.4　コト消費と対人関係（Yamaguchi et al., 2015 より改変）

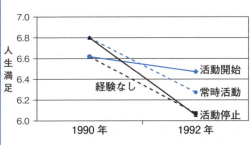

1990年の東西ドイツの再統一によって，その後旧東ドイツでは全般に人生満足が低下した。特にボランティア活動を停止した人々では顕著な傾向として現れ，新たに活動を開始した人は低下が比較的緩やかであった。ボランティア活動が幸福を支える一つとなっていることがうかがえる。

図12.5　ボランティア活動と人生満足（Meier & Stutzer, 2004）

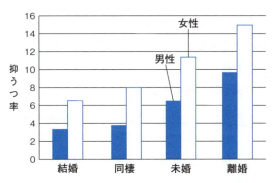

図12.6　結婚地位と抑うつ（Bulloch et al., 2017）

告している（図 12.6）。他方，結婚イコール幸福と理解することには慎重な意見もある。結婚地位，恋愛，友情や親子関係などいずれも関係性の質こそが重要であり，良好でない関係はストレス源となり得るからである。また，距離が近いからこそ摩擦が生じやすい場合もある。関係性と幸福とのつながりに関する研究は，自己呈示の影響を受けやすい自己報告法を用いることが多く，さらに慎重な検討が必要と考えられている。

12.2 幸福の予測と追求

12.2.1 幸福の予測

　努力して資格試験の勉強に励んだり，勇気を振り絞って恋人に求婚したりするのは，その先に幸福や満足があると予測するからである。ここから考えると，どうすれば幸福を手に入れることができるかを人はあらかじめ知っている，ということになる。しかし，「人々は必ずしも知らない」というのが，これまでの研究による回答である。

　ギルバートら（Wilson & Gilbert, 2005）は，良いことであれ悪いことであれ何かの出来事の結果，自分がどのような感情状態になるかについての予測（affective forecasting）は当たらない，と述べている。憧れの〇〇さんと交際できたらさぞ幸せだろうと予測しても，願いが成就した人，成就せず失恋した人どちらも，後の幸福度にはあまり違いが認められない（図 12.7）。

　感情状態予測の誤りには，感情や認知のさまざまな性質が関わっている。一つは，持続性バイアス（durability bias）である。確かに交際の始まりは喜びに満ち，失恋すれば落ち込む。しかし，人生では常に新たな出来事が生じ，恋人候補からノーと言われた翌日，宝くじの高額賞金が転がり込んでくるかもしれないのである。出来事に対応した感情が次々と生まれ，1 つの感情状態はそう長くは続かない。感情は時とともにベースラインに戻る傾向がある。また焦点化傾向（focalism）と呼ばれる，対象となる目下の出来事に注意を向けすぎ，関連する文脈を考慮しない傾向も関わっている（図 12.8）。

12.2.2 幸福の追求

　幸福は多くの人にとって重要な目標の一つである。だが，感情的幸福は長続きせず人生満足は収入に規定されるとなると，幸福になりたい人，ずっと幸福

12.2 幸福の予測と追求

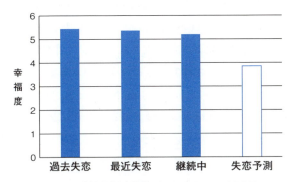

図12.7 感情予測の失敗(Gilbert et al., 1998)
失恋したら幸福レベルは低下するだろうという予測（失恋予測）とは大きく異なり，以前に失恋した人（過去失恋），最近失恋した人，失恋経験がない人（恋愛継続中）はいずれも幸福度が高かった。

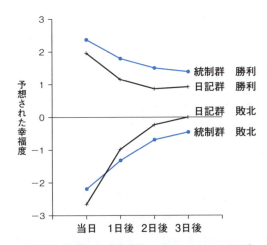

図12.8 焦点化と感情予測(Wilson et al., 2000)
参加者はスポーツチームのファン。日記群は，勝敗への焦点化抑制のため，日常諸活動に従事する程度を考える。統制群はその課題を求められない。次に，勝敗決定後の数日の幸福度について，試合前に予測を求めた。いずれも結果に影響されるが，日記群の方が回復が早いと予測した。統制群はチームの勝敗に焦点化し，試合結果が自分の感情に与えるインパクトをより大きく予測したことになる。

でいたいと願う普通の人はどうすればよいだろうか。それへの答えを探る試みとして，近年**持続可能幸福モデル**（Sustainable Happiness Model；SHM）が提唱されている（Lyubomirsky et al., 2005）。それによれば，幸福は内的所与，外的所与，日々の活動の3要素から構成されている（図12.9）。内的所与は遺伝子によって幸福水準が規定されているというものである。双生児研究などによるとそれは50％近くを説明する（例：de Neve et al., 2012）。外的所与は職場や家庭など個人がかかわりをもつ環境である。これら2つは与えられるもので個人レベルで動かすのは難しい。それゆえ，幸福水準をその人なりに維持・向上させるには，自分で決定・調整できる日々の活動のあり方にかかっている，というのがこのモデルの示唆することである。

12.3 健　康

12.3.1　ストレスと病気

　何かへの挑戦や要請が，自分の能力や資源，エネルギーを超えるときに生じるのが心理的**ストレス**である。通勤ラッシュ，業務命令，愛する人の喪失，経済的困窮，人間関係での葛藤対立など現代社会にはストレスを引き起こすものが少なくない。中でも，社会的アイデンティティや他者との関係を脅かすようなものは，その傾向が強い（Dickerson & Kemeny, 2004）。

　ストレスは健康に悪影響を及ぼし，病気をもたらすと一般に考えられている。実際，ストレスが強いほど風邪にかかりやすい（図12.10）。心理的ストレスから病気へ至るまでにはいくつかの段階と経路がある。ストレスフルな出来事（例：家族の入院）の経験は，ネガティブ感情（例：不安など）を引き起こし，それが行動パターンの変化（例：喫煙量が増える）や生物学的過程への効果をもたらし，病気リスクに影響を及ぼす，というのが第1の経路である。もう一つの経路は，生体システムがストレスに反応して活性化し，病気リスクに影響を及ぼす，というものである（Cohen et al., 2016）。

　ストレスの測定には多様な方法が用いられている。その一つに家族の死などストレスの源となる出来事の経験の有無を尋ねる，いわゆるストレッサー測定タイプがある。これは，重大な出来事は誰にとっても同程度にストレスを与える，という考え方に基づいている。しかし，ストレスとは環境からの要請に自

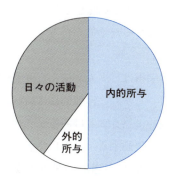

図12.9 持続可能幸福モデル（Lyubomirsky et al., 2005 より改変）
幸福は遺伝など内的所与の要素（約50％），環境など外的所与の要素（約10％），個人の日々の活動の要素（約40％）からなる。個人が変えることができるのは，3つめの項である。

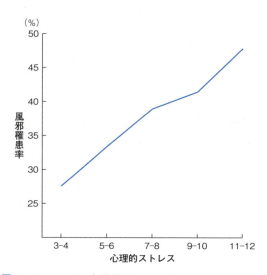

図12.10 ストレスと風邪（Cohen et al., 1991 より改変）

分はうまく対処できないと感じるときに生じるものであるとすれば，それは個人的要素が入った主観的なものであり，客観的なものではない（Lazarus, 2000）。たとえば，離婚を人生の大失敗ととらえる場合と新たな出発点ととらえる場合とでは，ストレスはまったく違うだろう。

12.3.2　主観的統制感

多くのストレスフルな出来事は，当人が望んだり意図したわけではなく，その意味では統制不能である。しかし，客観的には統制不能であっても，統制できるあるいは防げると主観的に思うことはある。この主観的統制感は客観的統制力以上に，出来事の結果を予測する。実際に患者を対象にした研究では，病気を統制できると考える人ほど心理的調整が良好である上（Taylor et al., 1984），4年後の予後もより良好であった（Helgeson, 2003）。

高齢者においても，統制感は顕著な効果をもたらす。ある実験において，自分の責任と裁量で植物の世話を任された高齢者施設入居者は，その機会が与えられなかった比較群に比べて，生き生きとして健康で幸福であった（表 12.2）。これは高齢者だけでなく，支援を必要とする人々へのケアや介入のあり方を考える上で，有用な示唆となり得る。「すべてをやってあげる」のは親切なようでいて，本人から責任や統制感を取り上げてしまう可能性がある。病や老いそのものに対する効力には限界があるにせよ，何かに対する統制感の維持は少なくとも心理的なウェルビーイングを改善する。

12.3.3　ストレス低減に向けて

人生には多くの困難や問題が発生し，中には自分では解決できずストレスを抱える事態に陥る場合がある。抱え込んだストレスを管理しようとすることをストレス対処（ストレスコーピング）という。病魔に襲われたとき，不運を嘆き過去の行為を悔やみ自分を責め続けることは，却って悲劇を深刻なものにするかもしれない。悲観は免疫システムの老化を招き，楽観的な人は病気からの回復が早い傾向がある。対処法には直面する困難を乗り越えるための具体的方略を考える，身体を動かす，快感情を感じる場をつくる，瞑想するなどいくつかあるが，ここでは，多くの研究者が注目するソーシャルサポートについて説明しよう。

近年，ソーシャルサポートはストレス対処において心理的効用をもたらすだ

表12.2 **統制感と健康**（Rodin & Langer, 1977）

	活動責任群	比 較 群
介入前	402.38	442.93
介入後（3 週間）	436.50	413.03
18 カ月後	352.33	262.00

数値が大きいほど，健康度が高い。

表12.3 **サポート量とガン患者死亡率**（Kroenke et al., 2006 より改変）

ソーシャルサポート量	高	中高	中低	低
年齢調整後の死亡率	1.00	0.87	1.22	2.04
複数要因調整後の死亡率	1.00	0.91	1.24	2.14

ガン患者のソーシャルサポート量を基に 4 群に分けたとき
の死亡率。高群を 1 としたときの他群の割合を示している。

けでなく，身体的にも有効であることが判明しつつある（例：Hostinar et al., 2014）。ソーシャルサポートと死亡率は，メタ分析から負の相関関係にあると報告され（Holt-Lunstad et al., 2010），サポートを多く得たガン患者では，少ない群よりも生存確率が高い（表 12.3）。

　ソーシャルサポートが有益なのは明白だが，いつどのようにサポートするかはなかなか難しい問題である。ある研究では，直截的に表す可視的ケアと控えめで目立たないケアを比較したところ，前者の方が受け手は支援されていると明確に認識するものの，同時に「あなたには助けが必要で，一人では何もできない」という統制感を否定するメッセージを受けとってしまう可能性があり，サポートは場合によっては諸刃の剣になり得ると指摘している（図 12.11）。

　サポートは文化によっても，あり方が異なる。ある文化では「手を貸してください」と支援・ケアを気軽に要請するのに対して，そうすることに心理的抵抗をおぼえる文化もある（図 12.12）。またあるところでは「ありがたい」と受けとられるやり方が，異なる別の文化では「個人領域への侵入」と受けとられるかもしれない。サポートするつもりで「お手伝いしましょうか」と声をかけたところ，「あなたがそうしたいなら，してもいいけど……」という反応が返ってくる場合もあり得る。共感的な人が近くにいることは心理的身体的ストレスの低減に役立つことは確かなようだが，実際にいつどのようにサポートの求めがなされるかは文化や状況，相手などさまざまな要因によって異なる。本人の福祉に結びつくサポート提供のあり方は，それに応じて違ってくるだろう。

12.3.4　孤　　独

　孤独（loneliness）は，人間関係の量や質が求めている程度に達していないことを苦として自覚している状態である。物理的に 1 人であっても，釣りを楽しんでいるときなどは孤独を感じない。逆に，周囲の人と会話しながらも表面的な付き合いだと感じるような場合は孤独である。集団に受け入れられていない，周りの人から愛されていない，個人的関心を共有する人がいないなど，良好な人間関係を欠いた状態は，孤独として受け止められる。

　孤独はある程度遺伝が関係しており，双生児では孤独を感じる程度が似ている（表 12.4）。すなわち，孤独感の抱きやすさはある程度は親から受け継いでいるらしい。しかし，より大きな要因は環境である。進学などで自宅を離れた

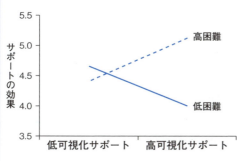

図12.11　ソーシャルサポートの効果(Girme et al., 2013)

心理的困難を経験している人への明白な可視的サポートは効果的である。反対に低困難状態の人へのそれは負の効果をもたらした。

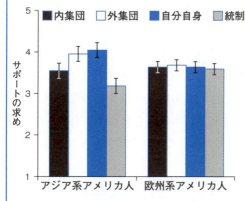

図12.12　サポートの求めと文化(Kim et al., 2006)

相互協調型の文化ではサポートを求める傾向が低いことに加え、対象による違いがみられ、内集団にサポートを求める程度が低い。これは、「仲間」を煩わせたくないという思いがあるからではないかと解釈されている。他方、相互独立系文化では、関係相手による違いはあまり認められない。

表12.4　孤独と遺伝(Goossens et al., 2015 より改変)

研究デザイン	年　齢	調　査　地	遺伝率（%）
双生児	18〜30歳	オランダ	40
双生児	18〜30歳	オランダ	48
拡大双生児	平均34歳	オランダとベルギー	37
養子	9〜12歳	米国	48
双生児	8〜14歳	米国	55
双生児	12〜18歳	ノルウェー	44

孤独はある程度遺伝が影響している。主に双生児研究に基づく研究によれば、遺伝率は約30〜50%と報告されている。

場合，伴侶の死や離婚直後などの移行期には，一時的に社会的孤立状態となりやすく孤独感が高まる。

慢性的孤独は深刻な影響をもたらす。現代社会においては，インターネットの普及などによりその場に留まりながら誰かと接触することができる。実際，そのような時間は年ごとに増加し，他方直接的な社会的交流は減少し，友人や家族と一緒に過ごす時間はかつてより短くなる傾向がある。そのことが孤独に悩む人を増やしているのではないかと研究者たちは考えている（図 12.13）。特に欧米など個人主義文化において孤独が強い傾向がある。

孤独はネガティブな感情を伴うだけでなく，ストレス，ホルモンに影響を与え，高血圧，循環器系疾患，認知活動の衰え，ガン，不眠，抑うつなど身体的，精神的，認知的健康に悪影響を及ぼし，時に死のリスクを高める（図 12.14）。

欧米や日本では単身世帯が増加しつつある。シングルであることを積極的に選択し享受する人はおり，単身者が必ずしも孤独だとは限らない。しかし，社会的交流を望んでいても貧困や多忙などによってそれが阻まれ結果として単身という場合は，孤独かもしれない。英国では 2018 年に世界初の孤独担当大臣が新設され，2021 年には 2 番目として日本にも設けられた。これは，孤独が現代において社会問題として認識されつつあることの表れであろう。

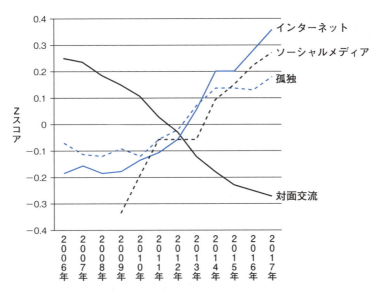

図12.13 現代社会の孤独と直接対面交流の減少（Twenge et al., 2019）
米国の高校生を対象とした2006〜2017年の調査に基づいて数値化したインターネットやソーシャルメディアの利用，対面での交流時間と孤独の関係。インターネットやソーシャルメディアの利用が増加し，対面による交流時間が減少し，孤独を感じる者が増えた。

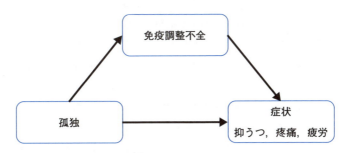

図12.14 孤独と健康（Jaremka et al., 2013 より改変）
乳ガン患者を対象とした研究では，孤独な人はそうでない人よりも抑うつや疼痛疲労がひどかった。これは，孤独が免疫調整に支障をきたすことが関係しているのではないかと考えられている。

コラム　睡眠と健康・幸福

　健康や幸福でありたいというのは万人の願いであろう。そのためにはどうすればよいだろうか。人によって解は異なり，また自分自身で具体的な「正解」を知っているわけではない。近年，ウェルビーイング・幸福との関わりでは注目されることが少なかった「意外な」ものに研究者は関心を寄せ始めている。それは睡眠である。医学的観点から睡眠が個人の身体機能に影響を及ぼすことはこれまでも知られていた。たとえば，良質な睡眠が不十分だと，肥満になりやすく循環器系疾患のリスクが高まり，免疫機能の低下が起きやすくなる。しかし，睡眠障害は一部の限られた人の軽度病態であるという認識が長らくあった。

　近年，睡眠への関心はより広がりをみせている。睡眠トラブルが単に身体的問題に留まらず，認知機能やウェルビーイング，適応など心理面を含む社会生活機能全般に悪影響を及ぼし，さらに重大な事故の危険性の増大にもつながることが次第に明らかになってきたからである。不眠や睡眠不足は，短期記憶，判断力，集中力，他者との関わりを楽しむ能力や活力などの低下を通して，個々人の生活の質（Quality of Life）の悪化を招き，さらにパフォーマンスと安全を脅かす。米国のデータでは，慢性不眠症の人の交通事故リスクは一般の人のそれの約 2.5 に上っている（Roth & Ancoli-Israel, 1999）。さらに，スリーマイル島原発事故やスペースシャトル・チャレンジャー号爆発事故という社会を揺るがした重大事故の原因の一つは，担当者の睡眠不足にあったといわれている。

　また，不眠はうつ病の原因になる。これまで，不眠はうつ病の前駆症状としてとらえられてきたが，近年の研究は慢性的な不眠がうつ病を引き起こすことを明らかにしている。縦断的研究によれば，大学生時に不眠だった人は睡眠に問題がなかった人に比べ，20 年後 30 年後にうつ病発症率の上昇を示した（Chang et al., 1997）。

　現代社会では，持続的慢性的な睡眠不足である睡眠負債（sleep debt）状態にある人が少なくないといわれている。米国の統計では，十分な睡眠がとれていない人は労働者の 43％に上る。また，日本人の睡眠時間は減少傾向にあり，世界的にみて最短レベルの 442 分となっている。これは 528 分の米国や 513 分のフランスなどに比べて約 1 時間も短い。さらに，男女の違いが大きいことも特徴的である。平成 29 年厚生労働省の「国民健康・栄養調査」によれば，20 歳以上の男性で 36.1％，女性で 42.1％が睡眠時間 6 時間以下であった。具体的な数値は調査年や対象年齢，職の有無，居住地域などによって異なるが，世界的にみても日本人の睡眠時間は短く，女性とりわ

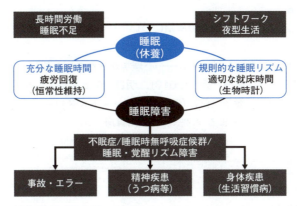

図12.15 **睡眠障害が引き起こす諸問題**（厚生労働省『e-ヘルスネット』「睡眠と生活習慣病との深い関係」より）

け有職女性のそれは世界一短いという特徴がある。

　では，良質で十分な睡眠の確保の妨げとなっているものは何だろうか。その第1は仕事である。通勤時間を含む労働時間が長く，また夜間就業や日勤・夜勤シフトが睡眠不足や睡眠・覚醒のリズムの乱れをもたらす。さらに，女性は家庭での無償労働の負担が大きい。夫が長時間勤務・通勤に時間を要する分，妻が有職無職を問わず家事育児を担っているという現状がある（内閣府男女共同参画局HP）。近年は，インターネット利用時間の増加もある。利用時間が長くなるにつれ，ブルーライトを浴びる時間が増えて体内時計が影響を受ける他，SNS利用によるコミュニケーションで感情が揺さぶられて覚醒し，入眠に支障が出る（三島，2018）。睡眠時間には個人差があり一律何時間という基準を設けることは難しい。また，生活に関する他の活動との調整の結果としての睡眠時間という側面がある。しかし，現実に多くの人が良質で十分な睡眠がとれていないということが，個人の心身の健康から社会の生産性や安全性に至るまでのさまざまなリスクにつながっている（図12.15）。このようなことからも，社会全体で睡眠時間や生活時間に関する関心を高めていく必要があるだろう。

参考図書

内田 由紀子 (2020). これからの幸福について——文化的幸福観のすすめ—— 新曜社

大石 繁宏 (2009). 幸せを科学する——心理学からわかったこと—— 新曜社

ギルバート, D. 熊谷 淳子 (訳) (2013). 明日の幸せを科学する 早川書房

カーネマン, D. 村井 章子 (訳) (2014). ファスト＆スロー (上・下)——あなたの意思はどのように決まるか?—— 早川書房

one point

▲幸福と社会的交流

良好な人間関係は幸福と結びついている。それは必ずしも家族や親友といった長期に渡る安定的関係だけに限られるわけではない。他者と心を開いて率直な交流をする人は，そうしている間，またそれ以外の時間においても幸福を感じる。10 代の若者では，ソーシャルメディアにつながる時間がより少なく直接対面でリアルな交流をする者ほど，幸福度が高い。友だちとの交流も対面で直にすることが重要で，SNS を通じたそれは直接的交流の代わりにはならないことが明らかになっている。

社会と人間 13
──持続可能な社会に向けて──

　人類は地球の上で長い時を生きてきた。大地や海や太陽からさまざまな恵みを受け，子孫を増やし，助け合い時にいがみ合い，汗水流して拓き耕し知恵や工夫を働かせて技術を生み出し，より安全でより快適な暮らしを求めながら生を紡いできた。しかし今，地球環境，社会環境はさまざまな危機や問題に直面している。私たちはこのままの暮らしをこの先も続けられるだろうか。人類が次世代以降もこの地球で暮らすことができるようにするためには，どうしたらよいだろう。私たちは問題をどうとらえていて，それらは私たちの暮らしをどう変えるのだろうか。私たちに課せられているのは何だろうか。本章では，社会心理学の知識をどのように生かすことができるか，考えることとする。

13.1 人　口

　2022年11月，世界の人口は80億人を突破した。1974年に40億人であったから，約半世紀もかからぬうちに2倍になったことになる。大昔の人口については記録がなく推測による部分が大きいが，変化は長い間極めて緩やかであった。飢餓，病気，災害などに打ち勝つ有効な術や知識をもたない時代，子どもは多く生まれたが死もまた多く，均衡が成立していたのである。産業革命以降のいわゆる近代になって，ようやく何とか食べていかれる最低限の生産力が生まれ，幼少時の死亡が減って，成人となり次の世代を生む者が増えた。その後急激な人口増加傾向は今日まで続き，2011年の70億人からわずか11年で80億人に達した（図13.1）。

　18世紀の英国の経済学者マルサスは，『人口論（*An essay on the principle of population*）』を著した。そして，人口は幾何級数的に増加するが，生活資源（食糧）は算術級数的にしか増えないため，生活資源が不足すると主張した。つまり，人口増加は貧困飢餓問題を生むと予言したのである。確かに2021年，8億超の人々が飢餓状態にある（国連報告）。

　他方，国連世界食糧計画によれば，世界の食料生産量の約3分の1は廃棄されており，世界の20億人分の食料にあたる。これは，食料の適正管理と配分が実現すれば，飢餓問題は解決し得ることを意味する。マルサスは人口増加と飢餓を対比させたが，人間はある意味知恵を働かせ工夫を重ね，増える人口を維持できるだけの生産量増大を実現してきたようにみえる。では，もはや問題は解決済みなのだろうか。

13.2 人口増加と環境問題

　人口増加と生産活動の活発化は，別の新たな問題をもたらした。いわゆる環境問題である。

　人類は生きるために必要なさまざまなものを地球から与えてもらっている。たとえば，私たちが消費する野菜や水産物は，耕作地，牧草地，森林，海洋や淡水などの資源と，それらからなるダイナミックなシステムによってもたらされる。しかし，人類は増加する人々の生存を維持するために，たとえば，耕作

13.2 人口増加と環境問題

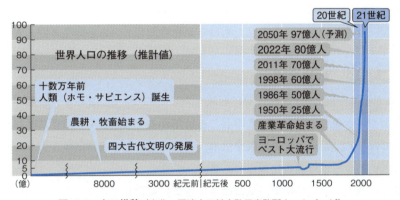

図13.1　人口推移（出典：国連人口基金駐日事務所ホームページ）

世界の人口は時代とともに逓増してきたが，その増加率は極めて小さく緩やかであった。しかし，産業革命あたりを境に増加速度が速まり，とくに第二次世界大戦後は指数関数的増加率となっている。

地を広げるために次々と森林伐採を進めたのである。こうして何億何十億人の命とより快適な暮らしを支える人間活動を絶え間なく活発化させた結果，ついに地球がもっている資源や環境の制約を超えるに至った。つまり，人間の需要量と地球の供給能力とがバランスを失うところまで来ているのである。

人類が地球に与えている負荷を計るため，エコロジカル・フットプリント（表 13.1）という指標が考案されている。2022 年の国連の発表では，世界が今の生活を続けるとすれば，地球が 1.75 個，日本人が暮らし方を変えないならば日本が 7.8 個必要となる。つまりより豊かで快適な暮らしの追求はそれだけ地球に過重な負荷をかけており，それによって気候変動や資源枯渇などの影響が生じているとされている。これは，社会心理学で学ぶ「共有地の悲劇」（8.4 節参照）であり，まさに今，私たちはそれに直面しているといえるだろう。

13.3 地球温暖化

「数十年に一度の」「これまでに経験したことのない」。このように形容される大雨や洪水などの災害が，このところ毎年のように起きている。これは日本だけではなく，世界各地で熱波や洪水，森林火災などの異常気象が報じられている。いわゆる地球温暖化現象である。

地球の長大な歴史の中で，気候はさまざまに変化してきた。寒冷な氷期もあれば，比較的温暖な時代もあった。これには複数の原因があるが，中でも日射量変動に起因するところが大きいとされている。今観測されている世界平均気温の上昇も，こうした自然現象としての「通常」の気候変動として位置づけられると主張する研究者がいないわけではない。他方，大多数の研究者は，現在直面している気候変動は過去のものとは異質であるとしている。

絶えず変化し続ける複合的なシステムである地球。現在の温暖化現象が過去の変化と異なるものかどうかは，最新の科学をもってしても見極めるのは容易ではない。国際機関 IPCC は長年慎重に検討を続けた結果，2021 年の評価報告書の中で，今人間の活動を主たる原因とする温暖化が起きていることは「間違いない」と断言するに至った（表 13.2）。そこでは産業革命前から近年の間に観測された気温上昇量は 1.09℃，とされている。

ここで地球温暖化の徴候とされているものを簡単にみておきたい。陸地・海

表13.1 エコロジカル・フットプリント
(National Footprint and Biocapacity Accounts 2022)

国名	フットプリント
米国	5.1
日本	2.9
フランス	2.8
中国	2.4
地球全体	1.75

もし，世界中の人が日本人と同じような生活をするなら地球が 2.9 個，世界が今の生活を続けるなら地球が 1.75 個必要となることを表している。

表13.2 IPCC 報告書の表現の変化
(IPCC 第 5 次評価報告書特設ページより一部改変)

第1次報告書	1990年	「気温上昇を生じさせるだろう」 人為起源の温室効果ガスは気候変化を生じさせる恐れがある。
第2次報告書	1995年	「影響が全地球の気候に表れている」 識別可能な人為的影響が全地球の気候に表れている。
第3次報告書	2001年	「可能性が高い」（66％以上） 過去 50 年に観測された温暖化の大部分は，温室効果ガスの濃度の増加によるものだった可能性が高い。
第4次報告書	2007年	「可能性が非常に高い」（90％以上） 温暖化には疑う余地がない。 20 世紀半ば以降の温暖化のほとんどは，人為起源の温室効果ガス濃度の増加による可能性が非常に高い。
第5次報告書	2013年	「可能性がきわめて高い」（95％以上） 温暖化には疑う余地がない。 20 世紀半ば以降の温暖化の主な要因は，人間活動の可能性が極めて高い。
第6次報告書	2021年	「20 世紀後半以降の温暖化は，人間の活動が主たる原因であると言ってよい」（95％） 人間の影響が大気，海洋及び陸域を温暖化させてきたことには疑う余地がない。大気，海洋，雪氷圏及び生物圏において，広範囲かつ急速な変化が現れている。

洋や大気の温度上昇，動植物の生育適地の極方向や垂直上方移動，氷河や氷床の融解，海面上昇，春の早期到来（図13.2）などがある。さらに，これらは相互に影響し合い，台風やハリケーンの大型化，大雨洪水，干ばつ，山火事など異常気象現象を地球各地にもたらしている。

温暖化の主たる原因が人間の活動にある，とはどういうことだろうか。温暖化の大きな原因は温室効果ガス（greenhouse gas）にある。地球は太陽からの熱エネルギーを受けているが，それは地球の表面から外に向かう赤外線によって放出される。ところが，大気中にある水蒸気やCO_2（二酸化炭素），メタンガスやフロンなどが外に出て行く赤外線を吸収し，下向きに押し戻す。もしそれがなければ地球は$-19℃$の低温になるところだが，温室効果ガスのおかげで平均気温が約$14℃$に保たれる。しかし，人間の活動変化によってこの温室効果ガスが著しく増大してあたためる機能が大きくなり，それが地球の気温上昇をもたらしているのである。

温室効果ガスの中で温暖化に与える影響がもっとも大きいのがCO_2である。温室効果ガス排出の65％ほどは石炭や石油を主とする化石燃料由来のCO_2で，森林伐採などの土地利用変化で増加したCO_2と合わせると，全体の約4分の3を占める。

人類は大昔に火を使用し始め，やがて農耕や牧畜を開始した後は耕作や運搬に家畜や水力・風力を，調理や暖をとるために薪を利用するようになった。人口が少ない時代はそのようなエネルギーの使用量は非常に微々たるものであった。しかし，産業革命時に輸送機器と工場動力源に蒸気機関が導入されると，石炭によるエネルギー使用量が急増した（図13.3）。以来，産業化が進展し石油の使用が始まり，人々の生活は急速により便利で快適になり，人口増加のペースが早まった。近年は電気の使用範囲や使用量が拡大しているが，発電も石炭や液化天然ガス・石油への依存度が大きい。つまり，今日のより便利で快適な生活は，CO_2を排出する化石燃料なしでは成立しないといえる。

13.3 地球温暖化

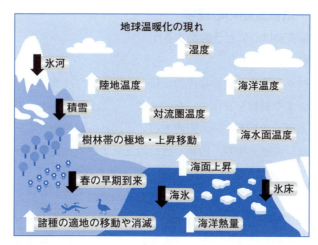

図13.2 温暖化の徴候 (From Skeptical Science.com Posted by John Cook, 2010)

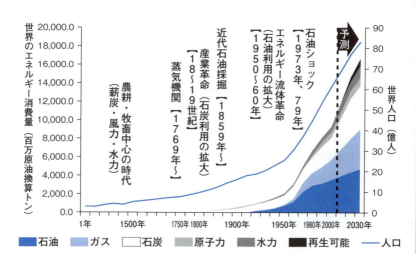

図13.3 人口とエネルギー消費 (「平成24年度エネルギーに関する年次報告」(エネルギー白書2013) より)

長い間人類のエネルギー消費は非常に限られていたが, 産業革命頃から増え, 工業化の進展に伴いエネルギーの消費量・利用用途は拡大した. それを受けて生産力の向上や人口増加加速が起き, それが一層のエネルギー需要をもたらした. 2030年の世界のエネルギー消費量は1990年の約2倍に達すると見込まれている.

13.4 気候変動の心理学

13.4.1 気候変動は心にどう影響するか

1. 気候難民

地球温暖化は氷床融解などの物理的変化をもたらすだけでなく，人々の生活や心にもさまざまな影響を及ぼす。たとえば，海面上昇や洪水，干ばつなどによって土地，家屋，仕事を失い，国内あるいは国外へ移住せざるを得ない人が出てくる。通常，人種，宗教，国籍，政治的意見または特定の社会集団に属するという理由での迫害を恐れ，国外に逃れる人々を「難民」という。しかし，今長期にわたる干ばつや海面上昇など極端な気候変動やその頻発が原因で自分の土地を離れざるを得なくなる人々が生じ，気候難民（climate refugees）と呼ばれている。その数はすでに数千万人といわれているが，紛争難民と区別がつきにくいケースもある。そのような人々はそれまで築き上げてきた生活やアイデンティティを失い，将来への不安を抱き，心身の健康問題に直面する傾向がある（Torres et al., 2017）。もし温暖化傾向を止めることができなければ，気候難民数は億の単位にまで増えると予測されている。

気候変動による環境の急激な変化，食糧不足などが徐々に現実のものになりつつあり，現在のところ居を移すところまではいかずに済んでいる人々も，漠然とした不安を感じるようになってきている。

2. 気候変動と攻撃性

気候変動が精神的健康や幸福以外の他の側面に影響を与えていることを示す研究は多岐にわたっている。ある研究は，急激な気候変動は攻撃性につながると指摘している（図13.4）。その影響ルートは3つに集約できる。第1は，高温熱波で人々がイライラし暴力行動が生じやすくなるという直接ルートである。高温と攻撃性の関係は以前から指摘されている。2つ目は，気候変動がもたらす子どもにとっての過酷な環境，たとえば極度の貧困からくる栄養不良，教育機会の欠如や減少などが攻撃的で暴力的な大人を育てる，という間接ルートである（10.1節参照）。3つ目は，限りある土地や水を巡って，また難民化や移住によって集団間対立や紛争が起きやすくなる。たとえば，気候変動により居住地で従来どおりの生計を立てることが困難になり国境や県境を越えて集団で

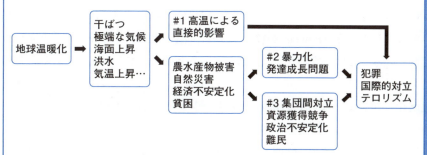

図13.4 地球温暖化が攻撃性につながる3つのルート
(Miles-Novelo & Anderson, 2019 より改変)

表13.3 気候変動科学と他の科学への態度 (Lewandowsky et al., 2013 より改変)

	気候科学の受容	他の科学の受容	陰謀説信奉
気候科学の受容	—		
他の科学の受容	.563	—	
問題解決済み	−.586	−.263	
陰謀説信奉	−.197	−.538	.032

気候変動に関する科学知見を信じない人は，他の科学的知見も信用せず，問題はすでに解決済みと考える傾向がある。また，これらの態度はいろいろなことに関する陰謀説を信じることとつながっている。

移動する。するとそこの人々は，「自分たちの土地」への侵入だとして外集団である気候難民を攻撃する。これら2つの間接ルートはいずれも，気候変動の影響が長期広範にわたることを示唆している。

13.4.2 気候変動への受け止め

IPCCは2021年の報告書で「人為的要因を主とした温暖化が起きていることは疑う余地がない」と断言し（13.3節参照），気象学界ではこれは100％の合意に達している（Powell, 2017）。しかし，温暖化がすでに科学的「事実」とされていることは一般の人々に浸透しているとは言いがたい状況がある。実際この科学的合意について知っている人は少数にとどまっている。また，「地球温暖化は起きていない」あるいは気温上昇は「人間の活動によるものではない」などと否認する懐疑論も存在する。

このような科学者と一般の人々とのギャップは，なぜ生じるのだろうか。一つには，温暖化陰謀論の考えをもつ人は喫煙と肺ガンの結びつきなどよく知られた他の科学的事実に対しても懐疑的で，陰謀説を信奉する傾向がある（表13.3）。また，動機づけられた推論（motivated reasoning）がなされている可能性もある。「温暖化」がもたらす不安などネガティブ感情を経験したくない，あるいは慣れ親しんだ現在の快適な暮らし方を変えたくない，こうした願望に沿うように人の活動がもたらす温暖化を否認する。さらにナイーブ・リアリズムの関与もある。長期的スパンで徐々に変化する温暖化現象の多くは，個人の日常生活ではなかなか感じとりにくい。人は今経験していることに基づいて現実を構成し，理解する傾向がある（6.3節参照）。ある研究は，温暖化についての関心や判断はその日の気温によって影響を受けると指摘している（図13.5）。寒い日に調査すると，温暖化への懐疑傾向が強まるのである。

また，温暖化の世論がジャーナリズムによって作り出されているという側面もある。ジャーナリズムが「偏向」を恐れるあまり両論を報道することで，「専門家の意見は分かれている」「まだ結論が出ていない」などと人々が受け止めてしまう傾向がある（図13.6）。

13.4.3 日本の世論

温暖化問題は我が国ではどのようにとらえられているだろうか。政府が実施した「気候変動に関する世論調査」の結果が2023年に公表されている。それ

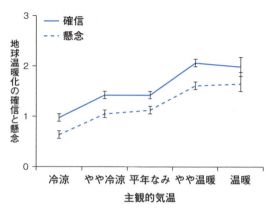

図13.5　主観的気温と温暖化確信 (Li et al., 2011)
オーストラリアで調査を実施した。地球温暖化についての確信と懸念は，回答日がその時期の平年気温に比べて暖かいか寒いかを感じとった主観的気温によって影響されることが示された。つまり，寒いと感じるときには温暖化を信じる傾向が低下するのである。

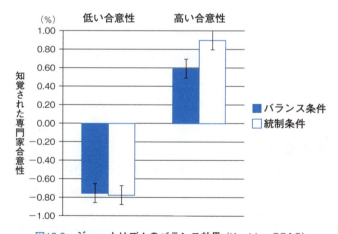

図13.6　ジャーナリズムのバランス効果 (Koehler, 2016)
高い専門家合意性事項（例：温暖化解決策）と低い合意性事項（例：最低賃金）を2通り呈示する。①バランス条件：賛成派反対派の割合＋各派意見を1つずつ呈示，②統制条件：各派の割合を呈示。その結果，高い合意性事項において，バランス条件では専門家合意性が過小評価された。偏らない報道をという意図に反して，バランス報道は結果として専門家間の合意性を歪めて伝える可能性が考えられる。

によれば,「関心がある」人の割合は年齢が上がるほど高く,若年層ではあまり高くない。「パリ協定」を「知っている」という回答は多いが,その内容について知っている割合は20%に届かず,深い知識をもっている人は多くないようである。また,日本人でもっとも多いのは,温暖化に関心が乏しく明確な意見をもたない「無関心」層である,という調査結果もある(図 13.7)。こうした無関心の背後には,温暖化対策行動には「手間がかかる」「生活の質が落ちる」などの負担意識があり,それにかかわりたくないといった動機が働くためではないかと論じられている(江守,2020)。相互協調的な文化社会では,そうした個人的な動機だけでなく,他の人々も無関心だという受け止めが関わっている可能性もある。対策行動が社会的に望ましく,多くの人が実施しているという一般性を強調する方が,温暖化問題の緊急性を強調するよりも有効かもしれない(Armstrong, 2019)。

13.5 格差・不平等

いつの時代,どの社会においても,人々があらゆる点で完全に平等というのは理想に過ぎないのかもしれない。では近年,格差が大きな社会問題として改めて注目されるようになったのはなぜか。格差には教育格差,情報格差,医療格差などさまざまなものがあるが,それらは相互につながっていることが多い。ここでは,経済格差を主軸として取り上げ,社会と人間にどのような帰結をもたらしているかについて考えたい。

13.5.1 経済格差

世界のほんの一握りの人が富の大半を所有している。図 13.8 は,2021 年の所得と資産における格差を示している。巨大企業の経営者や資源大国の王族など最富裕層1%の人が世界の所得の19%,富の38%を占めている。上位10%が保有する富は,地球上の富全体の4分の3を超える。他方,下位50%すなわち貧しい方の半数全体でもつのは所得の8.5%,富のわずか2%に過ぎない。少数の人々による富の大半の所有,すなわち極端な経済格差は近代以降の現象である(図 13.9)。

1つの国の中にも経済格差はある。日本は世界全体でみれば相対的に富裕国であり,日本の成人人口の平均所得は430万円ほどとなっている。しかし,下

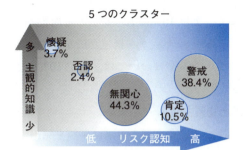

図13.7 温暖化に対する日本人の態度 （法政大学地域適応支援サイト　小杉素子　2006 を一部改変）

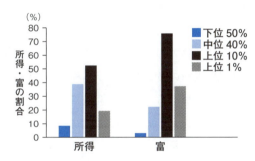

図13.8 世界の経済的不平等2021 （「世界不平等レポート2022」より）

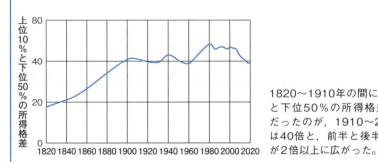

1820〜1910年の間に上位10%と下位50%の所得格差は18倍だったのが，1910〜2020年間は40倍と，前半と後半では格差が2倍以上に広がった。

図13.9 200年間の所得格差の推移 （「世界不平等レポート2022」より）

位 50％の人の所得は 145 万円ほどであるのに対して，上位 10％の人は 1,936万円ほどであり，その差は 13 倍にのぼる。1950 〜 80 年までは日本は比較的不平等が大きくはなく，上位 10％の人々が占める所得割合は 30％を少し超える程度であった。ところが 80 年代から格差が広がり始め，1990 年代初頭に 45％となり現在に至っている。富においては，上位 10％と下位 50％の差はさらに著しい（図 13.10）。

13.5.2　経済格差と物質主義

　この 50 年ほどの間に，モノや金銭の追求に価値を見出す**物質主義**（materialism）の傾向が以前よりも強くなりつつある（図 13.11）。前述したように，経済格差の下では経済的地位・階層を巡る競争が激しくなる。経済的地位が上は勝者，下は敗者を意味するため，自分の存在価値や上位の経済的地位を示そうとして，他者の目に見える形の消費を志向する。たとえば，豪奢な車や高価な衣服の所有は自分自身が富裕層であることを確認すると同時に，他者からの羨望や賞賛を獲得できる。経済格差の大きい社会では，いわゆる高級ブランドに代表されるステイタス品関連語のインターネット検索が多い。消費者側の需要に呼応して，企業側も供給に努める。実際，経済格差と広告費は正の相関関係にある。不平等社会ほど目に見える形での社会的比較が起きやすく，物質主義的価値が浸透し消費が奨励される。

　不平等社会では，多くのモノはそれがもつ機能のために所有されるのではなく，地位を表す記号として所有される。モノを製造・販売する側もそのことを理解しており，割引価格販売によるイメージ崩れを避け，売れ残りの多くは廃棄される。これによって大量のロスが生じる。その分の収益はゼロとなりさらに廃棄コストが発生するが，それは商品価格に転嫁することによって，富裕層だけが購入し所有できる高価なステイタス品という地位を保つことができる。一方で心の豊かさのようなものは視覚的な確認が難しいため，記号としての魅力が低い。

　物質主義者はしばしば購入それ自体を目的とした購買行動を行う傾向があり，品質やデザインなどさまざまな観点から検討し気にいったモノを選ぶ。購買行動と入手したモノは高揚した気分をもたらす。しかし，ポジティブ感情は時間とともに減衰し購入時ほどの満足感を得にくくなり（第 12 章参照），「最新モ

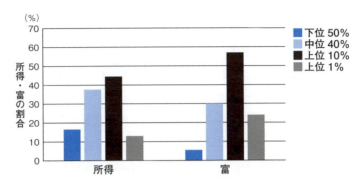

図13.10　**日本の経済的不平等**（「世界不平等報告書2022」より）

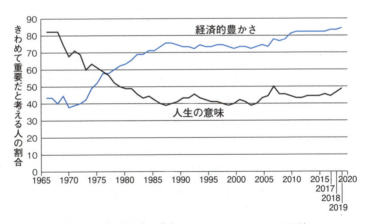

図13.11　**物質主義の進行**（Myers & Twenge, 2022）
20世紀後半から徐々に物質主義が強くなってきている。

デルが発売になった」「こちらの方がもっとスタイリッシュ」などと，次の新たな購入を検討し始めるのである。古めいて輝きを失った以前のモノは，結局捨てられる。廃棄されたモノは，大量の燃料を使った焼却か埋め立てという形で処分される。また，一部は廃棄物処理のインフラが不十分な開発途上国に輸出され，地域の環境汚染の原因となっている。このように，物質主義的目標の追求は地球・自然への配慮と逆行する。

経済的不平等は環境負荷においても不平等である。CO_2 排出量は富裕国・富裕層ほど大きい（図 13.12）。特に，プライベートジェットや大型クルーザーなどを所有し，最新モードを維持するため旧モデルを廃棄する消費行動は，極めて大きな環境負荷を生み出している。

経済格差の下で展開される物質主義的価値の追求は，幸福な社会や人を作り出さないと考えられるようになってきている。物質主義は個人の人生満足や幸福をむしろ損なう傾向がある（表 13.4）。富や人気など外的報酬・承認への欲求とその充足は，競争を激化させ，他者への関心や思いやりを低下させる。そして，幸福ウェルビーイングに大きく関わる親密関係は希薄化し，不安やストレスを高め，抑うつ，心身症や依存症などのメンタルな問題へとつながる。

13.5.3　経済格差がもたらすもの

現代社会では，生活に必要なモノやサービスは基本的に貨幣によって賄われる。ゆえに経済格差は，人々に大きな影響をもたらす。特に経済的下層におかれた人々に対する直接的影響としては，たとえば食糧の調達や医療アクセスが阻まれ，健康問題が生じることがある。また，明日の生活の心配は大きなストレスになり，ウェルビーイングそのものがリスクにさらされる。さらに，子どもの教育に制約が加わり，格差が次世代にまでもち越されやすくなる。

間接的影響もある。経済格差が著しい社会では，豪邸や優雅なバカンスなど，自分とは異なる他者の暮らしぶりについての情報が直接・間接に届く。それは，経済的地位について他者と自分の社会的比較（第 5 章参照）に駆り立て，人々の不公平感がストレスを生み，犯罪の増加，健康問題，ギャンブル嗜好，抑うつにつながり得る（Wilkinson & Pickett, 2017）。

近年，航空機内では喫煙やクルーへのハラスメント，暴力などの乗客の問題行動が報告され，時には飛行機の運航に支障が出ることがある。その多くはエ

13.5 格差・不平等

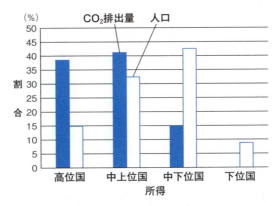

図13.12 CO_2排出量と格差（2021年）（Ritchie, 2023）
所得高位国は人口に比べてCO_2排出量が多い。所得下位国は地球の8.7%の人口を抱えるがCO_2排出量は0.2%である。不平等研究所の報告はステイタス消費としての宇宙旅行を危惧しており，数分の宇宙旅行によって最下位10億人の生涯排出量よりはるかに多くのCO_2を排出するという。

表13.4 物質主義と人生満足の関係（Ryan & Dziurawiec, 2001）

	平均	SD	物質主義	人生全体
物質主義	51.9	13.8		
人生全体	5.4	0.9	−0.28***	
生活水準	5.5	1.0	−0.24**	0.42*
家族生活	5.7	1.2	−0.27***	0.58*
快楽量	5.1	1.2	−0.21**	0.66*
家屋住居	5.6	1.1	−0.21**	0.35*
達成	5.3	1.1	−0.20*	0.52*
仕事賃金	4.9	1.2	−0.09	0.40*
健康体調	5.1	1.4	−0.19*	0.56*

*$p<0.05$, **$p<0.01$, ***$p<0.001$。
物質主義と人生全体及び人生関連各領域の満足とは負の相関関係にある。すなわち，物質主義的方向性をもつ人は，人生全般に対しても，生活水準や家族生活など個別領域に対しても満足が低い傾向がある。

コノミークラスで発生する。ある研究は社会的比較に注目した。国際線エコノミーの乗客が前方から搭乗し，豪華なファーストクラスの座席を眺めながら通り抜ける場合は，別の搭乗口から直接エコノミー席に向かう場合よりも問題行動が起きやすくなる。こうした空間的格差は，フライト時間の長さや窮屈さなど快適度そのものよりも，問題行動発生の大きな要因であった（DeCelles & Norton, 2016）。つまり，「他者にあって自分にはない」という対比からくるストレスが問題行動につながりやすいことが示唆される。

　経済格差は自己認知傾向にも影響を与える。自己高揚すなわち自分は他者よりも優れているとみなす傾向には文化的な違いがあることは知られている（第5章参照）。しかし，単に文化の違いですべて説明できるわけではない。経済格差が大きいところでは，自己高揚傾向がより強くみられるという（図13.13）。経済格差から直接自己高揚が生じるとは考えにくい。格差社会ではより上の階層への上昇志向によって競争的になり，自分の能力や性質を優れていると考える必要性が生まれるのではないかと考えられている。

　経済格差は個人のみならず，社会のあり方にも影響をもたらす。経済格差の大きい社会では，乳幼児死亡率やいじめ，犯罪率が高い。それらは経済的弱者だけでなく社会の構成員全体に影響する。同程度に裕福な人であっても，経済的により平等な社会に比べて不平等な社会では，犯罪に巻き込まれる確率が高くなる。人々は不公平感が高まり相互に信頼できないと感じ，社会凝集力が低下する（図13.14）。またそうしたリスクを考えることで，緊張や不安によるストレスが高まるだろう。それは精神的健康や幸福，身体的健康にも影響する。すでに述べたとおり，経済的に豊かであることは必ずしも人を幸福にしない（12.1.2項参照）。それは，一つには幸福は一個人だけで完結せず，社会のあり方や人々の相互関係が関わっているからである。

13.5 格差・不平等

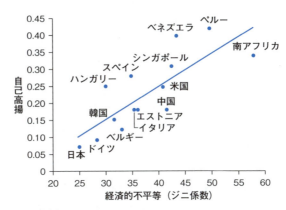

図13.13 経済格差と自己高揚（Loughnan et al., 2011 を一部改変）
経済格差と自己高揚との間には，強い関係が認められる。格差社会で生まれる厳しい競争の下で，人々は自分が優れたものをもっている，あるいは他者より勝っているという認知バイアスを抱くようになるのではないか，と研究者たちは考えている。

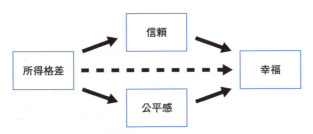

図13.14 経済格差と幸福（Oishi et al., 2011）
所得格差は，人々に不公平感を抱かせ，信頼を低下させる。それらを経由して，あるいは直接的に幸福度を低下させる。

コラム　経済格差を人々はどう受け止めているか

　世界中の多くの国々で，少数の富める者がますます富む一方で貧しい者は一層貧しくなり，経済格差が大きくなっている。そのような現実を人々はどのように受け止め，またどのように富が配分される社会を望んでいるのだろうか。

　経済格差が社会全体のウェルビーイングにとって脅威であることは，すでに述べた（13.5 節参照）。そこで，税金徴収による所得再配分を通じ，格差を縮小しようという政策が検討されてきた。高所得者からは多額の税金を徴収し，低所得者からの税金は少なくして時には逆に給付することで，大きな段差を「より平ら」になるように是正する仕組みである。日本の場合，経済格差が拡大しつつあった時期に，逆に富裕層から徴収する税はむしろ低下した。米国でも，最高税率は以前よりも引き下げられている。政策決定に富裕層の声の方が届きやすいからである。

　一般に，こうした現状に対する人々の関心はそれほど大きくないようにみえる。人々は格差があることを認識している。しかし，それがどの程度なのかを知らず，自分に関係のある社会的不公平問題とはとらえていないようである。研究者はこの状態を「知ってはいるが，関心がない」と表現している（Davidai & Gilovich, 2015）。

　より具体的にみてみよう。図 13.15 は，米国での調査結果である。所得額を基準に，調査対象を 5 段階に分ける。一番上は，この調査が行われた当時における各層の現実の所有を表している。上位層が富の大半を所有しており，他方下位と準下位は合わせても 0.3％にしかならず，この図の中には表示されていない。このような現実に対する人々の受け止めを示したのが 2 番目である。推定では現実の格差は過小評価されている。この傾向は調査手法や時期の違いを越えて報告され，しかも下層ほどチャンスがあれば上方移動できると考えている（Hauser & Norton, 2017）。

　なぜ過小評価されるのだろうか。メディアでは俳優やスポーツ選手など高額所得者の贅沢な暮らしぶりが報じられ，人々は世の中には裕福な人も貧しい人もいることは知っている。しかし，それ以上の情報がない上，日常接するのは周囲の人々の自分と同様の暮らしぶりである。それを係留点とした上で多少の修正を加えて推測する結果，「歪んだ認知」が生じるのかもしれない（2.4 節参照）。

　どのような社会が理想的か。人々の回答からは，全体として格差が小さくより平等な社会を望んでいることが読みとれる。詳細にみれば，回答者の階層によって多少の相違はあるものの，理想の分布は類似している。つまり貧しい人々ばかりでなく，富裕層もそう望んでいるようである。

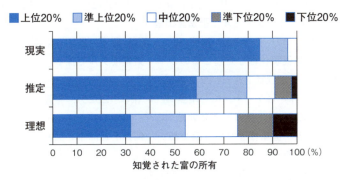

図13.15 格差の受け止め (Norton & Ariely, 2011)
これは米国のやや古いデータであるが，1番上の棒グラフは，5層に分けたときの各層の富の所有を示しており，大きな格差が現実にある。2番目のグラフは人々の理解を表しており，それほど大きな格差があるとは思っていない。他方，理想としては（3番目のグラフ），現実や人々の理解よりは平等な分配を望み，格差社会を良いと思っているわけではないことが読みとれる。

　日本についてはどうだろう。関連研究の数は少ないが，「日本は格差社会であり，格差が大きすぎる」と多くの人が考えていると報告されている。しかし日本でも現実の格差の過小評価がみられ，特に実際の所得区分では下層に属すると判断される人々が，社会における自分の位置づけを実際より高く推測している（原，2010）。結果として，そのような格差過小評価認知が所得再分配制度を是としないという態度につながっていると報告されている（Yanai, 2012）。結局どのような政策を選好するかは，現実世界ではなく，「こうなっている」という，人が作り上げた像，すなわち主観的理解の影響を受けることが示唆される。その主観的理解は，すでに学んだように手元の限定的情報，期待，感情などによって歪みやすい性質がある。「認知バイアス」は心理学の教科書の中だけに存在するのではなく，私たちの暮らしや幸福に直結する問題であることを再確認したい。

参考図書

チョムスキー，N.・ポーリン，R.　早川　健治（訳）（2021）．気候危機とグローバ
　　ル・グリーンニューディール　那須里山舎

真鍋　淑郎・ブロッコリー，A. J.　増田　耕一・阿部　彩子（監訳）宮本　寿代（訳）
　　（2022）．地球温暖化はなぜ起こるのか──気候モデルで探る　過去・現在・未
　　来の地球──　講談社ブルーバックス

ウィルキンソン，R.・ピケット，K.　川島　睦保（訳）（2020）．格差は心を壊す──
　　比較という呪縛──　東洋経済新報社

近藤　克則（2022）．健康格差社会　第2版──何が心と健康を蝕むのか──　医学
　　書院

斎藤　幸平（2020）．人新世の「資本論」　集英社

one point

▲気候正義（climate justice）

気候正義とは，気候変動の原因および影響における地理的，経済的，社会的な不平
等や不公正を人権の問題としてとらえ，その状況を正していこうとする考え方である。
急激な気候変動は，先進国や富裕層による化石燃料の大量消費が主な原因となって引
き起こされた。しかし，気候変動の影響をもっとも強く受け，命や生活を脅かされる
という困難に直面するのは，これまで化石燃料をあまり使ってこなかった開発途上国
や貧困層，そして将来世代の人々である。気候変動の原因を作り出す側とその影響に
よる不利益を被る側とが異なることから生じるこうした不公平・不公正が，問題視さ
れているのである。

CO_2 の削減は地球に暮らす人々全体にとって喫緊の課題であるが，誰がどのように
責務を負うか，そして誰がその判断をするのかは難しい問題である。

▲ジニ係数

ジニ係数は，各世帯の所得格差を表す指標の一つである。これは，完全に平等な場
合を基準として所得分布の偏りを0から1までの数値で表したものである。完全に平
等な状態であればジニ係数は0となり，1に近くなるほど不平等度が大きくなる。

引 用 文 献

第0章

American Psychological Association (1992). Ethical principles of psychologists and code of conduct. *American Psychologist, 47*, 1597-1611.

Aronson, E. (2012). *The social animal* (11th ed.). New York: Worth Publishers.
　(アロンソン, E. 岡 隆 (訳)(2014). ザ・ソーシャル・アニマル　第11版——人と世界を読み解く社会心理学への招待——　サイエンス社)

Berkowitz, L., & Geen, R. G. (1966). Film violence and cue properties of available target. *Journal of Personality and Social Psychology, 3*, 525-530.

Darley, J. M., & Latané, B. (1968). Bystander intervention in emergencies: Diffusion of responsibility. *Journal of Personality and Social Psychology, 1*, 377-383.

Devine, P. G., Hamilton, D. L., & Ostrom, T. M. (Eds.)(1994). *Social cognition: Impact on social psychology*. Academic Press.

Edwards, W. (1954). The theory of decision-making. *Psychological Bulletin, 51*, 380-417.

Festinger, L. (1954). A theory of social comparison processes. *Human Relations, 7*, 117-140.

Festinger, L. (1957). *A theory of cognitive dissonance*. Row, Peterson.
　(フェスティンガー, L. 末永 俊郎 (監訳)(1965). 認知的不協和の理論——社会心理学序説——　誠信書房)

Fiske, S. T., & Taylor, S. E. (1991). *Social cognition* (2nd ed.). McGraw-Hill.

Greenwald, A. G., & Pratkanis, A. R. (1984). The self. In R. S. Wyer, & T. K. Srull (Eds.), *Handbook of social cognition*. Vol.3 (pp.129-178). Lawrence Erlbaum Associates.

Heider, F. (1958). *The psychology of interpersonal relations*. John Wiley.
　(ハイダー, F. 大橋 正夫 (訳)(1978). 対人関係の心理学　誠信書房)

Jones, E. E., & Davis, K. E. (1965). From acts to dispositions: The attribution processes in person perception. In L. Berkowitz (Ed.), *Advances in experimental social psychology*. Vol.2 (pp.219-266). Academic Press.

Kelley, H. H. (1967). Attribution theory in social psychology. In D. Levine (Ed.), *Nebraska Symposium on Motivation*. Vol.15 (pp.192-238). University of Nebraska Press.

Lewin, K. (1935). *A dynamic theory of personality*. McGraw-Hill.
　(レヴィン, K. 相良 守次・小川 隆 (訳)(1957). パーソナリティの力学説　岩波書店)

Lewin, K. (1947). Frontiers in group dynamics. II: Channels of group life; social planning and action research. *Human Relations, 1*, 143-153.

Lewin, K. (1951). *Field theory in social science*. Harper.
　(レヴィン, K. 猪股 佐登留 (訳)(1956). 社会科学における場の理論　誠信書房)

Markus, H., & Smith, J. (1981). The influence of self-schema on the perception of others. In N. Cantor, & J. F. Kihlstrom (Eds.), *Personality, cognition, and social interaction* (pp.233-262). Lawrence Erlbaum Associates.

中村 陽吉 (1976). 対人関係の心理——攻撃か援助か——　大日本図書

中村 陽吉 (編)(1990). 「自己過程」の社会心理学　東京大学出版会

Schacter, S. (1959). *The psychology of affiliation: Experimental studies of the sources of gregariousness*. Stanford University Press.

Shaw, M. E., & Costanzo, P. R. (1982). *Theories of social psychology* (2nd ed.). McGraw-Hill.
　(ショー, M. E.・コスタンゾー, P. R. 古畑 和孝 (監訳)(1984). 社会心理学の理論 I・II　サイエンス社)

嶋田 総太郎 (2019). 脳のなかの自己と他者——身体性・社会性の認知脳科学と哲学——　共立出版

Suls, J. M., & Greenwald, A. G. (Eds.)(1982). *Psychological perspectives on the self*. Vol.1. Lawrence Erlbaum Associates.

Tesser, A. (1988). Toward a self-evaluation maintenance model of social behavior. In L. Berkowitz (Ed.), *Advances in experimental social psychology*. Vol.21 (pp.181-227). Academic Press.

Wegner, D. M., & Vallacher, R. R. (Eds.)(1980). *The self in social psychology*. Oxford University Press.

Wyer, R. S., & Srull, T. K. (Eds.)(1994). *Handbook of social cognition*. Vol.1 & 2. Lawrence Erlbaum Associates.

第1章

Anderson, N. H. (1965). Averaging versus adding as stimulus-combination rule in impression formation. *Journal of Experimental Psychology, 70,* 394–400.

Asch, S. E. (1946). Forming impressions of personality. *Journal of Abnormal and Social Psychology, 41,* 258 –290.

Bieri, J. (1955). Cognitive complexity and predictive behavior. *Journal of Abnormal and Social Psychology, 51,* 263–268.

Bieri, J., Atkins, A. L., Briar, S., Leaman, R. L., Miller, H., & Tripodi, T. (1966). *Clinical and social judgment: The discrimination of behavioral information.* Wiley.

Brewer, M. B. (1988). A dual process model of impression formation. In T. K. Srull, & R. S. Wyer, Jr. (Eds.), *Advances in social cognition.* Vol.1 (pp.1–36). Lawrence Erlbaum Associates.

Bruner, J. S., & Tagiuri, R. (1954). The perception of people. In G. Lindzey (Ed.), *Handbook of social psychology.* Vol.2 (pp.634–654). Addison-Wesley.

Cantor, N., & Mischel, W. (1977). Traits as prototypes: Effects on recognition memory. *Journal of Personality and Social Psychology, 35,* 38–48.

Cronbach, L. J. (1955). Processes affecting scores on 'understanding of others' and 'assumed similarity'. *Psychological Bulletin, 52,* 177–193.

Fiske, S. T. (1980). Attention and weight in person perception: The impact of negative and extreme behavior. *Journal of Personality and Social Psychology, 38,* 899–906.

Fiske, S. T., Cuddy, A., Glick, P., & Xu, J. (2002). A model of (often mixed) stereotype content: Competence and warmth respectively follow from perceived status and competition. *Journal of Personality and Social Psychology, 82,* 878–902.

Fiske, S. T., & Neuberg, S. L. (1990). A continum of impression formation, from category-based to individuating processes: Influences of information and motivation on attention and interpretation. In M. P. Zanna (Ed.), *Advances in experimental social psychology.* Vol.23 (pp.1–74). New York: Academic Press.

Hamilton, D. L., Katz, L. B., & Leirer, V. O. (1980). Cognitive representation of personality impressions: Organizational processes in first impression formation. *Journal of Personality and Social Psychology, 39,* 1050–1063.

Hamilton, D. L., & Zanna, L. J. (1972). Differential weighting of favorable and unfavorable attributes in impressions of personality. *Journal of Experimental Research in Personality, 6,* 204–212.

Hastie, R. (1980). Memory for information which confirms or contradicts a general impression. In R. Hastie, T. M. Ostrom, E. B. Ebbesen, R. S. Wyer, Jr., D. L. Hamilton, & D. E. Carlston (Eds.), *Person memory: The cognitive basis of social perception* (pp.155–177). Lawrence Erlbaum Associates.

Hastie, R., & Kumar, P. A. (1979). Person memory: Personality traits as organizing principles in memory for behaviors. *Journal of Personality and Social Psychology, 37,* 25–38.

林 文俊 (1978). 対人認知構造の基本次元についての一考察　名古屋大学教育学部紀要（教育心理学科）, *25,* 233–247.

林 文俊 (1986). パーソナリティ認知の基本3次元と個人差　対人行動学研究会（編）対人行動の心理学 (pp.110–112)　誠信書房

Higgins, E. T., & King, G. A. (1981). Accessibility of social constructs: Information processing consequences of individual and contextual variability. In N. Cantor, & J. F. Kihlstrom (Eds.), *Personality, cognition, and social interaction* (pp.69–121). Lawrence Erlbaum Associates.

Higgins, E. T., King, G. A., & Mavin, G. H. (1982). Individual construct accessibility and subjective impression and recall. *Journal of Personality and Social Psychology, 43,* 35–47.

Higgins, E. T., Rholes, W. S., & Jones, C. R. (1977). Category accessibility and impression formation. *Journal of Experimental Social Psychology, 13,* 141–154.

Hofstede, G. (1980). *Culture's consequences.* Beverly Hills, CA: Sage.

池上 知子 (1983). 印象判断における情報統合過程の特性――認知的複雑性―単純性との関連で―― 心理学研究, *54,* 189–195.

Jost, J. T., & Kay, A. C. (2005). Exposure to benevolent sexism and complementary gender stereotypes: Consequences for specific and diffuse forms of system justification. *Journal of Personality and Social Psychology, 88,* 498–509.

Jost, J. T., Kivetz, Y., Rubini, M., Guermandi, G., & Mosso, C. (2005). System-justifying functions of complementary regional and ethnic stereotypes: Cross-national evidence. *Social Justice Research, 18,*

305-333.

Judd, C. M., James-Hawkins, L., Yzerbyt, V., & Kashima, Y. (2005). Fundamental dimensions of social judgment: Understanding the relations between judgments of competence and warmth. *Journal of Personality and Social Psychology, 89*, 899-913.

Kanouse, D. E., & Hanson, L. R., Jr. (1972). Negativity in evaluations. In E. E. Jones, D. E. Kanouse, H. H. Kelley, R. E. Nisbett, S. Valins, & B. Weiner (Eds.), *Attribution: Perceiving the causes of behavior* (pp.47 -62). General Learning Press.

Kay, A. C., Mandisodza, A. N., Sherman, S. J., Petrocelli, J. V., & Johnson, A. L. (2007). Panglossian ideology in the service of system justification: How complementary stereotypes help us to rationalize inequality. In M. P. Zanna (Ed.), *Advances in experimental social psychology*. Vol.39 (pp.305-358). New York: Academic Press.

Kelley, H. H. (1950). The warm-cold variables in first impressions of persons. *Journal of Personality, 18*, 431-439.

Kelly, G. A. (1955). *Psychology of personal constructs*. Norton.

吉川 肇子 (1989). 悪印象は残りやすいか？ 実験社会心理学研究, *29*, 45-54.

Kulik, J. A. (1983). Confirmatory attribution and the perpetuation of social beliefs. *Journal of Personality and Social Psychology, 44*, 1171-1181.

Matlin, M., & Stang, D. (1978). *The Pollyanna principle: Selectivity in language, memory, and thought*. Schenkman Publishing Company.

Rosenberg, S., Nelson, C., & Vivekanathan, P. S. (1968). A multidimensional approach to the structure of personality and impressions. *Journal of Personality and Social Psychology, 9*, 283-294.

Rosenberg, S., & Sedlak, A. (1972). Structural representations of implicit personality theory. In L. Berkowits (Ed.), *Advances in experimental social psyhology*. Vol.6 (pp.235-297). Academic Press.

Ruscher, J. B. (1998). Prejudice and stereotyping in everyday communication. In M. P. Zanna (Ed.), *Advances in experimental social psychology*. Vol.30 (pp.241-307). New York: Academic Press.

Ruscher, J. B. (2001). *Prejudiced communication: A social psychological perspective*. New York: The Guilford Press.

Semin, G. R., & Fiedler, K. (1988). The cognitive functions of linguistic categories in describing persons: Social cognition and language. *Journal of Personality and Social Psychology, 54*, 558-568.

Skowronski, J. J., & Carlston, D. E. (1987). Social judgment and social memory: The role of cue diagnosticity in negativity, positivity and extremity biases. *Journal of Personality and Social Psychology, 52*, 689-699.

Skowronski, J. J., & Carlston, D. E. (1989). Negativity and extremity biases in impression formation: A review of explanations. *Psychological Bulletin, 105*, 131-142.

Srull, T. K., Lichtenstein, M., & Rothbart, M. (1985). Associative storage and retrieval processes in person memory. *Journal of Experimental Psychology: Learning, Memory, and Cognition, 11*, 316-345.

Stangor, C., & McMillan, D. (1992). Memory for expectancy-congruent and expectancy-incongruent information: A review of the social and social developmental literatures. *Psychological Bulletin, 111*, 42 -61.

Taft, R. (1955). The ability to judge people. *Psychological Bulletin, 52*, 1-21.

Taylor, S. E. (1991). Asymmetrical effects of positive and negative events: The mobilization-minimization hypothesis. *Psychological Bulletin, 110*, 67-85.

Triandis, H. C. (1995). *Individualism and collectivism*. Boulder, CO: Westview Press.
(トリアンディス, H. C. 神山 貴弥・藤原 武弘 (編訳)(2002). 個人主義と集団主義——2つのレンズを通して読み解く文化—— 北大路書房)

Wegner, D., & Vallacher, C. (1977). *Implicit psychology: An introduction to social cognition*. Oxford University Press.
(ウェグナー, D.・ヴァレカー, C. 倉智 佐一 (監訳)(1988). 暗黙の心理——何が人をそうさせるのか—— 創元社)

Wojciszke, B. (2005). Morality and competence in person- and self-perception. *European Review of Social Psychology, 16*, 155-188.

Wojciszke, B., Baryla, W., Parzuchowski, M., Szymkow, A., & Abele, A. E. (2011). Self-esteem is dominated by agentic over communal information. *European Journal of Social Psychology, 41*, 617-627.

Yada, N., & Ikegami, T. (2017). Social inequality and system-justifying function of compensatory judgments in person perception. *Psychology, 8*, 2031-2046.

Ybarra, O., & Stephan, W. G. (1999). Attributional orientations and the prediction of behavior: The attribution-prediction bias. *Journal of Personality and Social Psychology, 76,* 718–727.

第 2 章

安藤 清志・大坊 郁夫・池田 謙一 (1995). 社会心理学——現代心理学入門—— 岩波書店

Banaji, M. R., & Greenwald, A. G. (1995). Implicit gender stereotyping in judgment of fame. *Journal of Personality and Social Psychology, 68,* 181–198.

Bar-Anan, Y., Liberman, N., & Trope, Y. (2006). The association between psychological distance and construal level: Evidence from an implicit association test. *Journal of Experimental Psychology: General, 135,* 609–622.

Bargh, J. A. (1994). The four horsemen of automaticity: Awareness, intention, efficiency, and control in social cognition. In R. S. Wyer, Jr., & T. K. Srull (Eds.), *Handbook of social cognition* (2nd ed., pp.1–40). Lawrence Erlbaum Associates.

Bargh, J. A., & Pietromonaco, P. (1982). Automatic information processing and social perception: The influence of trait information presented outside of conscious awareness on impression formation. *Journal of Personality and Social Psychology, 43,* 437–449.

Devine, P. G. (1989). Stereotypes and prejudice: Their automatic and controlled components. *Journal of Personality and Social Psychology, 56,* 680–690.

Fiske, S. T., & Taylor, W. E. (1991). *Social cognition* (2nd ed.). McGraw-Hill.

Gilovich, T., Medvec, V. H., & Savitsky, K. (2000). The spotlight effect in social judgment: An egocentric bias in estimates of the salience of one's own actions and appearance. *Journal of Personality and Social Psychology, 76,* 211–222.

Gilovich, T., Savitsky, K., & Medvec, V. H. (1998). The illusion of transparency: Biased assessments of others' ability to read one's emotional states. *Journal of Personality and Social Psychology, 75,* 332–346.

Hamilton, D. L., & Gifford, R. K. (1976). Illusory correlation in interpersonal perception: A cognitive basis of stereotypic judgments. *Journal of Experimental Social Psychology, 12,* 392–407.

Heider, F. (1944). Social perception and phenomenal causality. *Psychological Review, 51,* 358–374.

Heider, F. (1958). *The psychology of interpersonal relations.* Wiley.

（ハイダー，F. 大橋 正夫 (訳)(1978). 対人関係の心理学 誠信書房）

Henderson, M. D., Fujita, K., Trope, Y., & Liberman, N. (2006). Transcending the "here": The effect of spatial distance on social judgment. *Journal of Personality and Social Psychology, 91,* 845–856.

Higgins, E. T., Rholes, W. S., & Jones, C. R. (1977). Category accessibility and impression formation. *Journal of Experimental Social Psychology, 13,* 141–154.

Hilton, D. J., & Slugoski, B. R. (1986). Knowledge-based causal attribution: The abnormal conditions focus model. *Psychological Review, 93,* 75–88.

池上 知子 (1992). 社会的認知の情報処理 多鹿 秀継・川口 潤・池上 知子・山 祐嗣 情報処理の心理学——認知心理学入門—— (pp.106-156) サイエンス社

池上 知子 (1999). 潜在認知とステレオタイプ——その現代的意義—— 梅本 堯夫 (監修) 川口 潤 (編) 現代の認知研究——21世紀に向けて—— (pp.130-145) 培風館

池上 知子・川口 潤 (1989). 敵意語・友好語の意識的・無意識的処理が他者のパーソナリティ評価に及ぼす効果 心理学研究, *60,* 38–44.

Jacoby, L. L., Kelley, C. M., Brown, J., & Jasechko, J. (1989). Becoming famous overnight: Limits on the ability to avoid unconscious influences of the past. *Journal of Personality and Social Psychology, 56,* 326–338.

Jones, E. E., & Davis, K. E. (1965). From acts to dispositions: The attribution processes in person perception. In L. Berkowitz (Ed.), *Advances in experimental social psychology.* Vol.2 (pp.219–266). Academic Press.

Jones, E. E., & Harris, V. A. (1967). The attribution of attitudes. *Journal of Experimental Social Psychology, 3,* 1–24.

Jones, E. E., & Nisbett, R. E. (1972). The actor and the observer: Divergent perceptions of the causes of behavior. In E. E. Jones, D. E. Kanouse, H. H. Kelley, R. E. Nisbett, S. Valins, & B. Weiner (Eds.), *Attribution: Perceiving the causes of behavior* (pp.79–94). General Learning Press.

Kelley, H. H. (1967). Attribution theory in social psychology. In D. Levine (Ed.), *Nebraska Symposium on Motivation.* Vol.15 (pp.192–238). University of Nebraska Press.

Kelley, H. H. (1972). Causal schemata and the attribution process. In E. E. Jones, D. E. Kanouse, H. H.

引用文献　　301

Kelley, R. E. Nisbett, S. Valins, & B. Weiner (Eds.), *Attribution: Perceiving the causes of behavior* (pp.151–174). General Learning Press.

Langer, E. J. (1975). The illusion of control. *Journal of Personality and Social Psychology, 32,* 311–328.

Marks, G., & Miller, N. (1987). Ten years of research on the false-consensus effect: An empirical and theoretical review. *Psychological Bulletin, 102,* 72–90.

Newman, L. S., & Uleman, J. S. (1989). Spontaneous trait inference. In J. S. Uleman, & J. A. Bargh (Eds.), *Unintended thought* (pp.155–188). Guilford Press.

大橋 正夫 (1987). 対人認知と帰属の過程　大橋 正夫・長田 雅喜 (編) 対人関係の心理学 (pp.14–39) 有斐閣

Read, S. J. (1987). Constructing causal scenarios: A knowledge structure approach to causal reasoning. *Journal of Personality and Social Psychology, 52,* 288–302.

Reeder, G. D. (1985). Implicit relations between dispositions and behaviors: Effects on dispositional attribution. In J. H. Harvey, & G. Weary (Eds.), *Attribution: Basic issues and applications* (pp.87–116). Academic Press.

Reeder, G. D., & Brewer, M. B. (1979). A schematic model of dispositional attribution in interpersonal perception. *Psychological Review, 86,* 61–79.

Ross, L. (1977). The intuitive psychologist and its shortcomings: Distortions in the attribution process. In L. Berkowitz (Ed.), *Advances in experimental social psychology.* Vol.10 (pp.174–221). Academic Press.

Ross, L., Greene, D., & House, P. (1977). The 'false consensus effect': An egocentric bias in social perception and attribution processes. *Journal of Experimental Social Psychology, 13,* 279–301.

Rothbart, M., Fulero, S., Jensen, C., Howard, J., & Birrell, B. (1978). From individual to group impressions: Availability heuristics in stereotype formation. *Journal of Experimental Social Psychology, 14,* 237–255.

坂元 章 (1995). 血液型ステレオタイプによる選択的な情報使用――女子大学生に対する2つの実験 ―― 実験社会心理学研究, 35, 35–48.

Sherman, S. J., Presson C. C., Chassin, L., Corty, E., & Olshavsky, R. (1983). The false consensus effect in estimates of smoking prevalence: Underlying mechanisms. *Personality and Social Psychology Bulletin, 9,* 197–208.

Smith, E. R. (1994). Social cognition contributions to attribution theory and research. In P. G. Devine, D. L. Hamilton, & T. M. Ostrom (Eds.), *Social cognition: Impact on social psychology* (pp.77–108). Academic Press.

Smith, E. R., & Miller, F. D. (1983). Mediation among attributional inferences and comprehension processes: Initial findings and a general method. *Journal of Personality and Social Psychology, 44,* 492–505.

Snyder, M., & Cantor, N. (1979). Testing hypothesis about other people: The use of historical knowledge. *Journal of Experimental Social Psychology, 15,* 330–342.

Srull, T. K., & Wyer, R. S., Jr. (1979). The role of category accessibility in the interpretation of information about persons: Some determinants and implications. *Journal of Personality and Social Psychology, 37,* 1660–1672.

谷口 友梨・池上 知子 (2018). 量刑判断にもたらす心理的距離の影響――事件の発生時期に着目して ―― 法と心理, 18 (1), 99–116.

外山 みどり (1991). 帰属研究の発展　蘭 千壽・外山 みどり (編) 帰属過程の心理学 (pp.38–62) ナカニシヤ出版

Trope, Y. (1986). Identification and inferential processes in dispositional attribution. *Psychological Review, 93,* 239–257.

Trope, Y., & Liberman, N. (2010). Construal-level theory of psychological distance. *Psychological Review, 117,* 440–463.

Tversky, A., & Kahneman, D. (1974). Judgment under uncertainty: Heuristics and biases. *Science, 185,* 1124–1131.

Walster, E. (1966). Assignment of responsibility for an accident. *Journal of Personality and Social Psychology, 3,* 73–79.

Winter, L., & Uleman, J. S. (1984). When are social judgments made? Evidence for the spontaneousness of trait inferences. *Journal of Personality and Social Psychology, 47,* 237–252.

Winter, L., Uleman, J. S., & Cunniff, C. (1985). How automatic are social judgments? *Journal of Personality and Social Psychology, 49,* 904–917.

302 引 用 文 献

第3章

Ajzen, I., & Fishbein, M. (1980). *Understanding attitudes and predicting social behavior*. Prentice Hall.

Aronson, E., & Carlsmith, J. M. (1963). Effect of the severity of threat on the valuation of forbidden behavior. *Journal of Abnormal and Social Psychology*, 66, 584–588.

Aronson, E., & Mills, J. (1959). The effect of severity of initiation on liking for a group. *Journal of Abnormal and Social Psychology*, 59, 177–181.

Bargh, J. A., & Gollwizter, P. M. (1994). Environmental control of goal-directed action: Automatic and strategic contingencies between situations and behavior. In W. D. Spaulding (Ed.), *Nebraska Symposium on Motivation*. Vol.41: Integrative views of motivation, cognition, and emotion (pp.71–124). University of Nebraska Press.

Bargh, J. A., Raymond, P., Pryor, J. B., & Strack, F. (1995). Attractiveness of the underling: An automatic power → sex association and its consequences for sexual harassment and aggression. *Journal of Personality and Social Psychology*, 68, 768–781.

Brehm, J. W. (1956). Post-decision changes in desirability of alternatives. *Journal of Abnormal and Social Psychology*, 52, 384–389.

Brehm, S. S., & Brehm, J. W. (1981). *Psychological reactance: A theory of freedom and control*. Academic Press.

Brock, T. C., & Balloun, J. E. (1967). Behavioral receptivity to dissonant information. *Journal of Personality and Social Psychology*, 6, 413–428.

Burnkrant, R. E., & Howard, D. J. (1984). Effects of the use of introductory rhetorical questions versus statements on information processing. *Journal of Personality and Social Psychology*, 47, 1218–1230.

Cacioppo, J. T., & Petty, R. E. (1979). Effects of message repetition and position on cognitive responses, recall, and persuasion. *Journal of Personality and Social Psychology*, 37, 97–109.

Cacioppo, J. T., & Petty, R. E. (1982). The need for cognition. *Journal of Personality and Social Psychology*, 42, 116–131.

Chaiken, S. (1980). Heuristic versus systematic information processing and the use of source versus message cues in persuasion. *Journal of Personality and Social Psychology*, 39, 752–766.

Chaiken, S., Liberman, A., & Eagly, A. H. (1989). Heuristic and systematic information processing within and beyond the persuasion context. In J. S. Uleman, & J. A. Bargh (Eds.), *Unintended thought* (pp.212–252). Guilford Press.

Custer, R., & Aarts, H. (2005). Positive affect as implicit motivator: On the nonconscious operation of behavioral goals. *Journal of Personality and Social Psychology*, 89, 129–142.

Dabbs, J. M., & Leventhal, H. (1966). Effects of varying the recommendations in a fear-arousing communication. *Journal of Personality and Social Psychology*, 4, 525–531.

Eagly, A. H. (1974). Comprehensibility of persuasive arguments as a determinant of opinion change. *Journal of Personality and Social Psychology*, 29, 758–773.

Fazio, R. H. (1995). Attitudes as object-evaluation associations: Determinants, consequences, and correlates of attitude accessibility. In R. E. Petty, & J. A. Krosnick (Eds.), *Attitude strength: Antecedents and consequences* (pp.247–282). Lawrence Erlbaum Associates.

Fazio, R. H., Jackson, J. R., Dunton, B. C., & Williams, C. J. (1995). Variability in automatic activation as an unobtrusive measure of racial attitudes: A bona fide pipeline? *Journal of Personality and Social Psychology*, 69, 1013–1027.

Fazio, R. H., Sanbonmatsu, D. M., Powell, M. C., & Kardes, F. R. (1986). On the automatic activation of attitudes. *Journal of Personality and Social Psychology*, 50, 229–238.

Festinger, L. (1957). *A theory of cognitive dissonance*. Row, Peterson.
（フェスティンガー，L. 末永 俊郎（監訳）(1965). 認知的不協和の理論――社会心理学序説――誠信書房）

Festinger, L., & Carlsmith, J. M. (1959). Cognitive consequences of forced compliance. *Journal of Abnormal and Social Psychology*, 58, 203–210.

Fishbein, M. (1980). A theory of reasoned action: Some applications and implications. In M. M. Page (Ed.), *Nebraska Symposium on Motivation* (pp.65–116). University of Nebraska Press.

Freedman, J. L., & Sears, D. O. (1965). Warning, distraction, and resistance to influence. *Journal of Personality and Social Psychology*, 1, 262–266.

深田 博己 (1988). 説得と態度変容――恐怖喚起コミュニケーション研究―― 北大路書房

Gleicher, F., & Petty, R. E. (1992). Expectations of reassurance influence the nature of fear-stimulated

引 用 文 献　　303

attitude change. *Journal of Experimental Social Psychology, 28,* 86-100.

Greenwald, A. G., McGuire, D., & Schwartz, J.（1998）. Measuring individual differences in implicit cognition: The implicit association test. *Journal of Personality and Social Psychology, 74,* 1464-1480.

原岡 一馬（1977）. 態度変化　水原 泰介（編）講座社会心理学 1　個人の社会行動（pp.191-228）　東京大学出版会

Heider, F.（1958）. *The psychology of interpersonal relations.* Wiley.

（ハイダー，F. 大橋 正夫（訳）(1978). 対人関係の心理学　誠信書房）

Hovland, C. I., Lumsdain, A. A., & Sheffield, F. D.（1949）. *Experiments on mass communication.* Princeton University Press.

Hovland, C. I., & Weiss, W.（1951）. The influence of source credibility on communication effectiveness. *Public Opinion Quarterly, 15,* 635-650.

Howard, D. J.（1990）. Rhetorical question effects on message processing and persuasion: The role of information availability and the elicitation of judgment. *Journal of Experimental Social Psychology, 26,* 217-239.

Janis, I. L., & Feshbach, S.（1953）. Effects of fear-arousing communication. *Journal of Abnormal and Social Psychology, 48,* 78-92.

La Piere, R. T.（1934）. Attitudes vs. actions. *Social Forces, 13,* 230-237.

Leippe, M. R., & Elkin, R. A.（1987）. When motives clash: Issue involvement and response involvement as determinants of persuasion. *Journal of Personality and Social Psychology, 52,* 269-278.

Linder, D. E., Cooper, J., & Jones, E. E.（1967）. Decision freedom as a determinant of the role of incentive magnitude in attitude change. *Journal of Personality and Social Psychology, 6,* 245-254.

Mackie, D. M., & Worth, L. T.（1989）. Cognitive deficits and the mediation of positive affect in persuasion. *Journal of Personality and Social Psychology, 25,* 524-544.

Madden, T. J., Ellen, P. S., & Ajzen, I.（1992）. A comparison on the theory of planned behavior and the theory of reasoned action. *Personality and Social Psychology Bulletin, 18,* 3-9.

McGuire, W. J.（1964）. Inducing resistance to persuasion: Some contemporary approaches. In L. Berkowitz（Ed.）, *Advances in experimental social psychology.* Vol.1（pp.191-229）. Academic Press.

McGuire, W. J.（1968）. Personality and susceptibility to social influence. In E. F. Borgatta, & W. W. Lambert（Eds.）, *Handbook of personality theory and research*（pp.1130-1187）. Rand McNally.

McGuire, W. J., & Papageorgis, D.（1961）. The relative efficiency of various types of prior belief-defense in producing immunity against persuasion. *Journal of Abnormal and Social Psychology, 62,* 327-337.

McGuire, W. J., & Papageorgis, D.（1962）. Effectiveness of forewarning in developing resistance to persuasion. *Public Opinion Quarterly, 26,* 24-34.

Petty, R. E., & Cacioppo, J. T.（1977）. Forewarning, cognitive responding, and resistance to persuasion. *Journal of Personality and Social Psychology, 35,* 645-655.

Petty, R. E., & Cacioppo, J. T.（1986a）. *Communication and persuasion: Central and peripheral routes to attitude change.* Springer-Verlag.

Petty, R. E., & Cacioppo, J. T.（1986b）. The elaboration likelihood model of persuasion. In L. Berkowitz（Ed.）, *Advances experimental and social psychology.* Vol.19（pp.123-205）. Academic Press.

Petty, R. E., & Cacioppo, J. T.（1990）. Involvement and persuasion: Tradition versus integration. *Psychological Bulletin, 107*（3）, 367-374.

Petty, R. E., Cacioppo, J. T., & Goldman, R.（1981）. Personal involvement as a determinant of argument-based persuasion. *Journal of Personality and Social Psychology, 41,* 847-855.

Petty, R. E., Wells, G. L., & Brock, T. C.（1976）. Distraction can enhance or reduce yielding to propaganda: Thought disruption versus effort justification. *Journal of Personality and Social Psychology, 34,* 874-884.

Picek, J. S., Sherman, S. J., & Shiffrin, R. M.（1975）. Cognitive organization and coding of social structures. *Journal of Personality and Social Psychology, 31,* 758-778.

Rosenberg, M. J.（1960a）. An analysis of affective-cognitive consistency. In M. J. Rosenberg, C. I. Hovland, W. J. McGuire, R. P. Abelson, & J. W. Brehm（Eds.）, *Attitude organization and change*（pp.15-64）. Yale University Press.

Rosenberg, M. J.（1960b）. Cognitive reorganization in response to the hypnotic reversal of attitudinal affect. *Journal of Personality, 28,* 39-63.

Rosenberg, M. J., & Hovland, C. I.（1960）. Cognitive, affective, and behavioral components of attitudes. In M. J. Rosenberg, C. I. Hovland, W. J. McGuire, R. P. Abelson, & J. W. Brehm（Eds.）, *Attitude*

304　　　　　　　　　　引 用 文 献

organization and change (pp.1-14). Yale University Press.

Schwarz, S. H., Bless, H., & Bohner, G. (1991). Mood and persuasion: Affective states influence the processing of persuasive communications. In M. P. Zanna (Ed.), *Advances in experimental social psychology*. Vol.24 (pp.161-199). Academic Press.

Sherif, M., & Cantril, H. (1947). *The psychology of ego-involvements*. Wiley.

Taylor, S. E., Peplau, L. A., & Sears, D. O. (1994). Social psychology (8th ed.). Prentice Hall.

Tesser, A., & Leone, C. (1977). Cognitive schemas and thought as determinants of attitude change. *Journal of Experimental Social Psychology, 13*, 340-356.

土田 昭司 (1989). 説得における「精密化見込みモデル」 大坊 郁夫・安藤 清志・池田 謙一 (編) 社会心理学パースペクティブ1 個人から他者へ (pp.236-250) 誠信書房

上野 徳美 (1983). 説得的コミュニケーションにおける予告の効果に関する研究 実験社会心理学研究, 22, 157-166.

上野 徳美 (1989). 説得への抵抗と心理的リアクタンス 大坊 郁夫・安藤 清志・池田 謙一 (編) 社会心理学パースペクティブ1 個人から他者へ (pp.250-271) 誠信書房

上野 徳美 (1994). 態度形成と態度変容 藤原 武弘・髙橋 超 (編) チャートで知る社会心理学 (pp.85-98) 福村出版

Walster, E., Aronson, E., & Abrahams, D. (1966). On increasing the persuasiveness of a low-prestige communicator. *Journal of Experimental Social Psychology, 2*, 325-343.

Wilson, W., & Miller, H. (1968). Repetition, order of presentation, and timing of arguments and measures as determinants of opinion change. *Journal of Personality and Social Psychology, 9*, 184-188.

Wood, W., & Eagly, A. H. (1981). Stages in the analysis of persuasive messages: The role of causal attribution and message comprehension. *Journal of Personality and Social Psychology, 40*, 246-259.

Wood, W., Kallgeren, C. A., & Preisler, R. M. (1985). Access to attitude-relevant information in memory as a determinant of persuasion: The role of message attributes. *Journal of Experimental Social Psychology, 21*, 73-85.

Worchel, S., & Brehm, J. W. (1970). Effect of threats to attitudinal freedom as a function of agreement with the communicator. *Journal of Personality and Social Psychology, 14*, 18-22.

Worth, L. T., & Mackie, D. M. (1987). The cognitive mediation of positive affect in persuasion. *Social Cognition, 5*, 76-94.

Wu, C., & Shaffer, D. R. (1987). Susceptibility to persuasive appeals as a function of source and prior experience with the attitude object. *Journal of Personality and Social Psychology, 52*, 677-688.

Zajonc, R. B., & Burnstein, E. (1965). The learning of balanced and unbalanced social structures. *Journal of Personality, 33*, 153-163.

第4章

Bechara, A., Damasio, H., Tranel, D., & Damasio, A. R. (1997). Deciding advantageously before knowing the advantageous strategy. *Science, 275*, 1293-1295.

Bower, G. H. (1981). Mood and memory. *American Psychologist, 36*, 129-148.

Bower, G. H. (1991). Mood congruity of social judgments. In J. P. Forgas (Ed.), *Emotion and social judgments* (pp.31-53). Pergamon Press.

Bower, G. H., Gilligan, S. G., & Monterio, K. P. (1981). Selectivity of learning caused by affective states. *Journal of Experimental Psychology: General, 110*, 451-473.

Bush, L. K., Barr, C. L., McHugo, G. J., & Lanzetta, J. T. (1989). The effects of facial control and facial mimicry on subjective reactions to comedy routines. *Motivation and Emotion, 13*, 31-52.

Cannon, W. B. (1927). The James-Lange theory of emotions: A critical examination and alternative theory. *American Journal of Psychology, 39*, 106-124.

Carnevale, P. J., & Isen, A. M. (1986). The influence of positive affect and visual access on the discovery of integrative solutions in bilateral cognition. *Organizational Behavior and Human Decision Process, 37*, 1-13.

Clark, M. S., & Isen, A. M. (1982). Toward understanding the relationship between feeling states and social behavior. In A. Hastorf, & A. M. Isen (Eds.), *Cognitive social psychology* (pp.73-108). Elsevier.

Clore, G. L., Schwarz, N., & Conway, M. (1994). Affective causes and consequences of social information processing. In R. S. Wyer, Jr., & T. K. Srull (Eds.), *Handbook of social cognition*. Vol.1: Basic processes (pp.323-417). Lawrence Erlbaum Associates.

Damasio, A. R. (1994). *Decartes' error: Emotion, reason and the human brain*. New York: Avon Books.

引用文献

（ダマシオ, A. R.　田中 三彦 (訳)(2010). デカルトの誤り――情動, 理性, 人間の脳―― 筑摩書房)

Damasio, A. R. (1996). The somatic marker hypothesis and the possible functions of the prefrontal cortex. *Philosophical Transactions of the Royal Society of London Series B, Biological Sciences, 351,* 1413-1420.

Damasio, H., Grabowski, T., Frank, R., Galaburda, A. M., & Damasio, A. R. (1994). The return of Phineas Gage: Clues about the brain from the skull of a famous patient. *Science, 264,* 1102-1105.

Derry, P. A., & Kuiper, N. A. (1981). Schematic processing and self-reference in clinical depression. *Journal of Abnormal Psychology, 90,* 286-297.

Dimberg, U., & Ohman, A. (1996). Behold the wrath: Psychophysiological responses to facial stimuli. *Motivation and Emotion, 20,* 149-182.

Ekman, P. (1972). Cross-cultural studies of facial expression. In P. Ekman (Ed.), *Darwin and facial expression: A century of research in review* (pp.169-222). Academic Press.

Ekman, P., Levenson, R. W., & Friesen, W. V. (1983). Automatic nervous system activity distinguishes among emotions. *Science, 221,* 1208-1210.

遠藤 利彦 (1996). 喜怒哀楽の起源――情動の進化論・文化論―― 岩波書店

Fiske, S. T., & Taylor, S. E. (1984). *Social cognition.* Addison-Wesley.

Fiske, S. T., & Taylor, S. E. (1991). *Social cognition* (2nd ed.). McGraw-Hill.

Forgas, J. P. (1991). Affective influences on partner choice: Role of mood in social decisions. *Journal of Personality and Social Psychology, 61,* 708-720.

Forgas, J. P. (1992). Mood and perception of unusual people: Affective asymmetry in memory and social judgments. *European Journal of Social Psychology, 22,* 531-547.

Forgas, J. P. (1995). Mood and judgment: The affect infusion model (AIM). *Psychological Bulletin, 117* (1), 39-66.

Forgas, J. P., & Bower, G. H. (1987). Mood effects on person perception judgments. *Journal of Personality and Social Psychology, 53,* 53-60.

Forgas, J. P., Bower, G. H., & Moylan, S. J. (1990). Praise or blame? : Affective influences on attribution for achievement. *Journal of Personality and Social Psychology, 59,* 809-818.

Forgas, J. P., & Moylan, S. (1987). After the movies: Transient mood and social judgments. *Personality and Social Psychology Bulletin, 13,* 467-477.

Frijda, N. H. (1988). The laws of emotion. *American Psychologist, 43,* 349-358.

Frijda, N. H., Kuipers, P., & ter Shure, E. (1989). Relations among emotion appraisal and emotional action readiness. *Journal of Personality and Social Psychology, 57,* 212-228.

Gelhorn, E. (1964). Motion and emotion: The role of proprioception in the physiology and pathology of emotions. *Psychological Review, 71,* 457-472.

Hatfiled, E., Caciopo, J., & Rapson, R. (1994). *Emotional contagion.* Paris: Cambridge University Press.

池上 知子 (1994). 社会的認知　藤原 武弘・高橋 超 (編) チャートで知る社会心理学 (pp.45-56)　福村出版

池上 知子 (1997). 社会的判断と感情　海保 博之 (編)「温かい認知」の心理学 (pp.99-119)　金子書房

池上 知子 (1998). 社会的認知と感情　山本 眞理子・外山 みどり (編) 社会的認知 (pp.77-101)　誠信書房

池上 知子 (2000). 感情の自動性と表情　心理学評論, 43, 320-331.

Isen, A. M. (1987). Positive affect, cognitive processes, and social behavior. In L. Berkowitz (Ed.), *Advances in experimental social psychology.* Vol.20 (pp.203-253). Academic Press.

Isen, A. M., & Levin, P. F. (1972). The effect of feeling good on helping: Cookies and kindness. *Journal of Personality and Social Psychology, 21,* 384-388.

Isen, A. M., & Means, B. (1983). The influence of positive affect on decision making strategy. *Social Cognition, 2,* 18-31.

Isen, A. M., Shalker, T. E., Clark, M. S., & Karp, L. (1978). Affect, accessibility of material in memory, and behavior: Cognitive loop? *Journal of Personality and Social Psychology, 36,* 1-12.

James, W. (1884). What is an emotion? *Mind, 4,* 188-204.

（ジェームズ, W.　今田 恵 (編訳)(1956). 情緒とは何か　世界大思想全集 15　ジェームズ論文集 (pp.115-129)　河出書房)

唐澤 かおり (1996). 認知的感情理論――感情生起に関わる認知的評価次元について―― 土田 昭司・竹村 和久 (編)感情と行動・認知・生理――感情の社会心理学―― (pp.55-78)　誠信書房

川瀬 隆千（1996）．感情と記憶　土田 昭司・竹村 和久（編）感情と行動・認知・生理——感情の社会心理学——（pp.203-227）　誠信書房

Kunst-Wilson, W. R., & Zajonc, R. B.（1980）. Affective discrimination of stimuli that cannot be recognized. *Science, 207*, 557-558.

Lanzetta, J. T., Cartwright-Smith, J., & Kleck, R. E.（1976）. Effects of nonverbal dissimulation on emotional experience and automatic arousal. *Journal of Personality and Social Psychology, 33*, 354-370.

Lazarus, R. S.（1984）. On primacy of cognition. *American Psychologist, 39*, 124-129.

Lazarus, R. S.（1993）. From psychological stress to the emotions: A history of changing outlooks. *Annual Review of Psychology, 44*, 1-21.

Lazarus, R. S., & Smith, C. A.（1988）. Knowledge and appraisal in the cogniton-emotion relationship. *Cognition and Emotion, 2*, 281-300.

LeDoux, J.（2002）. *Synaptic self: How our brains become who we are.* Viking Adult.
（ルドゥー，J．森 憲作（監修）谷垣 暁美（訳）（2004）．シナプスが人格をつくる——脳細胞から自己の総体へ——　みすず書房）

Manucia, G. K., Baumann, D. J., & Cialdini, D. B.（1984）. Mood influences in helping: Direct effects or side effects? *Journal of Personality and Social Psychology, 46*, 357-364.

Milliman, R. E.（1982）. Using background music to affect the behavior of supermarket shoppers. *Journal of Marketing, 46*, 86-91.

大平 英樹（1996）．抑うつにおける感情と認知——情報処理モデルと生理的指標の導入——　土田 昭司・竹村 和久（編）感情と行動・認知・生理——感情の社会心理学——（pp.179-202）　誠信書房

Ortony, A., Clore, G, L., & Collins, A.（1988）. *The cognitive structure of emotions.* Cambridge University Press.

Roseman, I. J.（1984）. Cognitive determinants of emotion: A structural theory. In P. Shaver（Ed.）, *Review of personality and social psychology.* Vol.5: Emotion, relationships and health（pp.11-36）. Sage.

Roseman, I. J.（1991）. Appraisal determinants of discrete emotions. *Cognition and Emotion, 5*, 161-200.

Schacter, S.（1964）. The interaction of cognitive and physiological determinants of emotional state. In L. Berkowitz（Ed.）, *Advances in experimental social psychology.* Vol.1（pp.49-80）. Academic Press.

Schacter, S., & Singer, J. E.（1962）. Cognitive, social, and physiological determinants of emotional state. *Psychological Review, 69*, 379-399.

Scherer, K. R.（1984）. On the nature and function of emotion: A component process approach. In K. R. Scherer & P. E. Ekman（Eds.）, *Approaches to emotion*（pp.293-318）. Lawrence Erlbaum Associates.

Schwarz, N.（1990）. Feelings as information: Informational and motivational functions of affective states. In E. T. Higgins, & R. M. Sorrentino（Eds.）, *Handbook of motivation and cognition: Foundations of social behavior.* Vol.2（pp.527-561）. The Guilford Press.

Schwarz, N., Bless, H., & Bohner, G.（1991）. Mood and persuasion: Affective states influence the processing of persuasive communications. In M. P. Zanna（Ed.）, *Advances in experimental social psychology.* Vol.24（pp.161-199）. Academic Press.

Schwarz, N., & Clore, G. L.（1983）. Mood, misattribution, and judgments of well-being: Informative and directive functions of affective states. *Journal of Personality and Social Psychology, 45*, 513-523.

Schwarz, N., & Clore, G. L.（1988）. How do I feel about it? The informative function of affective states. In K. Fiedler, & J. Forgas（Eds.）, *Affect, cognition and social behavior*（pp.44-62）. Hogrefe.

Smith, C. A., & Ellsworth, P. C.（1985）. Patterns of cognitive appraisal. *Journal of Personality and Social Psychology, 48*, 813-838.

Snyder, M., & White, P.（1982）. Mood and memories: Elation, depression, and the remembering of events of one's life. *Journal of Personality, 50*, 142-167.

高橋 雅延（1996）．記憶と感情の実験的研究の問題点　聖心女子大学論叢，*86*，63-102.

竹村 和久（1996）．ポジティブな感情と社会的行動　土田 昭司・竹村 和久（編）感情と行動・認知・生理——感情の社会心理学——（pp.151-177）　誠信書房

Tangney, J. P.（2003）. Self-relevant emotions. In M. R. Leary, & J. P. Tangney（Eds.）, *Handbook of self and identity*（pp.384-420）. New York: Guilford Press.

Tangney, J. P., & Fischer, K. W.（Eds.）（1995）. *Self-conscious emotions: Shame, guilt, embarrassment, and pride.* New York: Guilford Press.

谷口 高士（1991）．認知における気分一致効果と気分状態依存効果　心理学評論，*34*，319-344.

Teasdale, J. D., & Barnard, P. J.（1993）. *Affect, cognition, and change: Re-modeling depressive thought.* Lawrence Erlbaum Associates.

引用文献　　307

Teasdale, J. D., & Forgarty, S. J. (1979). Differential effects of induced mood on retrieval of pleasant and unpleasant events from episodic memory. *Journal of Abnormal Psychology, 88*, 248-257.

戸田 正直 (1992). 感情——人を動かしている適応プログラム——　東京大学出版会

Weiner, B. (1986). *An attributional theory of motivation and emotion.* Springer-Verlag.

Wilder, D. A. (1993). The role of anxiety in facilitating stereotypic judgments of outgroup behavior. In D. M. Mackie, & D. L. Hamilton (Eds.), *Affect, cognition, and stereotyping: Interactive processes in group perception* (pp.87-109). Academic Press.

余語 真夫 (1993). 表情と感情のメカニズム　吉川 左紀子・益谷 真・中村 真 (編) 顔と心——顔の心理学入門——　(pp.136-167)　サイエンス社

Zajonc, R. B. (1980). Feeling and thinking: Preferences need no inferences. *American Psychologist, 35*, 151 -175.

Zajonc, R. B. (1984). On the primacy of affect. *American Psychologist, 39*, 117-123.

第 5 章

安藤 清志 (1987). さまざまな測定尺度　末永 俊郎 (編) 社会心理学研究入門 (pp.211-228)　東京大学出版会

Barge, J. A., & Tota, M. E. (1988). Content-dependent automatic processing in depression: Accessibility of negative constructs with regard to self but not others. *Journal of Personality and Social Psychology, 54*, 925-939.

Baumeister, R. F., Campbell, J., Krueger, J., & Vohs, K. (2003). Does high self-esteem cause better performance, interpersonal success, happiness, or healthier lifestyles? *Psychological Science in the Public Interest, 4*, 1-44.

Baumeister, R. F., Smart, L., & Boden, J. M. (1996). Relation of threatened egotism to violence and aggression: The dark side of high self-esteem. *Psychological Review, 103*, 5-33.

Beck, A. T. (1976). *Cognitive therapy and the emotional disorders.* New York: International Universities Press.

Bem, D. (1972). Self-perception theory. In L. Berkowitz (Ed.), *Advances in experimental social psychology.* Vol.6 (pp.1-62). Academic Press.

Bosson, J., Swann, W. B., & Pennebaker, J. (2000). Stalking perfect measure of implicit self-esteem: The blind men and the elephant revisited? *Journal of Personality and Social Psychology, 79*, 631-643.

Brown, J. D., Dutton, K. A., & Cook, K. E. (2001). From the top down: Self-esteem and self evaluation. *Cognition and Emotion, 15*, 615-631.

Centers for Disease Control and Prevention (2023). *Youth risk behavior survey: Data summary and trends report, 2011-2021.*　Retrieved March 28, 2024, from https://www.cdc.gov/healthyyouth/data/yrbs/pdf/YRBS_Data-Summary-Trends_Report2023_508.pdf

Cooley, C. H. (1902). *Human nature and the social order.* New York: Schocken Books.

Fein, S., & Spencer, S. (1997). Prejudice as self-esteem maintenance: Affirming the self through derogating others. *Journal of Personality and Social Psychology, 73*, 31-44.

Festinger, L. (1954). A theory of social comparison processes. *Human Relations, 7*, 117-140.

Fiske, S., & Taylor, S. (1991). *Social cognition* (2nd ed.). McGraw-Hill.

Gentile, B., Twenge, J., & Campbell, W. (2010). Birth cohort differences in self-esteem, 1988-2008: A cross-temporal meta-nalysis. *Review of General Psychology, 14*, 261-268.

Greenwald, A., & Banaji, M. (1995). Implicit social cognition: Attitudes, self-esteem, and stereotypes. *Psychological Review, 102*, 4-27.

Greenwald, A. G., & Farnham, S. D. (2000). Using the Implicit Association Test to measure self-esteem and self-concept. *Journal of Personality and Social Psychology, 79*, 1022-1038.

Heine, S. J., Lehman, D. R., Markus, H. R., & Kitayama, S. (1999). Is there a universal need for positive self regard? *Psychological Review, 106*, 766-794.

James, W. (1892). *Psychology: Briefer course.* London: Collier Macmillan.
　　(ジェームズ, W.　今田 寛 (訳)(1992). 心理学 (上・下)　岩波書店)

Kernis, M. H. (1993). The role of stability and level of self-esteem in psychological functioning. In R. F. Baumeister (Ed.), *Self-esteem: The puzzle of low self-regard* (pp.167-182). Plenum Press.

Lockwood, P. (2002). Could it happen to you? Predicting the impact of downward comparisons on the self. *Journal of Personality and Social Psychology, 82*, 343-358.

Ma, V., & Schoeneman, T. (1997). Individualism versus collectivism: A comparison of Kenyan and

American self-concepts. *Basic and Applied Social Psychology, 19* (2), 261–273.

Markus, H. R. (1977). Self-schemata and processing information about the self. *Journal of Personality and Social Psychology, 35*, 63–78.

Markus, H., & Kitayama, S. (1991). Culture and the self: Implications for cognition, emotion and motivation. *Psychological Review, 98*, 224–253.

Markus, H., & Smith, J. (1981). The influence of self-schemata on the perception of others. In N. Cantor, & J. F. Kihlstrom (Eds.), *Personality, cognition, and social interaction* (pp.233–262). Lawrence Erlbaum.

Marsh, H. W., & O'Mara, A. (2008). Reciprocal effects between academic self-concept, self-esteem, achievement, and attainment over seven adolescent years: Unidimensional and multidimensional perspectives of self-concept. *Personality and Social Psychology Bulletin, 34*, 542–552.

McAdams, D. P. (2018). Narrative identity: What is it? What does it do? How do you measure it? *Imagination, Cognition and Personality, 37* (3), 359–372.

McGuire, W. J., McGuire, C. V., & Winton, W. (1979). Effects of household sex composition on the salience of one's gender in the spontaneous self-concept. *Journal of Experimental and Social Psychology, 15*, 77–90.

Miscenko, D., Guenter, H., & Day, D. V. (2017). Am I a leader? Examining leader identity development over time. *The Leadership Quarterly, 28* (5), 605–620.

Myers, D., & Twenge, J. (2022). *Social psychology* (14th ed.). New York: McGraw Hill.

小塩 真司・脇田 貴文・岡田 涼・並川 努・茂垣 まどか (2016). 日本における自尊感情の時間横断的メタ分析――得られた知見とそこから示唆されること―― 発達心理学研究, 27, 299–311.

Rosenberg, M. (1965). *Society and adolescent self image*. New Jersey: Princeton University Press.

Rosenberg, M. (1986). Self-concept from middle childhood through adolescence. In J. Suls, & A. G. Greenwald (Eds.), *Psychological perspectives on the self*. Vol.3 (pp.107–136). Lawrence Erlbaum Associates.

Spielman, L. A., & Bargh, J. A. (1990). Does the depressive self-schema really exist? In C. D. MacCann, & N. S. Endler (Eds.), *Depression: New directions in theory, research, and practice* (pp.111–126). Toronto: Wall & Emerson.

Tesser, A. (1984). Self-evaluation maintenance process: Implications for relationships and for development. In J. C. Masters, & K. Yarkin-Levin (Eds.), *Boundary areas in social and developmental psychology* (pp.271–299). Academic Press.

Tesser, A. (1988). Toward a self-evaluation maintenance model of social behavior. In L. Berkowitz (Ed.), *Advances in experimental social psychology*. Vol.21 (pp.181–227). Academic Press.

Tesser, A., Campbell, J., & Smith, M. (1984). Friendship choice and performance: Self-evaluation maintenance in children. *Journal of Personality and Social Psychology, 46*, 561–574.

Twenge, J. M. (2006). *Generation me: Why today's young Americans are more confident, assertive, entitled――and more miserable than ever before*. Free Press.

Yamaguchi, S., Greenwald, A., Banaji, M., Murakami, F., Chen, D., Shiomura, K., Kobayashi, C., Cai, H., & Krendl, A. (2007). Apparent universality of positive implicit self-esteem. *Psychological Science, Short Report, 18*, 498–500.

第 6 章

Aron, A., & Aron, E. N. (2000). Self-expansion motivation and including other in the self. In W. Ickes, & S. Duck (Eds.), *Social psychology of personal relationships* (pp.109–128). Chichester, England: Wiley.

Aron, A., Aron, E. N., & Smollan, D. (1992). Inclusion of other in the self scale and the structure of interpersonal closeness. *Journal of Personality and Social Psychology, 63* (4), 596–612.

Aron, A., Norman, C. C., Aron, E. N., McKenna, C., & Heyman, R. E. (2000). Couples' shared participation in novel and arousing activities and experienced relationship quality. *Journal of Personality and Social Psychology, 78* (2), 273–284.

Cross, K. P. (1977). Not can, but will college teaching be improved? *New Directions for Higher Education, 17*, 1–15.

Hogg, M. A., & Turner, J. C. (1987). Intergroup behaviour, self-stereotyping and the salience of social categories. *British Journal of Social Psychology, 26*, 325–340.

Korbmacher, M., Kwan, C., & Feldman, G. (2022). Both better and worse than others depending on difficulty: Replication and extensions of Kruger's (1999) above and below average effects. *Judgment and Decision Making, 17*, 449–486.

引用文献　　309

Kruger, J., & Gilovich, T. (2004). Actions, intentions, and self-assessment: The road to self-enhancement is paved with good intentions. *Personality and Social Psychology Bulletin, 30* (3), 328–339.

Mashek, D., Aron, A., & Boncimino, M. (2003). Confusions of self with close others. *Personality and Social Psychology Bulletin, 29*, 382–392.

Massen, J., & Gallup, A. (2017). Why contagious yawning does not (yet) equate to empathy. *Neuroscience and Behavioral Review, 80*, 573–585.

Palagi, E., Celeghin, A., Tamiettoc, M., Winkielman, P., & Norscia, I. (2020). The neuroethology of spontaneous mimicry and emotional contagion in human and non-human animals. *Neuroscience and Biobehavioral Reviews, 111*, 149–165.

Preston, S. D., & De Waal, F. B. (2002). Empathy: Its ultimate and proximate bases. *Behavioral and Brain Sciences, 25*, 1–20.

Pronin, E. (2009). The introspection illusion. In M. P. Zanna (Ed.), *Advances in experimental social psychology*. Vol.41 (pp.1–68). Elsevier Academic Press.

Pronin, E., Gilovich, T., & Ross, L. (2004). Objectivity in the eyes of the beholder: Divergent perceptions of bias in self versus others. *Psychological Review, 111*, 781–799.

Pronin, E., Olivola, C. Y., & Kennedy, K. A. (2008). Doing unto future selves as you would do unto others: Psychological distance and decision making. *Personality and Social Psychology Bulletin, 34*, 224–236.

Provine, R. R. (2005). Yawning. *American Scientist, 93*, 532–539.

Rosch, E., & Lloyd, B. B. (1978). *Cognition and categorization*. Lawrence Earlbaum.

Ross, L., Greene, D., & House, P. (1977). The false consensus effect: An egocentric bias in social perception and attribution processes. *Journal of Experimental Social Psychology, 13*, 279–290.

Ross, L., & Ward, A. (1996). Naive realism in everyday life: Implications for social conflict and misunderstanding. In T. Brown, E. S. Reed, & E. Turiel (Eds.), *Values and knowledge. The Jean Piaget symposium series* (pp.103–135). Hillsdale, NJ: Erlbaum.

Svenson, O. (1981). Are we all less risky and more skillful than our fellow drivers? *Acta Psychologica, 47*, 143–148.

Tajfel, H. (1982). *Social identity and intergroup relations*. Cambridge University Press.

Taylor, S. E., & Brown, J. D. (1988). Illusion and well-being: A social psychological perspective on mental health. *Psychological Bulletin, 103*, 193–210.

Tropp, L., & Wright, S. (2001). Ingroup identification as the inclusion of ingroup in the self. *Journal of Personality and Social Bulletin, 27*, 585–600.

Turner, J. C. (1987). *Rediscovering the social group: A self-categorization theory*. Blackwell.
　　（ターナー，J. C. 蘭 千壽・磯崎 三喜年・内藤 哲雄・遠藤 由美 (訳)(1995). 社会集団の再発見
　　──自己カテゴリー化理論── 誠信書房）

第7章

Adams, J. S. (1965). Inequity in social exchange. In L. Berkowitz (Ed.), *Advances in experimental social psychology*. Vol.2 (pp.267–299). Academic Press.

相羽 美幸 (2017). 大学生の恋愛における問題状況の構造的枠組みの構築　応用心理学研究, *42*, 234–246.

相羽 美幸 (2023). 恋愛で感じる悩み　松井 豊 (編著) 恋の悩みの科学──データに基づく身近な心理の分析── (pp.30–43)　福村出版

Anderson, N. H. (1968). Likableness ratings of 555 personality-trait words. *Journal of Personality and Social Psychology, 9*, 272–279.

Aron, A., Aron, E. N., & Smollan, D. (1992). Inclusion of other in the self scale and the structure of interpersonal closeness. *Journal of Personality and Social Psychology, 63*, 596–612.

Aronson, E., & Linder, D. (1965). Gain and loss of esteem as determinants of interpersonal attractiveness. *Journal of Experimental Social Psychology, 1*, 156–171.

Aronson, E., Willerman, B., & Floyd, J. (1966). The effect of a pratfall on increasing interpersonal attractiveness. *Psychonomic Science, 4*, 227–228.

Bargh, J. A., McKenna, K. Y. A., & Fitzsimons, G. M. (2002). Can you see the real me? Activation and expression of the "true self" on the internet. *Journal of Social Issues, 58*, 33–48.

Baumeister, R. F., Wotman, S. R., & Stillwell, A. M. (1993). Unrequited love: On heartbreak, anger, guilt, scriptlessness, and humiliation. *Journal of Personality and Social Psychology, 64*, 377–394.

Berry, D. S., & McArthur, L. Z. (1986). Perceiving character in faces: The impact of age-related craniofacial changes on social perception. *Psychological Bulletin, 100,* 3–18.

Berscheid, E., & Walster, E. A. (1974). A little bit about love. In T. L. Huston (Ed.), *Foundations of interpersonal attraction* (pp.355–381). Academic Press.

Bornstein, R. F. (1989). Exposure and affect: Overview and meta-analysis of research, 1968–1987. *Psychological Bulletin, 106,* 265–289.

Bradbury, T. N., & Fincham, F. D. (1992). Attributions and behavior in marital interaction. *Journal of Personality and Social Psychology, 63,* 613–628.

Braiker, H. B., & Kelley, H. H. (1979). Conflict in the development of close relationships. In R. L. Burgress, & T. L. Huston (Eds.), *Social exchange in developing relationships* (pp.135–168). Academic Press.

Buhrmester, D., & Furman, W. (1986). The changing functions of friends in childhood: A neo-sullivanian perspective. In V. J. Derlega, & B. A. Winstead (Eds.), *Friendship and social interaction* (pp.41–62). Springer-Verlag.

Byrne, D., & Nelson, D. (1965). Attraction as a linear function of proportion of positive reinforcements. *Journal of Personality and Social Psychology, 1,* 659–663.

Cate, M. S., Lloyd, S. A., & Henton, J. M. (1985). The effect of equity, equality, and reward level on the stability of students' premarital relationships. *Journal of Social Psychology, 125,* 715–721.

Cate, M. S., Lloyd, S. A., Henton, J. M., & Larson, J. H. (1982). Fairness and reward level as predictors of relationship satisfaction. *Social Psychology Quarterly, 45,* 177–181.

Clark, M. S., & Mills, J. (1979). Interpersonal attraction in exchange and communal relationships. *Journal of Personality and Social Psychology, 37,* 12–24.

Clark, M. S., Mills, J., & Powell, M. C. (1986). Keeping track of needs in communal and exchange relationships. *Journal of Personality and Social Psychology, 51,* 333–338.

Crohan, S. E. (1992). Marital happiness and spousal consensus on beliefs about marital conflict: A logitudinal investigation. *Journal of Social and Personal Relationships, 9,* 89–102.

Cummingham, M. R. (1986). Measuring the physical in physical attractiveness: Quasiexperiments on the sociology of female facial beauty. *Journal of Personality and Social Psychology, 50,* 925–935.

大坊 郁夫 (1996). 対人関係のコミュニケーション　大坊 郁夫・奥田 秀宇 (編) 親密な対人関係の科学 (pp.205–230)　誠信書房

Davis, K. E. (1985). Near and dear: Friendship and love compared. *Psychology Today, 19,* 22–30.

Dion, K., Bersheid, E., & Walster, E. (1972). What is beautiful is good. *Journal of Personality and Social Psychology, 24,* 285–290.

Driscoll, R., Davis, K., & Lipetz, M. (1972). Parental interference and romantic love: The Romeo and Juliet effect. *Journal of Personality and Social Psychology, 24,* 1–10.

Dutton, D. G., & Aron, A. P. (1974). Some evidence for heightened sexual attraction under conditions of high anxiety. *Journal of Personality and Social Psychology, 30,* 510–517.

榎本 博明 (1992). 自分の話をする　松井 豊 (編) 対人心理学の最前線 (pp.51–69)　サイエンス社

Feingold, A. (1992). Good-looking people are not what we think. *Psychological Bulletin, 111,* 304–341.

Festinger, L., Schacter, S., & Back, K. (1963). *Social pressures in informal groups: A study of a housing community.* Stanford University Press.

Folkes, V. S., & Sears, D. O. (1977). Does everybody like a liker? *Journal of Experimental Social Psychology, 13,* 505–519.

French, J. R. P. Jr., & Raven, B. H. (1959). The bases of social power. In D. Cartwright (Ed.), *Studies in social power* (pp.150–167). Institute for Social Research. Michigan.

（フレンチ，J. R. P. Jr・レヴィン，B. H.　水原 泰介 (訳)(1962). 社会的勢力の基盤　千輪 浩 (監訳) 社会的勢力 (pp.193–217)　誠信書房）

Friedman, H. S., Riggio, R. E., & Casella, D. F. (1988). Nonverbal skill, personal charisma, and initial attraction. *Personality and Social Psychology Bulletin, 14,* 203–211.

藤原 武弘・黒川 正流・秋月 左都士 (1983). 日本版 Love-Liking 尺度の検討　広島大学総合科学部紀要　情報行動学研究, 7, 39–46.

Furman, W., & Buhrmester, D. (1992). Age and sex differences in perception of networks of personal relationships. *Child Development, 63,* 103–115.

Gouldner, A. W. (1960). The norm of reciprocity: A preliminary statement. *American Sociological Review, 25,* 161–178.

Green, S. K., Buchanan, D. R., & Heuer, S. K. (1984). Winners, losers, and choosers: A field investigation of dating initiation. *Personality and Social Psychology Bulletin, 10,* 502–511.

引用文献　　311

Gross, E. F., Juvonen, J., & Gable, S. L. (2002). Internet use and well-being in adolescence. *Journal of Social Issues*, *58*, 75–90.

Hendrick, C., & Hendrick, S. (1986). A theory and method of love. *Journal of Personality and Social Psychology*, *50*, 392–402.

飛田　操 (1996). 対人関係の崩壊と葛藤　大坊　郁夫・奥田　秀宇 (編) 親密な対人関係の科学 (pp.149–179)　誠信書房

Hill, C. T., Rubin, Z., & Peplau, L. A. (1976). Breakups before marriage: The end of 103 affairs. *Journal of Social Issues*, *32*, 147–168.

Homans, G. C. (1974). *Social behavior: Its elementary forms*. Harcourt Brace Jovanovich.
　　(ホーマンズ，G. C.　橋本　茂 (訳)(1978). 社会行動――その基本的形態――　誠信書房)

井上　和子 (1985). 恋愛関係における Equity 理論の検証　実験社会心理学研究, *24*, 127–134.

金政　祐司・荒井　崇史・島田　貴仁・石田　仁・山本　功 (2018). 親密な関係破綻後のストーカー的行為のリスク要因に関する尺度作成とその予測力　心理学研究, *89*, 160–170.

Kelley, H. H., & Thibaut, J. W. (1978). *Interpersonal relations: A theory of interdependence*. John Wiley & Sons.
　　(ケリー，H. H.・ティボー，T. W.　黒川　正流 (監訳)(1995). 対人関係論　誠信書房)

古村　健太郎 (2023). 恋人間の暴力・ストーキング　松井　豊 (編著) 恋の悩みの科学――データに基づく身近な心理の分析―― (pp.115–130)　福村出版

La Gaipa, J. J. (1977). Testing a multidimensional approach to friendship. In S. Duck (Ed.), *Theory and practice in interpersonal attraction* (pp.249–270). Academic Press.

Lee, J. A. (1977). A typology of styles of loving. *Personality and Social Psychology Bulletin*, *3*, 173–182.

Levinger, G., & Snoek, D. J. (1972). *Attraction in relationships: A new look at interpersonal attraction*. General Learning Press.

Lujansky, H., & Mikula, G. (1983). Can equity theory explain the quality and the stability of romantic relationships? *British Journal of Social Psychology*, *22*, 101–112.

松井　豊・木賊　知美・立澤　晴美・大久保　宏美・大前　晴美・岡村　美樹・米田　佳美 (1990). 青年の恋愛に関する測定尺度の構成　立川短期大学紀要, *23*, 13–23.

松井　豊・山本　眞理子 (1985). 異性交際の対象選択に及ぼす外見的印象と自己評価の影響　社会心理学研究, *1*, 9–14.

McKenna, K. Y. A., Green, A. S., & Gleason, M. E. J. (2002). Relationship formation on the internet. *Journal of Social Issues*, *58*, 9–32.

Moreland, R. L., & Beach, S. R. (1992). Exposure effects in the classroom: The development of affinity among students. *Journal of Experimental Social Psychology*, *28* (3), 255–276.

諸井　克英 (1996). 親密な関係における衡平性　大坊　郁夫・奥田　秀宇 (編) 親密な対人関係の科学 (pp.59–85)　誠信書房

Murnstein, B. I. (1977). The stimulus-value-role (SVR) theory of dyadic relationships. In S. Duck (Ed.), *Theory and practice in interpersonal attraction* (pp.105–127). Academic Press.

永田　良昭 (1989). 仲間関係の変貌　教育心理, *37*, 180–183.

中里　浩明・井上　徹・田中　国男 (1975). 人格類似性と対人魅力――向性と欲求の次元――　心理学研究, *46*, 109–117.

岡田　努 (1992). 友人とかかわる　松井　豊 (編) 対人心理学の最前線 (pp.22–29)　サイエンス社

奥田　秀宇 (1994). 恋愛関係における社会的交換過程――公平, 投資, および互恵モデルの検討――　実験社会心理学研究, *34*, 82–91.

奥田　秀宇 (1996). 生物的・社会的・心理的視座から見た対人関係　大坊　郁夫・奥田　秀宇 (編) 親密な対人関係の科学 (pp.3–21)　誠信書房

長田　雅喜 (1987). 対人魅力の成立と発展　大橋　正夫・長田　雅喜 (編) 対人関係の心理学 (pp.106–128)　有斐閣

長田　雅喜 (1990). 対人魅力の研究と愛の問題　心理学評論, *33*, 273–287.

太田　英昭 (1987). 社会的相互作用と交換　大橋　正夫・長田　雅喜 (編) 対人関係の心理学 (pp.75–103)　有斐閣

Perlman, D., & Oskamp, S. (1971). The effects of picture content and exposure frequency on evaluations of negros and whites. *Journal of Experimental Social Psychology*, *7*, 503–514.

Ragins, B. R., & Sundstrom, E. (1990). Gender and perceived power in manager-subordinate relations. *Journal of Occupational Psychology*, *63*, 287–293.

Rahim, M. A. (1988). The development of a leader power inventory. *Multivariate Behavioral Research*, *23*,

491–503.

Reis, H. T., & Shaver, P. (1988). Intimacy as an interpersonal process. In S. W. Duck (Ed.), *Handbook of personal relationships* (pp.367–389). Wiley.

Rubin, Z. (1970). Measurement of romantic love. *Journal of Personality and Social Psychology, 16*, 265–273.

Rusbult, C. E. (1980). Commitment and satisfaction in romantic associations: A test of the investment model. *Journal of Experimental Social Psychology, 16*, 172–186.

Rusbult, C. E., Johnson, D. S., & Morrow, G. D. (1986). Impact of couple patterns of problem solving on distress and nondistress in dating relationships. *Journal of Personality and Social Psychology, 50*, 744–753.

Rusbult, C. E., Zembrodlt, I. M., & Gunn, L. K. (1982). Exit, voice, loyalty, and neglect: Responses to dissatisfaction in romantic involvements. *Journal of Personality and Social Psychology, 43*, 1230–1242.

齊藤 勇 (1985). 好きと嫌いの人間関係 エイデル研究所

Segal, M. W. (1974). Alphabet and attraction: An unobtrusive measure of the effect of propinquity in a field setting. *Journal of Personality and Social Psychology, 30*, 654–657.

島田 貴仁 (2017). 日本における若年女性のストーキング被害 犯罪社会学研究, *42*, 106–120.

Sprecher, S. (1992). How men and women expect to feel and behave in response to inequity in close relationships. *Social Psychology Quarterly, 55*, 57–69.

Sternberg, R. J. (1986). A triangular theory of love. *Psychological Review, 93*, 119–135.

Stevens, G., Owens, D., & Schaefer, E. C. (1990). Education and attractiveness in marriage choices. *Social Psychology Quarterly, 53*, 62–70.

杉浦 康広 (2020). ブライダル市場の現状と今後の課題 目白大学短期大学部研究紀要, *56*, 27–42.

鈴木 康平 (1987). 勢力関係の成立と発展 大橋 正夫・長田 雅喜 (編) 対人関係の心理学 (pp.129–152) 有斐閣

Taylor, D. A. (1968). The development of interpersonal relationships: Social penetration processes. *Journal of Social Psychology, 75*, 79–90.

Taylor, D. A., & Altman, I. (1987). Communication in interpersonal relationships: Social penetration processes. In M. E. Roloff, & G. R. Miller (Eds.), *Interpersonal processes: New directions in communication research* (pp.257–298). Sage.

Taylor, S. E., Peplau, L. A., & Sears, D. O. (1994). *Social psychology* (8th ed.). Prentice Hall.

Taylor, S. E., Peplau, L. A., & Sears, D. O. (1997). *Social psychology* (9th ed.). Prentice Hall.

遠矢 幸子 (1996). 友人関係の特性と展開 大坊 郁夫・奥田 秀宇 (編) 親密な対人関係の科学 (pp.89–116) 誠信書房

Walster, E. (1965). The effect of self-esteem on romantic liking. *Journal of Experimental Social Psychology, 1*, 184–197.

Walster, E., Aronson, E., Abrahams, D., & Rottman, L. (1966). Importance of physical attractiveness in dating behavior. *Journal of Personality and Social Psychology, 4*, 508–516.

Walster, E., Bersheid, E., & Walster, W. (1976). New directions in equity research. In L. Berkowitz, & E. Walster (Eds.), *Advances in experimental social psychology*. Vol.9 (pp.1–42). Academic Press.

Weber, A. L. (1992). The account- making process: A phenomenological approach. In T. L. Orbuch (Ed.), *Close relationship loss: Theoretical approaches* (pp.174–191). New York: Springer-Verlag.

White, G. L., Fishbein, S., & Rustein, J. (1981). Passionate love and the misattribution of arousal. *Journal of Personality and Social Psychology, 41*, 56–62.

Winch, R. F., Ktsanes, T., & Ktsanes, V. (1954). The theory of complementary needs in mate-selection: An analytic and descriptive study. *American Sociological Review, 19*, 241–249.

山田 和夫 (1992). ふれ合い恐怖——子どもを"愛"せない母親たちと青少年の病理—— 芸文社

Zajonc, R. B. (1968). Attitudinal effects of mere exposure. *Journal of Personality and Social Psychology* (Monograph Suppl., Pt. 2), 1–29.

第8章

Allport, F. H. (1920). The influence of the group upon association and thought. *Journal of Experimental Psychology, 3*, 159–182.

安藤 清志・大坊 郁夫・池田 謙一 (1995). 社会心理学——現代心理学入門—— 岩波書店

Asch, S. E. (1955). Opinions and social pressure. *Scientific American, 193* (5), 31–35.

Asch, S. E. (1963). Effects of group pressure upon the modification and distortion of judgments. In H. Guetzkow (Ed.), *Groups, leadership and men: Research in human relations* (pp.117–190). Rusell &

引用文献　　313

Rusell.（Originally published by Carnegie Press, 1951.）

Bavelas, A.（1950）. Communication patterns in task-oriented groups. *Journal of Accoustical Society in America*, *22*, 725–730.

Berry, J. W.（1967）. Independence and conformity in subsistence-level societies. *Journal of Personality and Social Psychology*, *7*, 415–418.

Brewer, M. B.（1991）. The social self: On being the same and different at the same time. *Personality and Social Psychology Bulletin*, *17*, 475–482.

Cartwright, D., & Zander, A.（1960）. *Group dynamics: Research and theory*（2nd ed.）. Harper & Row.
（カートライト，D.・ザンダー，A.　三隅 二不二・佐々木 薫（訳編）（1969–1970）. グループ・ダイナミックス　第2版　I・II　誠信書房）

Clark, R. D.（1990）. Minority influence: The role of argument refutation of the majority position and social support for the minority position. *European Journal of Social Psychology*, *20*, 489–497.

Cottrell, N. B., Wack, D. L., Sekerak, G. J., & Rittle, R. H.（1968）. Social facilitation of dominant responses by the presence of an audience and mere presence of others. *Journal of Personality and Social Psychology*, *9*, 245–250.

Crocker, J., & Major, B.（1989）. Social stigma and self-esteem: The self-protective properties of stigma. *Psychological Review*, *96*, 608–630.

Deutsch, M., & Gerard, H. B.（1955）. A study of normative and informational social influence upon individual judgment. *Journal of Abnormal and Social Psychology*, *51*, 629–636.

Deutsch, M., & Krauss, R. M.（1960）. The effect of threat on interpersonal bargaining. *Journal of Abnormal and Social Psychology*, *61*, 181–189.

Diehl, M., & Stroebe, W.（1991）. Productivity loss in idea-generating groups: Tracking down the blocking effect. *Journal of Personality and Social Psychology*, *61*, 392–403.

Dunnet, M. D., Campbell, J., & Jaastad, K.（1963）. The effect of group participation in brain-storming: Effectiveness for two industrial samples. *Journal of Applied Psychology*, *47*, 30–37.

Fiedler, F. E.（1978）. Recent developments in research on the contingency model. In L. Berkowitz（Ed.）, *Group processes*（pp.209–225）. Academic Press.

Fiedler, F. E.（1981）. Leadership effectiveness. *American Behavioral Scientist*, *24*, 619–632.

French, J. R. P., Jr.（1956）. A formal theory of social power. *Psychological Review*, *63*, 181–194.

Gabrenya, W. K., Wang, Y., & Latané, B.（1985）. Social loafing on an optimizing task. *Cross-Cultural Psychology*, *16*, 223–242.

Graham, J. W.（1991）. Servant-leadership in organizations: Inspirational and moral. *Leadership Quarterly*, *2*, 105–119.

Hardin, G.（1968）. The tragedy of the commons. *Science*, *162*, 1243–1248.

早瀬 良・坂田 桐子・高口 央（2011）. 誇りと尊重が集団アイデンティティおよび協力行動に及ぼす影響——医療現場における検討——　実験社会心理学研究, *50*, 135–147.

House, R. J., & Shamir, B.（1993）. Toward the integration of transformational, charismatic, and visionary theories. In M. Chemmers, & R. Ayman（Eds.）, *Leadership theory and research: Perspectives and directions*（pp.81–107）. Academic Press.
（ハウス，R. J.・シャーミア，B.　篠原 弘章（訳）（1995）. 変革的・カリスマ的・予言者的リーダーシップ理論の統合　チェーマーズ，M. M.・エイマン，R.（編）白樫 三四郎（編訳）リーダーシップ理論と研究（pp.33–63）　黎明出版）

Hunt, P. J., & Hillery, J. M.（1973）. Social facilitation in a coaction setting: An examination of the effects over learning trials. *Journal of Experimental Social Psychology*, *9*, 563–571.

池田 謙一（1993）. 社会のイメージの心理学——ぼくらのリアリティはどう形成されるか——　サイエンス社

Ingham, A. G., Levinger, G., Graves, J., & Peckham, V.（1974）. The Ringelmann effect: Studies of group size and group performance. *Journal of Experimental Social Psychology*, *10*（4）, 371–384.

Jackson, J. M.（1960）. Structural characteristics of norms. In G. E. Jensen（Ed.）, *Dynamics of instructional groups*（pp.136–163）. Chicago University Press.
（ジェンセン，G. E.（編）末吉 悌次他（訳）（1967）. 学習集団の力学　黎明書房）

Janis, I. L.（1971）. Groupthink. *Psychology Today*, *5*, 43–46.

Janis, I. L.（1982）. *Groupthink: Psychological studies of policy decisions and fiascoes*（2nd ed.）. Houghton Mifflin.
（ジャニス，I. L.　細江 達郎（訳）（2022）. 集団浅慮——政策決定と大失敗の心理学的研究——　新

曜社）

亀田 達也（1997）. 合議の知を求めて――グループの意思決定―― 共立出版

Kameda, T., & Sugimori, S. (1993). Psychological entrapment in group decision making: An assigned decision rule and a groupthink phenomenon. *Journal of Personality and Social Psychology, 65*, 282-292.

狩野 素朗（1986）. 集団の構造と規範 佐々木 薫・永田 良昭（編）集団行動の心理学（pp.44-78） 有斐閣

Karau, S. J., & Williams, K. D. (1993). Social loafing: A metaanalytic review and theoretical integration. *Journal of Personality and Social Psychology, 65*, 681-706.

Kelman, H. C. (1961). Processes of opinion change. *Public Opinion Quarterly, 25*, 57-78.

Kerr, N. L., & Kaufman-Gilliland, C. M. (1994). Communication, commitment, and cooperation. *Journal of Personality and Social Psychology, 66*, 513-529.

Knowles, M. L., & Gardner, W. L. (2008). Benefits of membership: The activation and amplification of ingroup identities in response to social rejection. *Personality and Social Psychology Bulletin, 34*, 1200-1213.

木下 稔子（1964）. 集団凝集性と課題の重要性が同調行動に及ぼす効果 心理学研究, *35*, 181-193.

小窪 輝吉（1987）. 集団と人間の心理 齊藤 勇（編）対人社会心理学重要研究集 1 社会的勢力と集団組織の心理（pp.109-158） 誠信書房

Latané, B. (1981). The psychology of social impact. *American Psychologist, 36*, 343-356.

Latané, B., Williams, K., & Harkins, S. (1979). Many hands make light the work: The causes and consequences of social loafing. *Journal of Personality and Social Psychology, 37*, 822-832.

Leary, M. R., & Baumeister, R. F. (2000). The nature and function on self-esteem: Sociometer theory. In M. P. Zanna (Ed.), *Advances in experimental social psychology*. Vol.32 (pp.1-62). San Diego: Academic Press.

Lewin, K., Lippitt, R., & White, R. K. (1939). Patterns of aggressive behavior in experimentally created 'social climates'. *Journal of Social Psychology, 10*, 271-299.

Maass, A., & Clark, R. D. (1983). Internalization versus compliance: Differential processes underlying minority influence and conformity. *European Journal of Social Psychology, 13*, 197-215.

Maass, A., & Clark, R. D. (1984). Hidden impact of minorities: Fifteen years of minority influence research. *Psychological Bulletin, 95*, 428-450.

Maslach, C., Santee, R. T., & Wade, C. (1987). Individuation, gender role, and dissent: Personality mediators of situational forces. *Journal of Personality and Social Psychology, 53*, 1088-1093.

松原 敏浩（1990）. リーダーシップ 大坊 郁夫・安藤 清志・池田 謙一（編）社会心理学パースペクティブ 3 集団から社会へ（pp.20-35） 誠信書房

Matsuda, N. (1985). Strong, quasi-, and weak conformity among Japanese in the modified Asch procedure. *Journal of Cross-Cultural Psychology, 16*, 83-97.

McCauley, C., Stitt, C. L., Woods, K., & Lipton, D. (1973). Group shift to caution at the race track. *Journal of Experimental Social Psychology, 9*, 80-86.

Messick, D., & Brewer, M. B. (1983). Solving social dilemmas: A review. In L. Wheeler, & P. Shaver (Eds.), *Review of personality and social psychology*. Vol.4 (pp.11-44). Sage Publications.

Milgram, S., Bickman, L., & Berkowitz, L. (1969). Note on the drawing power of crowds of different size. *Journal of Personality and Social Psychology, 13*, 79-82.

三隅 二不二（1984）. リーダーシップ行動の科学 改訂版 有斐閣

宮本 正一（1993）. 人前での心理学 ナカニシヤ出版

Moreno, J. L. (1934). *Who shall survive?* Beacon House.

Morris, W. N., & Miller, R. S. (1975). The effects of consensus-breaking and consensus-preempting patterns on reduction in conformity. *Journal of Experimental Social Psychology, 11*, 215-223.

Moscovici, S., Lage, E., & Naffrechoux, M. (1969). Influence of a consistent minority on the responses of a majority in a color perception task. *Sociometry, 32*, 365-379.

Nakashima, K. (2014). Who uses ingroup identification and favoritism for buffering threats to self-esteem, and when do they use it? In J. H. Borders (Ed.), *Handbook on the psychology of self-esteem* (pp.251-276). New York: Nova Publishers.

Nemeth, C. (1992). Minority dissent as a stimulant to group performance. In S. Worchel, W. Wood, & J. A. Simpson (Eds.), *Group process and productivity* (pp.95-111). Sage.

Nemeth, C., Swedlund, M., & Kanki, B. (1974). Patterning of the minority responses and their influence on the majority. *European Journal of Social Psychology, 4*, 53-64.

引用文献 315

小川 一夫（編）(1979). 学級経営の心理学　北大路書房
岡本 浩一（1986). 社会心理学ショートショート——実験でとく心の謎——　新曜社
Osborn, A. F.（1957). *Applied imagination*. Scribners.
Paulus, P. B., Dzindolet, M. T., Poletes, G., & Camacho, L. M.（1993). Perception of performance in group brainstorming: The illusion of group productivity. *Personality and Social Psychology Bulletin, 19*, 78-89.
Petty, R. E., Harkins, S. G., & Williams, K. D.（1980). The effects of group diffusion of cognitive effort on attitudes: An information-processing view. *Journal of Personality and Social Psychology, 38*, 81-92.
Prentice, D. A., Miller, D. T., & Lightdale, J. R.（1994). Asymmetries in attachments to groups and to their members: Distinguishing between common-identity and common-bond groups. *Personality and Social Psychology Bulletin, 20*, 484-493.
Schmitt, B. H., Gilovich, T., Goore, N., & Joseph, L.（1986). Mere presence and social facilitation: One more time. *Journal of Experimental Social Psychology, 22*, 242-248.
Shaw M. E.（1932). Comparison of individuals and small groups in the rational solution of complex problems. *American Journal of Psychology, 44*, 491-504.
Shaw, M. E.（1964). Communication networks. In L. Berkowitz（Ed.）, *Advances in experimental social psychology*. Vol.1（pp.111-147). Academic Press.
Shepperd, J. A., & Wright, R. A.（1989). Individual contribution to a collective effort: An incentive analysis. *Personality and Social Psychology Bulletin, 15*, 141-149.
Sherif, M.（1935). A study of some social factors in perception. *Archives of Psychology, 187*.
Stasser, G., Taylor, L. A., & Hanna, C.（1989). Information sampling in structured and unstructured discussions of three- and six-person groups. *Journal of Personality and Social Psychology, 57*, 67-78.
Stasser, G., & Titus, W.（1985). Effects of information load and percentage of shared information on the dissemination of unshared information during group discussion. *Journal of Personality and Social Psychology, 53*, 81-93.
Steiner, I. D.（1966). Models for inferring relationships between group size and potential group productivity. *Behavioral Science, 11*, 273-283.
田端 拓哉・池上 知子（2015). 能力次元における自己評価への脅威が集団実体性の知覚に及ぼす影響　実験社会心理学研究, 54, 75-88.
高橋 超（1980). 学級集団とその指導　堀ノ内 敏・岩井 勇児（編著）教育心理学（pp.10-150)　福村出版
田中 熊次郎（1975). 新訂児童集団心理学　明治図書
Taylor, D. W., Berry, P. C., & Block, C. H.（1958). Does group participation when using brainstorming facilitate or inhibit creative thinking? *Administrative Science Quarterly, 2*, 23-47.
Taylor, D. W., & Faust, W. L.（1952). Twenty questions: Efficiency in problem solving as a function of size of group. *Journal of Experimental Psychology, 44*, 360-368.
Taylor, S., Peplau, L. A., & Sears, D. O.（1997). *Social psychology*（9th ed.). Prentice Hall.
Triandis, H. C., McCusker, C., & Hui, C. H.（1990). Multimethod probes of individualism and collectivism. *Journal of Personality and Social Psychology, 59*, 1006-1020.
Turner, J. C.（1982). Towards a cognitive redefinition of the social group. In H. Tajfel（Ed.）, *Social identity and intergroup relations*（pp.15-40). Cambridge University Press.
Tyler, T. R., & Blader, S. L.（2001). Identity and cooperative behavior in groups. *Group Processes and Intergroup Relations, 4*, 207-228.
Wallach, M. A., Kogan, N., & Bem, D. J.（1962). Group influence on individual risk taking. *Journal of Abnormal and Social Psychology, 65*, 75-86.
Williams, K. D., & Karau, S. J.（1991). Social loafing and social compensation: The effects of expectations of co-worker performance. *Journal of Personality and Social Psychology, 61*, 570-581.
山岸 俊男（1990). 社会的ジレンマのしくみ——自分一人ぐらいの心理の招くもの——　サイエンス社
Zajonc, R. B.（1965). Social facilitation. *Science, 149*, 269-274.

第9章

Aknin, L. B., Broesch, T., Hamlin, J. K., & Van de Vondervoort, J. W.（2015). Prosocial behavior leads to happiness in a small-scale rural society. *Journal of Experimental Psychology: General, 144*, 788-795.
Batson, C. D., Batson, J. G., Slingsby, J. K., Harrell, K. L., Peekna, H. M., & Todd, R. M.（1991). Empathic joy and the empathy-altruism hypothesis. *Journal of Personality and Social Psychology, 61*（3), 413-426.
Burnstein, E., Crendall, C., & Kitayama, S.（1994). Some neo-Darwinian decision rules for altruism:

Weighing cues for inclusive fitness as a function of the biological importance of the decision. *Journal of Personality and Social Psychology, 67,* 773–789.

de Waal, F. (1996). *Good natured: The origin of right and wrong in humans and other animals.* Cambridge, MA: Harvard University Press.

Dunn, E., Aknin L., & Norton, M. (2008). Spending money on others promotes happiness. *Science, 319,* 1687–1688.

Eisenberg, N., Fabes, R., Miller, P., Fultz, J., Shell, R., Mathy, R., & Reno, R. (1989). Relation of sympathy and personal distress to prosocial behavior: A multimethod study. *Journal of Personality and Social Psychology, 57,* 55–66.

遠藤　由美 (2015). グローバル化社会における共生と共感　*Emotion Studies, 1,* 42–49.

Grant, A., & Gino, F. (2010). A little thanks goes a long way: Explaining why gratitude expressions motivate prosocial behavior. *Journal of Personality and Social Psychology, 98,* 946–955.

Hardy, C., & Van Vugt, M. (2006). Nice guys finish first: The competitive altruism hypothesis. *Personality and Social Psychology Bulletin, 32,* 1402–1413.

Isen, A., & Levin, P. (1972). Effect of feeling good on helping: Cookies and kindness. *Journal of Personality and Social Psychology, 21,* 384–388.

Kazerooni, F., Taylor, S. H., Bazarova, N. N., & Whitlock, J. (2018). Cyberbullying bystander intervention: The number of offenders and retweeting predict likelihood of helping a cyberbullying victim. *Journal of Computer-Mediated Communication, 23,* 146–162.

Kogut, T., & Ritov, I. (2005). The "identified victim" effect: An identified group, or just a single individual? *Journal of Behavioral Decision Making, 18,* 157–167.

Kraus, M., Horberg, E., Goetz, J., & Keltner, D. (2011). Social class rank, threat vigilance, and hostile reactivity. *Personality and Social Psychology Bulletin, 37,* 1376–1388.

Kunz, P. R., & Woolcott, M. (1976). Season's greetings: From my status to yours. *Social Science Research, 5* (3), 269–278.

Latané, B., & Darley, J. M. (1968). Group inhibition of bystander intervention in emergencies. *Journal of Personality and Social Psychology, 10,* 215–221.

Oceja, L. (2008). Overcoming empathy-induced partiality: Two rules of thumb. *Basic and Applied Social Psychology, 30,* 176–182.

Oishi, S., Rothman, A., Snyder, M., Su, J., Zehm, K., Hertel, A., Gonzales, M., & Sherman, G. (2007). The socioecological model of procommunity action: The benefits of residential stability. *Journal of Personality and Social Psychology, 93,* 831–844.

Piff, P., Kraus, M., Cote, S., Cheng, B., & Keltner, D. (2010). Having less, giving more: The influence of social class on prosocial behavior. *Journal of Personality and Social Psychology, 91,* 771–784.

Rudolph, U., Roesch, S., Greitenmeyer, T., & Weiner, B. (2004). A meta-analytic review of help-giving and aggression from attributional perspective: Contributions to general theory of motivation. *Cognition and Emotion, 18,* 815–848.

Sabato, H., & Kogut, T. (2021). Happy to help——if it's not too sad: The effect of mood on helping identifiable and unidentifiable victims. *PlusOne, 16* (6), e0252278.

Slovic, P., & Vastfjall, D. (2010). Affect, moral intuition, and risk. *Psychological Inquiry, 21,* 387–398.

Small, D. A., Loewenstein, G., & Slovic, P. (2007). Sympathy and callousness: The impact of deliberative thought on donations to identifiable and statistical victims. *Organizational Behavior and Human Decision Processes, 102* (2), 143–153.

Snyder, M., & Omoto, A. M. (2009). Who gets involved and why? The psychology of volunteerism. In E. S. C. Liu, M. J. Holosko, & T. W. Lo (Eds.), *Youth empowerment and volunteerism: Principles, policies and practices* (pp.3–26). City University of Hong Kong Press.

Spikins, P., Needham, A., Tilley, L., & Hitchens, G. (2018). Calculated or caring? Neanderthal healthcare in social context. *World Archaeology, 50,* 384–403.

Stebley, N. M. (1987). Helping behavior in rural and urban environments: A meta-analysis. *Psychological Bulletin, 102,* 346–356.

Toi, M., & Batson, D. (1982). More evidence that empathy is a source of altruistic motivation. *Journal of Personality and Social Psychology, 42,* 281–292.

Tomasello, M. (2014). The ultra-social animal. *European Journal of Social Psychology, 44,* 187–194.

van Bommel, M., van Prooijen, J.-W., Elffers, H., & Van Lange, P. A. M. (2012). Be aware to care: Public self-awareness leads to a reversal of the bystander effect. *Journal of Experimental Social Psychology, 48*

引用文献　　317

(4), 926-930.

第10章

Ainsworth, S. F., & Maner, J. K. (2014). Assailing the competition: Sexual selection, proximate mating motives, and aggressive behavior in men. *Personality and Social Psychology Bulletin, 40*, 1648-1658.

Anderson, C., & Bushman, B. (2018). Media violence and the general aggression model. *Journal of Social Issues, 74*, 386-413.

Anderson, C. A., Shibuya, A., Ihori, N., Swing, E. L., Bushman, B. J., Sakamoto, A., et al. (2010). Violent video game effects on aggression, empathy, and prosocial behavior in Eastern and Western countries. *Psychological Bulletin, 136*, 151-173.

Bandura, A., Ross, D., & Ross, S. (1961). Transmission of aggression through imitation of aggressive models. *Journal of Abnormal and Social Psychology, 63*, 575-582.

Berkowitz, L. (1989). Frustration-aggression hypothesis: Examination and reformulation. *Psychological Bulletin, 106*, 59-73.

Bushman, B. J. (2002). Does venting anger feed or extinguish the flame? Catharsis, rumination, distraction, anger, and aggressive responding. *Personality and Social Psychology Bulletin, 28*, 724-731.

Cohen, D., Nisbett, R., Bowdle, B., & Schwarz, N. (1996). Insult, aggression, and the southern culture of honor: An "experimental ethnography". *Journal of Personality and Social Psychology, 70*, 945-960.

Coyne, S. (2016). Effects of viewing relational aggression on television on aggressive behavior in adolescents: A three-year longitudinal study. *Developmental Psychology, 52*, 284-295.

Dabbs, J. M., Carr, T. S., Frady, R. L., & Riad, J. K. (1995). Testosterone, crime, and misbehavior among 692 male prison inmates. *Personality and Individual Differences, 18* (5), 627-633.

Dutton, D. G., Saunders, K., Starzomski, A., & Bartholomew, K. (1994). Intimacy-anger and insecure attachment as precursors to abuse in intimate relationships. *Journal of Applied Social Psychology, 24* (15), 1367-1386.

Harris, M. B. (1974). Mediators between frustration and aggression in a field experiment. *Journal of Experimental Social Psychology, 10* (6), 561-571.

Hatzfeld, J. (2010). *The antelope's strategy: Living in Rwanda after the genocide.* Farrar, Straus and Giroux. (ハッツフェルド, J.　ルワンダの学校を支援する会（服部 欧右）(訳)(2013). 隣人が殺人者に変わる時——ルワンダジェノサイド　生存者たちの証言——　かもがわ出版)

Huesmann, L. R., Moise-Titus, J., Podolski, C.-L., & Eron, L. D. (2003). Longitudinal relations between children's exposure to TV violence and their aggressive and violent behavior in young adulthood: 1977 -1992. *Developmental Psychology, 39* (2), 201-221.

石井 敬子 (2017). なめんなよ！　社会・文化・環境が生み出す名誉と暴力　心理学ワールド, *77*, 9-12.　公益社団法人日本心理学会

Kuhns, J., Exum, M., Clodfelter, T., & Bottia, M. (2014). The prevalence of alcohol-involved homicide offending: A meta-analytic review. *Homicide Studies, 18*, 251-270.

Liebert, R. M., & Baron, R. A. (1972). Some immediate effects of televised violence on children's behavior. *Developmental Psychology, 6*, 469-475.

Linsay, J. L., & Anderson, C. A. (2000). From antecedent conditions to violent actions: A general affective aggression model. *Personality and Social Psychology Bulletin, 26*, 533-547.

Martin, R., Coyier, K., VanSistine, L., & Schroeder, K. (2013). Anger on the internet: The perceived value of rant-sites. *Cyberpsychology, Behavior, and Social Networking, 16*, 119-122.

Meier, B., & Hinsz, V. (2003). A comparison of human aggression committed by groups and individuals: An interindividual-intergroup discontinuity. *Journal of Experimental Social Psychology, 40*, 551-559.

Nawata, K. (2020). A glorious warrior in war: Cross-cultural evidence of honor culture, social rewards for warriors, and intergroup conflict. *Group Processes and Intergroup Relations, 23*, 598-611.

Nisbett, R., & Cohen, D. (1996). *Culture of honor: The psychology of violence in the South.* Westview Press. (ニスベット, R.・コーエン, D.　石井 敬子・結城 雅樹（編訳）(2009). 名誉と暴力——アメリカ南部の文化と心理——　北大路書房)

大坪 庸介 (2015). 仲直りの進化社会心理学——価値ある関係仮説とコストのかかる謝罪——　社会心理学研究, *30*, 191-212.

Pedersen, W., Vasquz, E., Bertholo, B., Grosvenor, M., & Truong, A. (2014). Are you insulting me? Exposure to alcohol primes increases aggression following ambiguous provocation. *Personality and Social Psychology Bulletin, 40*, 1037-1049.

318　　引 用 文 献

Pinker, S. (2011). *The better angels of our nature: Why violence has declined*. Viking Books.
　(ピンカー，S. 幾島 幸子・塩原 通緒 (訳)(2015). 暴力の人類史　上・下　青土社)

Stockdale, L., Morrison, R. G., Palumbo, R., Garbarino, J., & Silton, R. L. (2017). Cool, callous, and in control: Superior inhibitory control in frequent players of video games with violent content. *Social Cognition and Affective Neuroscience*, *12*, 1869–1880.

Testa, M., Hoffman, J., & Leonard, K. (2011). Female intimate partner violence perpetration: Stability and predictors of mutual and nonmutual aggression across the first year of college. *Aggressive Behavior*, *37*, 362–373.

UNICEF　https://www.unicef.ie/itsaboutus/cards/unicef-itsaboutus-gender-violence.pdf

Widom, C. S. (1989). Does violence beget violence? A critical examination of the literature. *Psychological Bulletin*, *106*, 3–28.

第 11 章

Adorno, T., Frankel-Brunswik, E., Levinson, D., & Sanford, R. (1950). *The authoritarian personality*. New York: Harper.
　(アドルノ，T. 田中 義久・矢沢 修次郎・小林 修一 (訳)(1980). 権威主義的パーソナリティ　青木書店)

Allport, G. (1954). *The nature of prejudice*. Reading, MA: Addison-Wesley.
　(オールポート，G. 原谷 達夫・野村 昭 (訳)(1968). 偏見の心理　培風館)

Branscombe, N. R., & Wann, D. L. (1994). Collective self-esteem consequences of out-group derogation when a valued social identity is on trial. *European Journal of Social Psychology*, *24*, 641–657.

Brewer, M. B., & Miller, N. (1996). *Intergroup relations*. Brooks/Cole Publishing Company.

Brown, R., & Hewstone, M. (2005). An integrative theory of intergroup contact. *Advances in Experimental Social Psychology*, *37*, 255–331.

Callan, M. J., Ellard, J., & Nicol, J. E. (2006). The belief in a just world and immanent justice reasoning in adults. *Personality and Social Psychology Bulletin*, *32*, 1646–1658.

Callan, M. J., Sutton, R. M., & Dovale, C. (2010). When deserving translates into causing: The effect of cognitive load and immanent justice reasoning. *Journal of Experimental Social Psychology*, *46*, 1097–1100.

Cameron, L., & Rutland, A. (2006). Extended contact through story reading in school: Reducing children's prejudice towards disabled. *Journal of Social Issues*, *62*, 469–488.

Crisp, R. J., & Turner, R. N. (2012). The imagined contact hypothesis. *Advances in Experimental Social Psychology*, *46*, 125–182.

Darley, J. M., & Gross, P. H. (1983). A hypothesis-confirming bias in labeling effects. *Journal of Personality and Social Psychology*, *44*, 20–33.

Dasgupta, N. (2013). Implicit attitudes and beliefs adapt to situations: A decade of research on the malleability of implicit prejudice, stereotypes, and the self-concept. *Advances in Experimental Social Psychology*, *47*, 233–279.

Dasgupta, N., & Greenwald, A. G. (2001). On the malleability of automatic attitudes: Combating automatic prejudice with images of admired and disliked individuals. *Journal of Personality and Social Psychology*, *81*, 800–814.

Day, M. V., Kay, A. C., Holms, J. G., & Napier, J. L. (2011). System justification and the defense of committed relationship ideology. *Journal of Personality and Social Psychology*, *101*, 291–306.

Deschamps, J. C. (1977). Effects of crossing category memberships on quantitative judgment. *European Journal of Social Psychology*, *7*, 517–521.

Devine, P. G. (1989). Stereotypes and prejudice: Their automatic and controlled components. *Journal of Personality and Social Psychology*, *56*, 5–18.

Devine, P. G., & Monteith, M. J. (1993). The role of discrepancy-associated affect in prejudice reduction. In D. M. Mackie, & D. L. Hamilton (Eds.), *Affect, cognition, and stereotyping: Interaction processes in group perception* (pp.317–344). San Diego, CA: Academic Press.

Dollard, J., Doob, L., Miller, N. E., Mowrer, O. H., & Sears, R. R. (1939). *Frustration and aggression*. New Haven, CT: Yale University Press.
　(ドラード，J. 宇津木 保 (訳)(1959). 欲求不満と暴力　誠信書房)

Dovidio, J. F., Hewstone, M., Glick, P., & Esses, V. M. (2010). Prejudice, stereotyping and discrimination: Theoretical and empirical overview. In J. F. Dovidio, M. Hewstone, P. Glick, & V. M. Esses (Eds.), *The

Sage handbook of prejudice and stereotyping and discrimination (pp.3-28). London: Sage.

Fiske, S. T., Cuddy, A., Glick, P., & Xu, J. (2002). A model of (often mixed) stereotype content: Competence and warmth respectively follow from perceived status and competition. *Journal of Personality and Social Psychology, 82*, 878-902.

Fiske, S. T., Xu, J., Cuddy, A. C., & Glick, P. (1999). (Dis) respecting versus (dis) liking: Status and interdependence predict ambivalent stereotypes of competence and warmth. *Journal of Social Issues, 55*, 473-489.

フロイト，S. 井村 恒郎・小此木 啓吾 (訳)(1970). 自我論・不安本能論 フロイト著作集6巻 人文書院

Gawronski, B., & Bodenhausen, G. V. (2006). Associative and propositional processes in evaluation: An integrative review of implicit and explicit attitude change. *Psychological Bulletin, 132*, 692-731.

Gawronski, B., & Bodenhausen, G. V. (2011). The associative-propositional evaluation model: Theory, evidence, and open questions. *Advances in Experimental Social Psychology, 41*, 59-127.

Green, D. P., Glaser, J., & Rich, A. (1998). From lynching to gay bashing: The elusive connection between economic conditions and hate crime. *Journal of Personality and Social Psychology, 75*, 82-92.

Hinkle, S., Taylor, D., Fox-Cardamone, L., & Cook, K. F. (1989). Intragroup identification and intergroup differentiation:A multi-comparison approach. *British Journal of Social Psychology, 28*, 305-317.

池上 知子 (1999). 潜在認知とステレオタイプ——その現代的意義—— 梅本 堯夫 (監修) 川口 潤 (編) 現代の認知研究 (pp.130-145) 培風館

池上 知子 (2006). 社会的認知と行動 海保 博之・楠見 孝 (監修) 心理学総合事典 (pp.408-415) 朝倉書店

池上 知子 (2012). 格差と序列の心理学——平等主義のパラドクス—— ミネルヴァ書房

Jost, J. T. (2020). *A theory of system justification*. Harvard University Press.
(ジョスト，J. T. 北村 英哉・池上 知子・沼崎 誠 (監訳)(2022). システム正当化理論 ちとせプレス)

Jost, J. T., Blout, S., Pfeffer, J., & Hunnyaday, G. (2003). Fair market ideology: Its cognitive-motivational underpinnings. *Research in Organizational Behavior, 25*, 53-91.

Jost, J. T., Liviatan, I., van der Toom, J., Ledgerwood, A., Mandisodza, A., & Nosek, B. (2010). System justification: How do we know it's motivated? In D. R. Bobocel, A. C. Kay, M. P. Zanna, & J. M. Olson (Eds.), *The psychology of justice and legitimacy: The Ontario symposium*. Vol.11 (pp.170-203). Hillsdale, NJ: Erlbaum.

Jost, J. T., Pietrzak, J., Liviatan, I., Mandisodza, A. N., & Napeier, J. L. (2008). System justification as conscious and nonconscious goal pursuit. In J. Shah, & W. Gardner (Eds.), *Handbook of motivation science* (pp.591-605). New York: Guilford Press.

上瀬 由美子 (2002). ステレオタイプの社会心理学——偏見の解消に向けて—— サイエンス社

Karasawa, M. (1991). Toward an assessment of social identity: The structure of group identification and its effects on in-group evaluations. *British Journal of Social Psychology, 30*, 293-307.

川崎市 (2023).「川崎市差別のない人権尊重のまちづくり条例」解釈指針 第2版 川崎市市民文化局人権・男女共同参画室

Kluegel, J. R., & Smith, E. R. (1986). *Beliefs about inequality: Americans' view of what is and what ought to be*. Hathorne, NJ:Gruyter.

久保田 健市 (1999). カテゴリー化とステレオタイプ・偏見 岡 隆・佐藤 達哉・池上 知子 (編) 偏見とステレオタイプの心理学 現代のエスプリ, *384*, 15-23. 至文堂

栗田 季佳・楠見 孝 (2010).「障がい者」表記が身体障害者に対する態度に及ぼす効果——接触経験との関連から—— 教育心理学研究, *58*, 129-139.

Lau, G. P., Kay, A. C., & Spencer, S. (2008). Loving those who justify inequality: The effects of system threat on attraction to women who embody benevolent sexist ideals. *Psychological Science, 19*, 20-21.

Lerner, M. J., & Miller, D. T. (1978). Just world research and the attribution process: Looking back and ahead. *Psychological Bulletin, 85*, 1030-1051.

Lerner, M. J., & Simons, C. H. (1966). Observer's reaction to the "innocent victim": Compassion or rejection? *Journal of Personality and Social Psychology, 4*, 203-210.

Lippmann, W. (1922). *Public opinion*. New York : Macmillan.
(リップマン，W. 掛川 トミ子 (訳)(1987). 世論 岩波書店)

Macrae, C. N., Bodenhausen, G. V., Milne, A. B., & Jetten, J. (1994). Out of mind but back in sight: Stereotypes on the rebound. *Journal of Personality and Social Psychology, 67*, 808-817.

引用文献

Marques, J. M., & Yzerbyt, V. Y. (1988). The black sheep effect: Judgmental extremity towards ingroup members in inter- and intra-group situations. *European Journal of Social Psychology*, *18*, 287–292.

Miller, N., Brewer, M. B., & Edwards, K. J. (1985). Cooperative interaction in desegregated settings: A laboratory analogue. *Journal of Social Issues*, *41*, 63–79.

Miller, N. E., & Bugelski, R. (1948). Minor studies in aggression: The influence of frustrations imposed by the in-group on attitudes expressed toward out-groups. *Journal of Psychology*, *25*, 437–442.

森永 康子・福留 広大・平川 真 (2022). 日本における女性の人生満足度とシステム正当化　社会心理学研究, *37*, 109–115.

大澤 裕美佳・池上 知子 (2011). エイズ患者に対する潜在的態度に及ぼす文脈の影響――社会的にポジティブな文脈効果の検討――　関西心理学会第 123 回大会発表論文集　pp.46.

Park, P., & Rothbart, M. (1982). Perception of out-group homogeneity and levels of social categorization: Memory for the subordinate attributes of in-group and out-group members. *Journal of Personality and Social Psychology*, *42*, 1051–1068.

Russel, A. M., & Fiske, S. T. (2010). Power and social perception. In A. Guinote, & T. K. Vescio (Eds.), *The social psychology of power* (pp.231–250). New York: Guilford.

Sagor, H. A., & Schofield, J. W. (1980). Racial and behavioral cues in black and white children's perceptions of ambiguously aggressive acts. *Journal of Personality and Social Psychology*, *39*, 590–598.

Sherif, M. (1956). Experiments in group conflict. *Scientific American*, *193* (11), 54–58.

Sherif, M., Harvey, O. J., White, B. J., Hood, W. R., & Sherif, C. W. (1988). *The robbers cave experiment: Intergroup conflict and cooperation.* Wesleyan University Press. (Previously published: University Book Exchange, 1961.)

Tajfel, H. (1969). Cognitive aspects of prejudice. *Journal of Social Issues*, *25*, 79–97.

Tajfel, H., Billiig, M. G., Bundy, R. P., & Flament, C. (1971). Social categorization and intergroup behavior. *European Journal of Social Psychology*, *1*, 149–177.

Tajfel, H., & Turner, J. C. (1986). The social identity theory of intergroup behavior. In S. Worchel, & W. G. Austin (Eds.), *The psychology of intergroup relations*. Chicago: Nelson-Hall.

高野 了太・高 史明・野村 理朗 (2021). 日本語版右翼権威主義尺度の作成　心理学研究, *91*, 398–408.

Turner, R. N., Hewstone, M., Voci, A., & Vonofakou, C. (2008). A test of the extended intergroup contact hypothesis: The mediating role of intergroup anxiety, perceived ingroup and outgroup norms, inclusion of the outgroup in the self. *Journal of Personality and Social Psychology*, *95*, 843–860.

Vezzali, L., Capozza, D., Giovannimi, D., & Stathi, S. (2012). Improving implicit and explicit intergroup attitudes using imagined contact: An experimental intervention with elementary school children. *Group Processes and Intergroup Relations*, *15*, 203–212.

Wegner, D. M. (1994). Ironic processes of mental control. *Psychological Review*, *101*, 34–52.

Wittenbrink, B., Judd, C. M., & Park, B. (2001). Spontaneous prejudice in context: Variability in automatically activated attitudes. *Journal of Personality and Social Psychology*, *81*, 815–827.

Wright, S. C., Aron, A., McLaghlin-Volpe, T., & Ropp, S. A. (1997). The extended contact effect: Knowledge of cross-group friendship and prejudice. *Journal of Personality and Social Psychology*, *73*, 73–90.

第 12 章

Baumeister, R., & Leary, M. (1995). The need to belong: Desire for interpersonal attachments as a fundamental human motivation. *Psychological Bulletin*, *117*, 497–529.

Bulloch, A., Williams, J., Lavorato, D., & Patten, S. (2017). The depression and marital status relationship is modified by both age and gender. *Journal of Affective Disorders*, *223*, 65–68.

Chang, P., Ford, D., Mead, L., Cooper-Patrick, L., & Klag, M. (1997). Insomnia in young men and subsequent depression: The Johns Hopkins Precursors Study. *American Journal of Epidemiology*, *146*, 105–114.

Cohen, S., Gianaros, P., & Manuk, S. (2016). A stage model of stress and disease. *Perspective of Psychological Science*, *11*, 456–463.

Cohen, S., Tyrrell, D. A., & Smith, A. P. (1991). Psychological stress and susceptibility to the common cold. *The New England Journal of Medicine*, *325* (9), 606–612.

de Neve, J., Christakis, N. A., Fowler, J. H., & Frey, B. S. (2012). Genes, economics, and happiness. *Journal of Neuroscience, Psychology, Economics*, *5*, 1–27.

Dickerson, S., & Kemeny, M. E. (2004). Acute stressors and cortisol responses: A theoretical integration and synthesis of laboratory research. *Psychological Bulletin*, *130*, 355–391.

引用文献 321

Diener, E., & Diener, R. (2008). Happiness and social relationships: You can't do without them. In E. Diener, & R. Diener (Eds.), *Happiness: Unlocking the mysteries of psychological wealth* (pp.47–67). Blackwell Publishing.

Diener, E., Kesebir, P., & Lucas, R. (2008). Benefits of accounts of well-being——For societies and for psychological science. *Applied Psychology: An International Review, 57* (Suppl 1), 37–53.

Gilbert, D. T., Pinel, E. C., Wilson, T. D., Blumberg, S. J., & Wheatley, T. P. (1998). Immune neglect: A source of durability bias in affective forecasting. *Journal of Personality and Social Psychology, 75* (3), 617–638.

Girme, Y., U., Overall, N. C., & Simpson, J. A. (2013). When visibility matters: Short-term versus long-term costs and benefits of visible and invisible support. *Personality and Social Psychology Bulletin, 39*, 1441–1454.

Goossens, L., van Roekel, E., Verhagen, M., Cacioppo, J., Cacioppo, S., Maes, M., & Boomsma, D. (2015). The genetics of loneliness: Linking evolutionary theory to genome-wide genetics, epigenetics, and social science. *Perspectives on Psychological Science, 10*, 213–226.

Helgeson, V. H. (2003). Cognitive adaptation, psychological adjustment, and disease progression among angioplasty patients: 4 years later. *Health Psychology, 22*, 30–38.

Holt-Lunstad, L., Smith, T. B., & Layton, J. B. (2010). Social relationships and mortality risk: A meta-analytic review. *Perspective on Psychological Science, 10*, 227–237.

Hostinar, C. E., Sullivan,R. M., & Gunnar, M. R. (2014). Psychobiological mechanisms underlying the social buffering of the hypothalamic-pituitary-adrenocortical axis: A review of animal models and human studies across development. *Psychological Bulletin, 140*, 256–282.

Jaremka, L., Fagundesa, C., Glasera, R., Bennette, J., Malarkeya, W., & Kiecolt-Glaser, J. (2013). Loneliness predicts pain, depression, and fatigue: Understanding the role of immune dysregulation. *Psychoneuroendocrinology, 38*, 1310–1317.

Kahneman, D. (2011). *Thinking, fast and slow.* Farrar, Straus and Giroux.
　　（カーネマン，D. 村井 章子（訳）(2014). ファスト＆スロー——あなたの意思はどのように決まるか？—— 上・下 早川書房）

Kahneman, D., & Deaton, A. (2010). High income improves evaluation of life but not emotional well-being. *PNAS, 107* (38), 16489–16493.

Kim, H., Sherman, D., Ko, D., & Taylor, S. (2006). Pursuit of comfort and pursuit of harmony: Culture, relationships, and social support seeking. *Personality and Social Psychology Bulletin, 32* (12), 1595–1607.

Kroenke, C., Kubzansky, L., Schernhammer, E., Holmes, M., & Kawachi, I. (2006). Social networks, social support, and survival after breast cancer diagnosis. *Journal of Clinical Oncology, 24*, 1105–1111.

Lazarus, R. (2000). Toward better research on stress and coping. *American Psychologist, 55*, 665–673.

Lyubomirsky, S., Sheldon, K., & Schkade, D. (2005). Pursuing of happiness: An architecture of sustainable change. *Review of General Psychology, 9*, 111–131.

Meier, S., & Stutzer, A. (2004). *Is volunteering rewarding in itself?* The Institute for the Study of Labor, DP No.1045.

三島 和夫（2018）. 日本が「睡眠不足大国」に転落した3つの事情——急速に減少していく日本人の「睡眠時間」—— 東洋経済オンライン 2018.11.11　https://toyokeizai.net/articles/-/248095?page=2

Myers, D., & Twenge, J. (2022). *Social psychology* (14th ed.). McGraw-Hill.

Nelson, S. K., Kurtz, J. L., & Lyubomirsky, S. (2014). What psychological science knows about achieving happiness. In S. J. Lynn, W. O'Donohue, & S. Kikienfeld (Eds.), Better, stronger, wiser: *Psychological science and well-being* (pp.250–271). Sage.

Rodin, J., & Langer, E. J. (1977). Long-term effects of a control-relevant intervention with the institutionalized aged. *Journal of Personality and Social Psychology, 35* (12), 897–902.

Roth, T., & Ancoli-Israel, S. (1999). Daytime consequences and correlates of insomnia in the United States: Results of the 1991 National Sleep Foundation Survey, Ⅱ. *Sleep, 22*, 354–358.

Shavitte, S., Jiang, D., & Cho, H. (2016). Stratification and segmentation: Social class in consumer behavior. *Journal of Consumer Psychology, 26*, 583–593.

Taylor, S. E., Lichtman, R. R., & Wood, J. V. (1984). Attributions, beliefs about control, and adjustment to breast cancer. *Journal of Personality and Social Psychology, 46*, 489–502.

Twenge, J., Spitzberg, B., & Campbell, W. (2019). Less in-person social interaction with peers among U.S. adolescents in the 21st century and links to loneliness. *Journal of Social and Personal Relationships,*

36, 1892–1913.

Van Boven, L., & Gilovich, T. (2003). To Do or to Have? That Is the Question. *Journal of Personality and Social Psychology, 85* (6), 1193–1202.

Wilson, T, D., & Gilbert, D. (2005). Affective forecasting: Knowing what to want. *Current Directions in Psychological Science, 14*, 131–134.

Wilson, T., Heatley, T., Meyers, J., Gilbert, D., & Axsom, D. (2000). Focalism: A source of durability bias in affective forecasting. *Journal of Personality and Social Psychology, 78*, 821–836.

Yamaguchi, M., Masuchi, A., Nakanishi,D., Suga, S., Konishi, N., Yu, Y., & Ohtsubo, Y. (2015). Experiential purchases and prosocial spending promote happiness by enhancing social relationships. *The Journal of Positive Psychology, 11*, 480–488.

第13章

Armstrong, K. (2019). *The social dynamics of environmentalism: How our relationships with nature and society influence proenvironmental behavior.* APS Observer, 2019 December. https://www.psychologicalscience.org/observer/the-social-dynamics-of-environmentalism

Davidai, S., & Gilovich, T. (2015). Building a more mobile America——One income quintile at a time. *Perspectives on Psychological Science, 10*, 60–71.

DeCelles, K. A., & Norton, M. I. (2016). Physical and situational inequality on airplanes predicts air rage. *PNAS, 113* (20), 5588–5591.

江守 正多 (2020). 気候変動問題への「関心と行動」を問いなおす——専門家としてのコミュニケーションの経験から—— 環境情報科学, *49* (2), 2–6.

原 美和子 (2010). 浸透する格差意識——ISSP 国際比較調査（社会的不平等）から—— 放送研究と調査, *60* (5), 56–73.

Hauser, O. P., & Norton, M. I. (2017). (Mis)perceptions of inequality. *Current Opinion in Psychology, 18*, 21–25.

Koehler, D. (2016). Can journalistic "false balance" distort public perception of consensus in expert opinion? *Journal of Experimental Psychology: Applied, 22*, 24–38.

小杉 素子 (2006). 気候変動に対する態度から情報提供の対象を明確化する——5Japanese—— SI-CAT 地域適応支援サイト　法政大学地域研究センター (hosei.ac.jp)

Lewandowsky, S., Oberauer, K., & Gignac, G. E. (2013). NASA faked the moon landing——therefore, (climate) science is a hoax: An anatomy of the motivated rejection of science. *Psychological Science, 24*, 622–633.

Li, Y., Johnson, E., & Zaval, L. (2011). Local warming: Daily temperature change influences belief in global warming. *Psychological Science, 22*, 454–459.

Loughnan, S., Kuppens, P., Allik, J., Balazs, K., de Lemus, S., Dumont, K., Gargurevich, R., Hidegkuti, I., Leidner, B., Matos, L., Park, J., Realo, A., Shi, J., Sojo, V., Tong, Y., Vaes, J., Verduyn, P., Yeung, V., & Haslam, N. (2011). Economic inequality is linked to biased self-perception. *Psychological Science, 22*, 1254–1258.

Miles-Nevelo, A., & Anderson, C. (2019). *Climate change and psychology: Effects of rapid global warming.* Current Climate Change Reports. https://doi.org/10.1007/s40641-019-00121-2

Myers, D., & Twenge, J. (2022). *Social psychology* (14th ed.). McGraw-Hill.

Norton, M., & Ariely, D. (2011). Building a better America? One wealth quintile at a time. *Perspectives on Psychological Science, 6*, 9–12.

Oishi, S., Kesebir, S., & Diener, E. (2011). Economic inequality and happiness. *Psychological Science, 22*, 1095–1100.

Powell, J. (2017). Scientists reach 100% consensus on anthropogenic global warming. *Bulletin of Science, Technology and Society, 37*, 183–184.

Ritchie, H. (2023). *Global inequalities in CO2 emissions.* Published online at OurWorldInData.org. Retrieved from: https://ourworldindata.org/inequality-co2'

Ryan, L., & Dziurawiec, S. (2001). Materialism and its relathionship to life satisfaction. *Social Indicators Research, 55*, 185–197.

Torres, J. M., & Casey, J. A. (2017). The centrality of social ties to climate migration and mental health. *MBC Public Health, 17*, 600.

Wilkinson, R., & Pickett, K. (2017). The enemy between us: The psychological and social costs of inequality. *European Journal of Social Psychology, 47*, 11–24.

Yanai, Y. (2012). *Perception of economic inequality and support for redistribution: Evidence from Japan.* A paper presented at the annual meeting of the American Political Science Association, New Orleans, Aug.30–Sep.2, 2012.

人名索引

ア　行

アイゼン（Isen, A. M.）　86，88
アダムス（Adams, J. S.）　170
アッシュ（Asch, S. E.）　14，180
アドルノ（Adorno, T.）　236
アロン（Aron, A.）　128
アロンソン（Aronson, E.）　152
アンダーソン（Anderson, N. H.）　14，148
池上 知子　30，46
井上 和子　156
ウィンター（Winter, L.）　44
ウェーバー（Weber, A. L.）　167
ヴォイチシケ（Wojciszke, B.）　32
ウォルスター（Walster, E.）　152，156，170
ウッド（Wood, W.）　66
エクマン（Ekman, P.）　92
遠藤 由美　202
大坪 庸介　227，261
オートニー（Ortony, A.）　82
オールポート（Allport, F. H.）　172
オールポート（Allport, G.）　246
奥田 秀宇　156
長田 雅喜　160
オズボーン（Osborn, A. F.）　176

カ　行

カーネバル（Carnevale, P. J.）　88
カーネマン（Kahneman, D.）　256
カスター（Custer, R.）　77
金政 祐司　167
亀田 達也　176
吉川 肇子　16
木下 稔子　180
キャノン（Cannon, W. B.）　96
キャンター（Cantor, N.）　18
ギルバート（Gilbert, D. T.）　262
クーリー（Cooley, C. H.）　104
クラーク（Clark, M. S.）　90，158

グライチャー（Gleicher, F.）　68
グリーンワルド（Greenwald, A. G.）　76
栗田 季佳　250
クリック（Kulik, J. A.）　22
クロハン（Crohan, S. E.）　160
ケイ（Kay, A. C.）　34
ケリー（Kelley, H. H.）　22，38，40，170
ケリー（Kelly, G. A.）　28，30
古村 健太郎　168

サ　行

ザイアンス（Zajonc, R. B.）　84，172
齊藤 勇　148
佐伯 胖　145
サガー（Sagor, H. A.）　238
坂元 章　52
サリヴァン（Sullivan, H. S.）　162
シーガル（Segal, M. W.）　152
ジェームズ（James, W.）　96，102，121
シェリフ（Sherif, M.）　72，178，234，244
シャーラー（Scherer, K. R.）　80
ジャクソン（Jackson, J. M.）　178
シャクター（Schacter, S.）　7，80
ジャッド（Judd, C. M.）　32 〜 34
ジャニス（Janis, I. L.）　68，176
シュワルツ（Schwarz, N.）　88，90，92，94
ショー（Shaw, M. E.）　174
ジョーンズ（Jones, E. E.）　38
ジョスト（Jost, J. T.）　250，251
スタイナー（Steiner, I. D.）　176
スタンバーグ（Sternberg, R. J.）　162
ステイサー（Stasser, G.）　178
スナイダー（Snyder, M.）　52，86
スミス（Smith, E. R.）　44
スルル（Srull, T. K.）　46
スロビック（Slovic, P.）　210
セミン（Semin, G. R.）　28

人名索引 325

タ　行

ターナー（Turner, J. C.）　126，146
ダーリー（Darley, J. M.）　3，5，238
タイラー（Tyler, T. R.）　189
タジフェル（Tajfel, H.）　234
ダスグプタ（Dasgupta, N.）　248
ダットン（Dutton, D. G.）　160
谷口 友梨　56
田端 拓哉　189
ダマシオ（Damasio, A. R.）　98
ダラード（Dollard, J.）　232
チェイケン（Chaiken, S.）　64
ティースデイル（Teasdale, J. D.）　90
デイヴィス（Davis, K. E.）　160
テイラー（Taylor, D. A.）　152
デヴァイン（Devine, P. G.）　46，240，242
テッサー（Tesser, A.）　62，116
ドイチェ（Deutsch, M.）　180
トヴァスキー（Tversky, A.）　48
戸田 正直　94
トマセロ（Tomasello, M.）　200
トリアンディス（Triandis, H. C.）　191
トロープ（Trope, Y.）　42，54

ナ　行

永田 良昭　162
縄田 健悟　220
ニスベット（Nisbett, R. E.）　218
ノールズ（Knowles, M. L.）　189

ハ　行

バーヴェラス（Bavelas, A.）　182
バーコヴィッツ（Berkowitz, L.）　7，216
バージ（Bargh, J. A.）　46，77，108
ハーディン（Hardin, G.）　186
バーン（Byrne, D.）　150
ハイダー（Heider, F.）　8，38，60
バウアー（Bower, G. H.）　84，88
バウマイスター（Baumeister, R. F.）　166
バトソン（Batson, C. D.）　200
バナジ（Banaji, M. R.）　46
ハミルトン（Hamilton, D. L.）　18，50

林 文俊　30
早瀬 良　189
バンデューラ（Bandura, A.）　214
ビーリー（Bieri, J.）　30
ヒギンズ（Higgins, E. T.）　24，32，44
ヒルトン（Hilton, D. J.）　42
ピンカー（Pinker, S.）　229
フィードラー（Fiedler, F. E.）　184
フィシュバイン（Fishbein, M.）　74
フィスク（Fiske, S. T.）　8，16，26，32，
　254
フェイジオ（Fazio, R. H.）　74
フェスティンガー（Festinger, L.）　8，62，
　114，152
フォーガス（Forgas, J. P.）　86
フライダ（Frijda, N. H.）　94
ブリューアー（Brewer, M. B.）　24，188，
　244
ブレイカー（Braiker, H. B.）　158
フレンチ（French, J. R. P. Jr.）　164，182
フロイト（Freud, S.）　212
プローニン（Pronin, E.）　130
ヘイスティ（Hastie, R.）　20
ベック（Beck, A. T.）　108
ペティ（Petty, R. E.）　64，72
ベム（Bem, D.）　102
ヘンダーソン（Henderson, M. D.）　56
ホヴランド（Hovland, C. I.）　66，68
ホーマンズ（Homans, G. C.）　154
ホワイト（White, G. L.）　162

マ　行

マーカス（Markus, H.）　106
マーンスタイン（Murnstein, B. I.）　152
マクアダムス（McAdams, D. P.）　104
マクガイアー（McGuire, W. J.）　70，72，
　104
マックレイ（Macrae, C. N.）　242
マッケンナ（McKenna, K. Y. A.）　166
マルサス（Malthus, T. R.）　276
三隅 二不二　184
ミリマン（Milliman, R. E.）　88

モスコビッチ（Moscovici, S.） 180
モレノ（Moreno, J. L.） 182

ヤ　行

矢田 尚也 34
ユバーラ（Ybarra, O.） 20

ラ　行

ラーナー（Lerner, M. J.） 236
ライス（Reis, H. T.） 152
ラ・ガイパ（La Gaipa, J. J.） 162
ラザルス（Lazarus, R. S.） 82, 84
ラズバルト（Rusbult, C. E.） 154, 158, 170
ラタネ（Latané, B.） 172, 174
ラッシャー（Ruscher, J. B.） 26
ラ・ピエール（La Piere, R. T.） 74
ランゼッタ（Lanzetta, J. T.） 97
リー（Lee, J. A.） 162

リーダー（Reeder, G. D.） 40
リード（Read, S. J.） 42
リンゲルマン（Ringelmann, M.） 172
ルドゥー（LeDoux, J.） 97
ルビン（Rubin, Z.） 160
レヴィン（Lewin, K.） 7, 8, 184
レヴィンジャー（Levinger, G.） 152
ローズマン（Roseman, I. J.） 80
ローゼンバーグ（Rosenberg, M. J.） 60
ローゼンバーグ（Rosenberg, M.） 110, 120
ローゼンバーグ（Rosenberg, S.） 30
ロス（Ross, L.） 138, 140
ロスバート（Rothbart, M.） 50
ロッシュ（Rosch, E.） 146

ワ　行

ワイナー（Weiner, B.） 82

事 項 索 引

ア 行

アージ理論　94
愛の三角理論　162
アクセシビリティ効果　24
暗黙のパーソナリティ理論　28

閾下プライミング　46
イベント・スキーマ　58
因果図式モデル　40
印象形成　14
インフォームド・コンセント　12
インプリシット・ステレオタイピング　48

オートマティシティ　44
温室効果ガス　280

カ 行

下位カテゴリー化　244
解釈レベル理論　54
外集団　126
外集団均質化効果　240
外的帰属　38
革新　182
拡張接触　246
隠れたプロフィール　178
仮説確証バイアス　52
仮想接触　248
片思い　166
カタルシス　224
過度の責任帰属　50
下方比較　116
環境問題　276
感情　80
感情情報機能説　88
感情的幸福　256
感情ネットワークモデル　88
間接接触　248

気候正義　296

気候難民　282
擬似・有名効果　46
帰属　38, 198
期待価値理論　8
期待効果　22
規範的影響　180
気分　80
気分維持修復動機　90
気分一致効果　84
キャノン-バード説　80
鏡映的自己　104
共感　198
共通アイデンティティ集団　189
共通絆集団　189
共同的関係　158
共変モデル　8, 40
共有知識効果　178
共有地の悲劇　186, 278
拒絶追放　216

経済格差　286
ゲシュタルト　14
血縁淘汰　194
結婚地位　260
権威主義的パーソナリティ　236
限界質量　186
言語カテゴリーモデル　28

行為者-観察者バイアス　48
合意性バイアス　50, 138
合意的妥当化　150
好意の自尊理論　152
攻撃　212
公正世界信念　236
構成要素過程モデル　80
公的屈従　180
幸福　256
衡平モデル　156
コーシャスシフト　178

事項索引

互恵性　156
互恵モデル　156
互酬性　194
個人主義　192
個人的構成体　28
孤独　268
コト消費　258
好み　80
コミュニケーション構造　182
コンストラクト・アクセシビリティ　35
コントロール幻想　50
根本的帰属の過誤　48, 132

サ　行

再カテゴリー化　244
差異化欲求　188
差異性　104
最適弁別性理論　188
錯誤帰属　160
錯誤相関　50
サクラ　5
差別　232

ジェームズ-ランゲ説　80
自我関与　72
自己　10
思考リスト法　78
自己概念　102
自己拡張　128
自己価値称揚文化　123
自己カテゴリー化理論　126
自己高揚　292
自己ステレオタイプ化　128
自己知覚　102
自己知識　102
自己中心性バイアス　52
自己発生的態度変容　62
自己評価維持理論　9, 116
システマティック処理　64
システム正当化理論　250
持続可能幸福モデル　264
自尊感情　110

実験者効果　6
実験的研究　4
失恋　167
自動動機モデル　77
ジニ係数　296
自発的特性推論　44
社会的アイデンティティ　126
社会的アイデンティティ理論　234
社会的インパクト理論　174
社会的学習説　214
社会的カテゴリー化　240
社会的交換　196
社会的交換理論　8, 154, 170
社会的ジレンマ　186
社会的浸透理論　152
社会的促進　172
社会的手抜き　172
社会的認知　10
社会的比較　114, 290
社会的比較理論　9, 114
社会的補償　174
社会的抑制　172
集合　192
囚人のジレンマ・ゲーム　186
従属変数　5
集団　192
集団間友情　246
集団規範　178
集団凝集性　176
集団極性化　178
集団思考　176
集団主義　192
集団目標葛藤理論　234
周辺特性　14
周辺ルート　64
主観的統制感　266
熟考行為モデル　74
条件即応モデル　184
少数者の影響　180
状態自尊感情　112
焦点化傾向　262
情動　80

情動 2 要因説　80
情報価値　16
情報採取モデル　178
情報的影響　180
情報統合理論　14
上方比較　116
所属欲求　189
人口　276
人生満足　256
信憑性　68
信頼性　68
心理学的場　8

睡眠　272
推論　42
スキーマ　40, 44, 57
スクリプト　42, 58
ステレオタイプ　232, 238
ステレオタイプ内容モデル　254
ストーキング　167
ストレス　264
ストレスコーピング　266
ストレス対処　266
スポットライト効果　52
スリーパー効果　70

精緻化可能性モデル　64
性暴力　222
勢力構造　182
責任の分散　204
接種理論　72
説得　66
セルフ・サービング・バイアス　48
セルフ・スキーマ　58, 106
セルフ・スキーマ理論　9
セルフ・ナラティブ　104
潜在的自尊感情　112
潜在連合テスト　76, 112
選択的比較水準　170
専門性　68

相関的研究　4

相互依存理論　170
相補性効果　33
ソーシャルサポート　266
ソシオメトリック構造　182
ソシオメトリック・テスト　182
素朴な科学者　8
ソマティックマーカー説　98

タ　行
対応推論モデル　8, 38
対応性　38
対人記憶　18
対人記憶のネットワークモデル　20
対人的葛藤　158
態度　60
多元的無知　204
脱カテゴリー化　244
脱感作　222
単純接触効果　150
単純反復呈示効果　84

地球温暖化　278
中心特性　14
中心ルート　64

釣り合い仮説　150

ディセプション　6
ディブリーフィング　6
敵意的攻撃性　228
伝染性あくび　142

同化欲求　188
動機づけられた推論　284
動機づけられた戦術家　9
道具的攻撃性　228
投資モデル　154
同調　180
同定　42
透明性錯誤　52
特性自尊感情　112
独立変数　5

トラッキング・ゲーム　186

ナ　行

内観　132
ナイーブ・リアリズム　136
内集団　126
内省　102
内的帰属　38
内容固有知識　40

2過程モデル　24
2段階モデル　42
人間関係　260
認知-感情独立仮説　84
認知的一貫性理論　60
認知的均衡理論　8, 60
認知的倹約家　9
認知的評価理論　80
認知的不協和　62
認知的不協和理論　8, 60
認知的複雑性　30
認知反応分析　78
認知欲求　78

ネガティビティ・バイアス　16, 35

ハ　行

パーソン・スキーマ　58
「場」理論　7
ハロー効果　32

比較水準　170
被説得性　78
非対称性　90
ヒューリスティック・システマティック・
　モデル　64
ヒューリスティック処理　64
ヒューリスティックス　48
評価　80
評価的条件づけ　77

フィールド実験　6

物質主義　288
プライミング効果　46
フラストレーション攻撃説　214
ふれ合い恐怖　164
ブレーンストーミング　176
プロトタイプ　18
プロトタイプ理論　18

平均以下効果　132
平均以上効果　132
ベビーフェイス効果　148
偏見　232
偏見の2過程理論　240
偏見の自己制御モデル　242
変数　4

傍観者効果　204

マ　行

ミスアンスロピック・メモリー　20
ミニマル・リスク　12

名誉の文化　218
メタ・コントラスト比　146
メッセージの反復効果　66

モノ消費　258

ヤ　行

役割スキーマ　58

要求特性　6
抑うつの自己スキーマ　108
予告　70
欲求不満攻撃仮説　232

ラ　行

リアクタンス　68
リーダーシップ　184
リスキーシフト　176
リターン・ポテンシャル・モデル　178
リバウンド効果　242

類似性　150
類似性‐魅力仮説　150

恋愛の色彩理論　162
連続体モデル　26

ロミオとジュリエット効果　162

ワ　行

別れ　167

英　字

M 機能　184
P 機能　184
PM 理論　184
SVR 理論　152

著者紹介

池上知子（いけがみ　ともこ）　　　　【第 0，1〜4，7，8，11 章】

1979年　京都大学教育学部教育学科（教育心理学）卒業
1984年　京都大学大学院教育学研究科博士後期課程学修認定退学
現　在　甲南大学文学部特任教授　博士（教育学）
主要著書・訳書
『情報処理の心理学』（共著）（1992，サイエンス社）
『対人認知の心的機構』（1996，風間書房）
『社会的認知の心理学』（共著）（2001，ナカニシヤ出版）
『格差と序列の心理学——平等主義のパラドクス』（2012，ミネルヴァ書房）
『システム正当化理論』（共監訳）（2022，ちとせプレス）

遠藤由美（えんどう　ゆみ）　　　　【第 5，6，9，10，12，13 章】

1984年　京都大学教育学部教育学科（教育心理学）卒業
1989年　京都大学大学院教育学研究科博士後期課程修了
現　在　関西大学名誉教授　博士（教育学）
主要著書・訳書
『社会集団の再発見』（共訳）（1995，誠信書房）
『自己の社会心理』（分担執筆）（1998，誠信書房）
『青年の心理——ゆれ動く時代を生きる』（2000，サイエンス社）
『心理学——ニューリベラルアーツセレクション』（共著）（2004，有斐閣）

グラフィック 社会心理学　第3版

1998 年 3 月 10 日 ©	初　版　発　行
2008 年 10 月 10 日	初版第 17 刷発行
2008 年 12 月 25 日 ©	第 2 版第 1 刷発行
2024 年 2 月 10 日	第 2 版第 23 刷発行
2024 年 11 月 25 日 ©	第 3 版第 1 刷発行
2025 年 3 月 10 日	第 3 版第 2 刷発行

著　者	池 上 知 子	発行者	森 平 敏 孝
	遠 藤 由 美	印刷者	篠 倉 奈緒美
		製本者	小 西 惠 介

発行所　**株式会社　サイエンス社**

〒151-0051　東京都渋谷区千駄ヶ谷 1 丁目 3 番 25 号
営業 TEL　(03)5474-8500（代）　　振替 00170-7-2387
編集 TEL　(03)5474-8700（代）
FAX　　　(03)5474-8900

印刷　株式会社ディグ　　製本　ブックアート
《検印省略》

本書の内容を無断で複写複製することは，著作者および出版者の権利を侵害することがありますので，その場合にはあらかじめ小社あて許諾をお求め下さい。

ISBN978-4-7819-1610-1

PRINTED IN JAPAN

サイエンス社のホームページのご案内
https://www.saiensu.co.jp
ご意見・ご要望は
jinbun@saiensu.co.jp　まで.

ザ・ソーシャル・アニマル
［第11版］
人と世界を読み解く社会心理学への招待

E. アロンソン 著／岡　隆 訳
A5判・528頁・本体 3,800 円（税抜き）

本書は，1972 年の初版刊行から今日まで読み継がれる
名著の新訳版である．社会心理学のエッセンスを解説
する大枠はそのままに，最近の新しい研究知見や近年
重要度の増したトピックの解説を盛り込み，事例とし
て挙げるものには記憶に新しい事件や社会情勢，科学
技術，文化，人物が追加されている．また，巻末には
「用語集」を新設し基本的用語の整理ができるよう配
慮されている．社会心理学を学ぶ大学生はもちろん，
人間社会に生きているすべての人にとって必読の一冊
である．

【主要目次】
第 1 章　社会心理学とは何か
第 2 章　同調
第 3 章　マスコミ，宣伝，説得
第 4 章　社会的認知
第 5 章　自己正当化
第 6 章　人間の攻撃
第 7 章　偏見
第 8 章　好意，愛，対人感受性
第 9 章　科学としての社会心理学

サイエンス社

集団と社会の
心理学

笹山郁生 編
A5 判・320 頁・本体 2,800 円（税抜き）

本書は，集団心理学と社会心理学の内容を扱った教科書です．人間関係の基盤となる協力関係や親密な人間関係の形成，対人コミュニケーション，説得と態度変容，集団のダイナミックス，集団間関係などのテーマについて，豊富な図表を使ってわかりやすく解説します．また，学んだ知識を確認できるよう，各章末に復習問題を設けています．初学者から心理職志望の方まで，おすすめの一冊です．

【主要目次】
第 1 章　人間関係の基盤
第 2 章　親密な人間関係
第 3 章　対人コミュニケーション
第 4 章　説得と態度変容
第 5 章　ソーシャル・サポート
第 6 章　集団のダイナミックス
第 7 章　集団間関係
第 8 章　インターネットの人間関係
第 9 章　流行とうわさ
第 10 章　マスメディアの影響
第 11 章　文化の影響
第 12 章　アクションリサーチとその実際

サイエンス社

新版
チームワークの心理学
持続可能性の高い集団づくりをめざして

山口裕幸 著

四六判・232頁・本体 1,900 円（税抜き）

本書は，チームワーク研究をやさしく解説した好評書の改訂版です．初版を基に，重要な研究成果や新しい研究テーマを加え改訂しました。組織の中で率直に意見を述べ合うことのできる心理的安全性に関する研究や，コロナ禍を経て大きく変わった組織コミュニケーションのあり方を踏まえた内容へと加筆・修正しています．優れたチームワークを育み，それを発揮するヒントともなる一冊です．

【主要目次】
1 チームワークを心理学的に研究することの意味
2 チームワークを可視化する――測定への挑戦
3 チームワーク発達論
　　――チームワークが生まれるメカニズム
4 チームワークの効果性
　　――チーム・プロセスへの影響
5 優れたチームワークを育むには
6 チームワークの社会心理学的研究のこれから

サイエンス社